为什么越无知的人越自信?

从认知偏差到自我洞察

〔美〕大卫·邓宁(David Dunning) 著

刘嘉欢 译

中国出版集团
中译出版社

Self-Insight:Roadblocks and Detours on the Path to Knowing Thyself, 1st Edition / by David Dunning /
ISBN: 9780415654173

Copyright © 2005 by Taylor & Francis Books, Inc.
Psychology Press is an imprint of the Taylor & Francis Group.
This edition published in the Taylor & Francis e-Library, 2005.
"To purchase your own copy of this or any of Taylor & Francis or Routledge's collection of thousands of eBooks please go to www.eBookstore.tandf.co.uk."
Authorized translation from English language edition published by Routledge, part of Taylor & Francis Group LLC; All Rights Reserved. 本书原版由 Taylor & Francis 出版集团旗下 Routledge 出版公司出版，并经其授权翻译出版。版权所有，侵权必究。
China Translation & Publishing House is authorized to publish and distribute exclusively the Chinese (Simplified Characters) language edition. This edition is authorized for sale throughout Mainland of China. No part of the publication may be reproduced or distributed by any means, or stored in a database or retrieval system, without the prior written permission of the publisher. 本书中文简体翻译版授权由中译出版社独家出版并仅限在中国大陆地区销售，未经出版者书面许可，不得以任何方式复制或发行本书的任何部分。
Copies of this book sold without a Taylor & Francis sticker on the cover are unauthorized and illegal. 本书贴有 Taylor & Francis 公司防伪标签，无标签者不得销售。
著作权版权登记号：01-2022-2143 号

图书在版编目（CIP）数据

为什么越无知的人越自信？从认知偏差到自我洞察 /（美）大卫·邓宁（David Dunning）著；刘嘉欢译. —北京：中译出版社，2022.7（2024.8 重印）
书名原文：Self-Insight: Roadblocks and Detours on the Path to Knowing Thyself
ISBN 978-7-5001-7075-4

Ⅰ.①为… Ⅱ.①大… ②刘… Ⅲ.①心理学—通俗读物 Ⅳ.① B84-49
中国版本图书馆 CIP 数据核字（2022）第 077616 号

为什么越无知的人越自信？从认知偏差到自我洞察
WEISHENME YUE WUZHI DE REN YUE ZIXIN? CONG RENZHI PIANCHA DAO ZIWO DONGCHA

出版发行：	中译出版社
地　　址：	北京市西城区新街口外大街 28 号普天德胜大厦主楼 4 层
电　　话：	(010)68359373，68359827（发行部）68357328（编辑部）
邮　　编：	100088
电子邮箱：	book@ctph.com.cn
网　　址：	http://www.ctph.com.cn

出 版 人：	乔卫兵	总 策 划：	刘永淳		
策划编辑：	郭宇佳　李　坤	责任编辑：	郭宇佳	文字编辑：	李　坤
版权支持：	马燕琦				
封面设计：	潘　峰				

排　　版：	北京中文天地文化艺术有限公司
印　　刷：	北京中科印刷有限公司
经　　销：	新华书店
规　　格：	880 毫米 ×1230 毫米　1/32
印　　张：	10.5
字　　数：	200 千字
版　　次：	2022 年 7 月第 1 版
印　　次：	2024 年 8 月第 6 次印刷

ISBN 978-7-5001-7075-4　　　　定价：69.00 元

版权所有　侵权必究
中 译 出 版 社

研究和学习如何认识我们自己,既是最卓越和最神圣的建议,也是我们所能采取的最好和最有利的行动,但真正这么做的人很少。它为人们打开智慧之门,使其在追求美好事物的道路上事半功倍。造物主、大自然、智者不断以言语和行动来规劝人们研究自我。

皮埃尔·沙朗(Pierre Charron),法国哲学家,1541—1603

认识自我既是最困难的事,又是最不方便的事。

乔希·比林斯(Josh Billings),美国幽默作家,1818—1885

推荐序
自知者明，自胜者强

2021年，斯坦福大学发布了各学科最多被引用的前2%科学家名单，心理学领域就有本书作者大卫·邓宁（David Dunning）的名字[①]。邓宁现在是美国密歇根大学的心理学教授，主要研究领域是认知与决策。在1999年一篇共同发表的文章中，邓宁与贾斯汀·克鲁格（Justin Kruger）共同提出了"邓宁-克鲁格效应"。该效应关注的是人们的自我认知能力，其中最为人所熟知的一个结论是：**在某项任务中表现差劲的参与者更倾向于过高评估自己的表现**——通俗地说就是"越无知的人越自信"。

邓宁后来为了更全面地总结和介绍与自我认知相关的研究成果，出版了 *Self-Insight: Roadblocks and Detours on the Path to Knowing Thyself* 一书，也就是我非常想推荐给大家的这本书。本书主要回答了这样一个问题：**在自我认知的过程中，我**

[①] https://lsa.umich.edu/psych/news-events/all-news/faculty-news/stanford-university-names-world-s-top-2--scientists--2021.html［2022年6月13日］

们对自己的个人能力和品性这两个方面的评价为何往往会偏离客观事实？

先看个人能力方面。邓宁认为，在许多领域，能力不足者在评价自己的个人能力时面临着认知与元认知的双重困境：解决问题所需的技能同时也是评价自己的表现所需的技能。以写一篇优秀的论文为例。要写一篇优秀的论文，你需要知道如何清晰地表述观点，如何构建有逻辑的论证，如何谋篇布局，等等；但是，这些知识同时也是评价一篇论文是否优秀的标准。如果一个人在认知层面不知道如何写一篇优秀的论文，那么他在元认知层面也不知道自己的论文是否优秀。因此，对能力不足者而言，他在自己能力不足的领域就面临着这种双重困境。

不仅如此，邓宁通过对人们自我评价过程的研究揭示，人们的元认知过程是不完善的：当人们有明确的理由支持其判断时，当人们能流利地给出答案时，当人们事先认为自己擅长相关领域时，他们会对自己当下的表现尤为自信。

不少读者可能会觉得，随着年龄的增长、阅历和经验的增加，人们的自我洞察力会进一步提升，但邓宁给我们分享的研究结论有点让人沮丧，他说："人们可以积累大量的经验，但由于诸多原因，他们通过这些经验只能获得少许自相矛盾的自我洞察。"

再看个人品性方面。人们往往会高估自己的独特性，认为自己与众不同，这通常与相关品质的可控性、可观察性和不明

推荐序
自知者明，自胜者强

确性有关。

先说可控性，对那些认为自己可以在较大程度上掌控的品质或结果的人们来说，他们更有可能认为自己优于其他人。例如，心理学家 N.D. 温斯坦教授的研究表明——人们相信自己比其他人更有可能避免离婚、在第一份工作中被解雇等情况。这是因为，人们更愿意相信自己可以通过努力来掌控事情的发展方向，而不相信别人能付出同样的努力。

再说可观察性。个人的特质分为外在的和内在的两种，外在特质包括肤色、高矮等，对于所有人而言都是可观察的；但人们更本质的特质是内在的，它们大多是只有我们自己能"观察"到的态度和想法，如不安、自我质疑、认为自己是独立思想者等。正因为这些特质只有自己才能"观察"到，而且人们无法观察到其他人的内在特质，所以，人们倾向于过于肯定自己的独特性。

最后是不明确性。人们在日常生活中会遇到各种各样不明确的信息，比如，有人在工作中被领导评价"很不错"，那么该评价既可以被理解为"非常优秀"，也可以被理解为"不错，但还算不上优秀"。邓宁所引用的实验表明，对于这类信息，人们倾向于做出自利性的解释，认为"很不错"的意思是"非常优秀"。

本书不仅分享了能力不足者在以上两个方面容易高估自己的实际表现，而且表明，能力杰出者在自我评价时同样面临着难题：他们倾向于认为自己所掌握的知识和技能也更可能为他人所掌握，因而会低估自己的实际表现。这真是个有趣的结论！

如此看来，自我评价真是"难于上青天"，不仅能力不足者无法准确地评价自己，就连能力杰出者也无法准确地评价自己！难道真如古希腊哲人苏格拉底所说，"唯一真正的智慧是知道自己一无所知"？

当然，事情并没有那么悲观与不可救药。

邓宁在分析人们错误自我评估的倾向和原因的同时，也在积极探索如何避免这些自我评估时的认知偏差，如"个人之外""改变元认知技能""克服可控性偏见"等。这些内容在本书中都通过独立的章节进行了详细的说明。通过这些方法，人们能够在更大程度上获得更为准确的自我洞察。

除了上面这些颇具洞见和启发性的分析，作者还讨论了很多有意思的概念和效应。比如，借用医学领域的"病觉缺失"概念，来类比人们在认知和心理领域无法认识到自己缺陷的现象；用来解释听起来似乎有道理的"读心术"和"占星术"的"巴纳姆效应"；等等。

总之，阅读本书，让我们兴致盎然。我们不仅可以在认知方面认识到自我评估时经常遇到的陷阱，了解形成陷阱的原因，掌握破解陷阱的方法，形成准确的自我洞察；而且，基于准确的自我洞察，我们可以制订更符合实际的人生规划，做出

推荐序
自知者明，自胜者强

更可行的决策，过上"自知者明"的生活。

邓宁教授也是我个人的好朋友。1997年，我从密歇根大学心理学系博士毕业寻找教授职位的时候，第一个给我工作机会的就是邓宁教授当时任教的康乃尔大学心理学系。他还亲自赶到机场去接我。初春的季节，大学所在的小城伊萨卡（Ithaca）还有些寒意，但在暮色的辉映下，大学校园里古典的希腊式建筑，反射出的金色的光芒，让人感到全身的温暖。当时，我情不自禁地想起希腊诗人卡瓦菲斯的诗《伊萨卡》："当你启程前往伊萨卡，愿你的道路漫长，充满奇迹，充满发现……"

希望邓宁教授的这本书也成为你的一个好朋友，温暖你的人生与你的心灵。也祝福所有的朋友，在探索自我和真理的道路上，勇敢前行，充满惊喜，收获幸福！

彭凯平

清华大学社会科学学院院长、心理学教授

2022年6月13日

前　言

喜剧演员比尔·马厄（Bill Maher）曾说过，世人的心中皆有一本书。本书大概就是我心中的那本书。其中蕴藏着数年以来，我的实验室在针对人们自我评价的准确性的研究中不时被点燃的专业热情。

我希望向读者传达该话题的魅力与无限延伸性。认识自我是一件极其复杂和深奥的事情，而撰写本书更是让我进一步窥见了其中的玄妙和神秘。我希望读者在阅读本书时，能如同我当初想到该话题时一样，感到莫大的惊喜和兴趣。

我也希望读者在书中徜徉时，能领悟到字里行间的弦外之音。本书采用的大多数资料均来自心理学实验室、调研机构及医学院对个体思想、情感及行为的艰难、系统且严密的观察。这项观察工作常常使人陷入沮丧和迷茫，但往往又能带给人巨大的成就感和启发。研究型心理学家并非"扶手椅哲学家"[①]；相反，他们秉持百折不挠和一丝不苟的科学探索精神，不断收

[①] 指那些只坐在自己的扶手椅上思考、而不去观察世界的真实情况的哲学家。——编者注

集数据来检验自己的观点。而正是在这种精神的约束之下，科学家们才有可能无限地接近正确答案。我希望非专业人士在阅读本书后，能了解到心理学研究的严谨性。

任何一本书都不可能仅凭一人之力写就。许多研究生合作者和本科生研究助理也为本书中的调查和实验付出了汗水。他们拥有创造力、敬业精神和坚韧的品质，并始终战斗在我们的科研前线，为此我深表感激。尤其感谢埃米莉·芭丝苔（Emily Balcetis）、基思·博勒加德（Keith Beauregard）、迪安娜·卡普托（Deanna Caputo）、杰夫·科恩（Geoff Cohen）、乔伊丝·埃尔林格（Joyce Ehrlinger）、尼克·埃普利（Nick Epley）、安迪·海斯（Andy Hayes）、克里·约翰逊（Kerri Johnson）、贾斯廷·克鲁格（Justin Kruger）、罗里·奥布赖恩·麦克尔威（Rory O'Brien McElwee）、斯科特·佩雷塔（Scott Perretta）、大卫·舍曼（David Sherman）、莉萨·斯特恩（Lisa Stern）、安伯·斯托里（Amber Story）和利夫·范博文（Leaf Van Boven）等，他们为本书付出良多。

虽然本书讨论的研究来自若干个实验室，但均为我的个人研究，而其中大部分由美国国立精神卫生研究所（National Institute of Mental Health）的 RO1 56072 研究计划基金资助完成。虽然如此，本书的结论和观点只属于我个人，并不代表美国国立精神卫生研究所的看法。

露西·莫尔豪斯（Lucy Morehouse）和奥德拉·斯奈德

（Audra Snyder）负责本书相关文章及参考文献的查找工作。戴维·迈尔斯（David Myers）和奇普·希思（Chip Heath）总能及时为我提供建议，使本书的创作过程如有神助。哈里·西格尔（Harry Segal）和戴维·舍曼（David Sherman）对本书的一些章节提出了一针见血的意见。德特勒夫·费辰豪尔（Detlef Fetchenhauer）、黛比·普伦蒂斯（Debbie Prentice）和吉姆·谢泼德（Jim Sheppard）认真阅读了全文并做出评论。我由衷地感激上述同人的建议。伊莱恩·韦辛顿（Elaine Wethington）对我提出的问题能够一一解答，着实令我惊叹与感激。最后，我还要衷心感谢 Psychology Press 出版社的保罗·杜克斯（Paul Dukes），是他的求知欲、热情与鼓励促成了本书的面世。

第 1 章 泰勒斯的悲叹：神秘莫测的自我评价 / 001

错误自我观的证据 / 005

本书脉络 / 014

第 2 章 无知是福？为何人们无法看出自己能力不足？/ 019

日常生活中的病觉缺失症 / 022

能力不足者的意识：经验研究 / 025

不同意见 / 028

能力不足者存在元认知缺陷的证据 / 031

其他不同意见 / 036

妨碍自我洞察的其他过程 / 041

小结 / 050

第 3 章　能力的线索：评价表现时不完善的
元认知过程 / 053

本章主题 / 054
源自外显推理的信心 / 057
源自流畅性的信心 / 071
从总体到具体的信心：采用既定的自我观 / 079
小结 / 088

第 4 章　最好的老师？为何经验和反馈未必能
带来洞察？/ 089

从经验中学习：对若干资料的分析 / 091
为何反馈无效？/ 092
监控反馈时的错误习惯 / 100
小结 / 113

第 5 章　虚假的独特性：那些使人们认为自己很独特
的品质 / 115

可控性 / 118
关于比较性评价的题外话 / 127
以自我为中心的思维 / 130

可观察性 / 133

小结 / 141

第 6 章　总而言之：对不明确因素的自利性解释 / 143

特质定义的模糊不清 / 145

采用自利性特质定义的原因 / 151

横向不明确性与纵向不明确性 / 155

后果 / 158

小结 / 161

第 7 章　最起码的体面：道德优越感错觉 / 163

道德高地 / 165

令人头痛的谜团 / 169

为何得出错误的自我评价？ / 176

自我认知有何好处？ / 188

道德优越感错觉的影响 / 191

小结 / 198

第 8 章　个人之外：为何准确的自我预测需要洞悉情境状况？ / 201

正确认识情境的重要性 / 202

情绪层面 / 214

低估物主身份的影响 / 224

对禀赋效应缺乏了解 / 230

小结 / 233

第 9 章　有关自我映象的思考：神秘莫测的自我洞察及其他 / 235

主题与变化 / 237

自我评价的固有困难 / 238

被忽略的智慧之源 / 245

总结 / 250

贯穿本书的问题 / 251

自我评价总是错误的吗？ / 251

正确评价自我的案例 / 253

错误的自我评价真的如此不利吗？ / 256

纠正错误的自我观 / 267

小结 / 272

小珠峰 / 273

参考文献 / 275

第 1 章

泰勒斯的悲叹：神秘莫测的自我评价

为什么越无知的人越自信？

有时我会想，站在尼泊尔南崎（Namche）村镇的郊区，在寒冷干燥的空气中仰望当地人称为萨迦玛塔①——天空女神的山峰，会是怎样的体验？珠穆朗玛峰充满了魔力，每年都会吸引成百上千的登山者到此，试图登上世界之巅——地球的最高点。

然而，对这些想登顶的人来说，有一个显而易见的事实：登山者若想登上珠穆朗玛峰峰顶，最好能先正确地认识自己。他们必须清楚自己登山的优劣势，清楚自己是否具备克服所有将要面对的困难的能力，以及是否具备应对身心俱疲的意志力；他们必须清楚自己是否拥有足够的勇气和敏捷度，可以穿戴着全套的登山装备，攀爬沿昆布冰瀑（Kumba icefall）冰块巨壑架起的30多米长的摇晃铝梯；他们必须清楚自己是否有良好的体魄和耐力，可以走到海拔7900多米的四号营地，进入连救援直升机也无法抵达的"死亡地带"。

他们还必须清楚自己是否拥有毅力在缺少睡眠或食物的条件下很早起来，在氧气浓度不到海平面氧气浓度三分之一的恶劣环境中，顶着温度低至零下65摄氏度的强烈飓风，冲刺登顶前最后的900多米垂直距离；他们必须清楚自己是否掌握了专门技能，可以攀登距离峰顶仅60多米处几乎垂直的希拉里台阶（Hillary Step）；他们必须清楚自己能否严格遵照计划，无论多么接近峰顶，均能在下午3时左右掉头，在整座山峰被

---
① 即珠穆朗玛峰。——编者注

第 1 章
泰勒斯的悲叹：神秘莫测的自我评价

黑暗、阴影和寒冷笼罩前回到营地。

这些自我洞察并非华而不实的学术探讨。2001 年，共有 1 496 名登山者抵达珠穆朗玛峰峰顶并安全返回，而有 172 名登山者死亡（死亡率约为 10.3%），其中大约 120 具尸体仍然躺在珠穆朗玛峰上（Brunner，2002），要么遗失在某些不知名的裂缝中，要么被其他不知情的登山者在通往自己命运的道路上践踏而过。

本书将重点讨论人们自我映象①的准确性。其关注对象不是登山者，而是面临各种人生"高峰"的普通人。这些高峰虽然更为常见，但同样重要，例如在重要课程上获得"优"，在工作上得到晋升，培养出聪明正直的孩子，乃至于撰写自己的第一本书。本书将探讨人们能否正确洞察自己的能力及天赋；考察人们能否意识到自己的缺点；评估人们能否正确判断自己的品性。

准确的自我洞察（self-insight）具有重要意义这一观点并不新奇。远在古希腊时期，准确的自我认知（self-knowledge）就被赋予了颇高的重要性。例如，德尔斐神庙曾经就是国王、王后及其他显贵人物寻求关于人生及未来启示的地方。尽管这些人物的问题甚为要紧，但并不容易得到神庙的智慧启示。因

---

① 即关于自己的心理图像，既包括客观内容（他人可以观察到的，如身高、体重等），也包括主观内容（通过个人经验和对他人评价的理解而形成的自我认知）。——编者注

为神谕通常以问题、谜语或荒谬的无前提推论（non sequiturs）来回答。不过，神庙的建筑物上刻着两句浅显易懂的忠告——至少在西方人看来，其重要性是不言而喻的。第一句是"凡事勿过度"；第二句是"认识你自己"。

本书主要围绕第二句忠告展开，研究人们可以在多大程度上获得足够准确的自我观。准确的自我观虽非应对日常生活的主要技能，但仍然十分有益。人们需要了解自己的优势，以便合理选择事业或职业等；人们需要意识到自己的缺点，从而改正并提升自己，就算无法改正，至少也能知道应避开的陷阱；人们需要准确把握自己的品性，知道自己在面对何种诱惑时可能会缺乏意志力，以致可能会违背道德而犯罪，令自己在事后遭受自我良心的谴责或他人的唾弃。

乍看之下，正确地认识自己似乎是轻而易举之事。人们无时无刻不在接收有关自我成败、习惯及短板的信息。人们既能认识到自己的过人之处，又会目睹自己的平庸。而鉴于人人都是自我舞台的主角，有人会认为，人们在某种基本层面上有动力通过这些信息来形成准确的自我映象。

然而，在本书中，我认为形成准确的自我映象极其困难。我们虽然时刻与自我相处，并且有动力正确地认识自己，但仍然会得出经不起推敲甚至完全错误的自我评价。如果说自我洞察是我们皆向往的目的地，那么可以说道路上充满了障碍和误区，且从某种重要意义上来说，你我皆未能抵达终点。尽管准

第 1 章
泰勒斯的悲叹：神秘莫测的自我评价

确的自我认知大有好处，尽管我们有充分的动力去追求它，它却像昂贵的商品一样令人遥不可及。

不过，这一观察结论同样不算新奇。古希腊人也曾认为，准确的自我意识是难以获得的财富。据第欧根尼·拉尔修（Diogenes Laertius）记载，思想留存至今的首批西方哲学家之一的希腊哲学家泰勒斯（Thales）曾悲叹道，"认识自己"是人们面临的最棘手问题之一。在他看来，这显然比他能想到的最轻松之事——给予他人忠告——要费力得多。

错误自我观的证据

近期的心理学研究表明，泰勒斯对人类无法获得正确自我映象的悲叹不无道理。翻阅文献就会发现，大量的证据表明，人们对自己的映象似乎有些不切实际。有两类证据可以证实这一点。

相关性证据

第一类证据来自关于对自己个人能力的映象与实际表现水平的相关性研究。那些自视智力、人缘及能力不同凡响的人，果真比其他人更加睿智、善于交际和成功吗？那些不看好自己个人能力的人，真的比其他人更愚蠢和不受待见吗？

来自众多心理学研究领域的大量研究成果表明，一般而言，人们对个人能力的映象（或傲慢或谦虚），与实际的能力水平并非紧密相连。在学业表现、领导力、办公室技能及专业知识等诸多领域，人们对自己的评价与其实际的能力及专门技能水平可能大相径庭。

研究型心理学家常常通过计算人们对自己的个人能力的认知与其客观表现之间的相关系数（r），来证明这一现象。相关系数是一个统计数字，用以衡量一个变量（如对表现的认知）随着另一个变量（如实际表现）的变化而变化的程度。

相关系数的值域为 –1.0（两个变量完全负相关）到 +1.0（两个变量完全正相关）。相关系数为 0 时，表示两个变量完全不相关。例如，我们即便知道某人对其个人能力的认知，但这并不能让我们知道他的实际能力。再举个现实生活中的例子。众所周知，性别与身高具有相关性，男性通常高于女性。虽然性别与身高并非完全相关（部分女性高于男性），但两者的相关系数高达 0.7 左右。

相比这一基准，自我映象与实际能力的相关性如何呢？大量研究表明，这种对比使我们自我洞察能力的欠缺暴露无遗。因为认知与事实之间的相关性往往微乎其微，甚至为零。例如人们对自己智力的评分与其智商或其他智力测试的分数的相关系数往往仅有 0.2—0.3（Hansford & Hattie, 1982）。在进行谎言辨识能力的测试时，人们对自我表现的映象与其实际能力的相关系数仅有 0.04（DePaulo, Charlton, Cooper, Lindsay, & Muhlenbruck,

第 1 章
泰勒斯的悲叹：神秘莫测的自我评价

1997）。在对他人表达情感时，人们对成败的预测与实际结果完全不相关（Riggio, Widaman, & Friedman, 1985）。

现实生活中的许多重要方面也体现了认知与事实的脱离。在避孕套的使用方面，青少年对自我掌握程度的评价与其实际掌握情况仅有微弱的相关性（Crosby & Yarber, 2001）。在基本生命支撑技能方面，护士对自己熟练程度的评估与其实际操作情况完全不相关（Marteau, Johnston, Wynne, & Evans, 1989）。在对甲状腺疾病的认知方面，医生的自我评估与实际情况完全不相符（Tracey, Arroll, Richmond, & Barham, 1997）。在患者问诊的技巧方面，家庭医疗住院医师对自我技能的评价与来自其指导医师及其他专家的评价相关性不高（Stuart, Goldstein, & Snope, 1980）。

由此可见，一般来说，对自己的个人能力的认知与实际表现并无紧密相关性。当然，自我观也有其客观性。在回顾 1982 年前后的文献时，梅布（Mabe）和韦斯特（West）发现，对自己个人能力的认知与事实往往成正相关性，有时两者的相关系数甚至高达 0.70 左右，如大学生对自己绩点的预测或秘书对自己办公室技能的评价与实际情况的相关程度就是如此。此外，两者的相关系数仅在偶然情况下才会低至零，但几乎未出现过负数。总而言之，其相关系数一般为 0.29 左右。这一数值足以表明知觉与事实之间存在相关性，只不过这种相关性不高。套用老话来说，这些研究表明，自我洞察的杯子并非空空如也，只是不够满罢了。

另有研究表明，至少相比其他洞察基准而言，自我洞察的杯子空荡至极。雪上加霜的是，在某些重要的情境中，他人似乎比我们自己更善于洞察我们的能力。大学生对舍友感情寿命的预测，往往比对自己感情寿命的预测还要准确（MacDonald & Ross，1999）。雇员对自己工作及职场社交技能的评价，与来自其同事的相关评价的相关系数往往仅有 0.36，更重要的是，与来自上级的相关评价的相关系数仅有 0.35。然而，上级与同事似乎获得了某些相同的洞察，两者评价同一雇员的相关系数往往高达 0.62 左右（Harris & Schaubroeck，1988）。

他人对我们的看法，也往往远比我们对自己的看法更接近客观事实。一项针对海军军官的研究显示，士兵对自我领导力的评价与其获得上级提早提拔的频率并无相关性。士兵之间对彼此领导力的评价，却能准确预测将会获得提拔的士兵人选（Bass & Yammarino，1991）。类似地，一项针对外科住院医师的研究表明，住院医师对自己外科专业技能的评价结果，无法合理预测其在相关技能客观测试中的表现。来自上级及同事的相关评价结果（两者往往同样具有较高的相关性）却能准确预测出某名住院医师在客观测试中的表现（Risucci, Tortolani, & Ward，1989）。

自我映象相比他人对自己的映象几乎没有额外的洞察力，这个有趣的发现来自以下研究。在这项研究中，一群陌生人按要求在观看一段仅一分半钟的录像后,判断画面中人物的智力水平。参与者在录像中看到,目标对象走进一间房间,在一张桌子后面坐下,然后阅读普通的天气报告,接着起身走出房间(Borkenau & Liebier,1993)。仅凭观看录像,参与者对目标对象智力的映象就与该对象标准智力测试的分数具有较高的相关性(相关系数约 0.30),与该对象的自我映象跟后者的相关性(相关系数约 0.32)大致相等。

总之,人们对自己技能及知识水平的看法,远不能反映其实际水平。对自己能力最深信不疑的人未必就是最有能力者;而贬低自己能力的人也未必就是最无能者。对自己能力的映象与实际情况大体上是不相关的,这种不相关性虽非绝对,但也相当高。

过 度 自 信

不过,另一组研究结论揭示了一个更加重要的事实:人们对自己的看法与事实极不相符,或甚至极不合理。人们大多倾向于持过高的自我评价,往往会高估自己的技能、知识、道德品性及社会地位。讽刺的是,甚至在能否诚实公正地评价自己这个问题上,人们也高估了自己。

当对比着他人讨论自己时,人们会表现出过度自信。当被问及个人技能水平属于"中等""中上"或"中下"时,大多数人都选择"中上"这一选项,而事实上的中等水平者也评价自己为"中上"水平,这显然与客观事实相悖。

例如,1980年,温斯坦(Weinstein)曾问罗格斯大学的大学生:相比校友,自己遇到积极事件而避免消极事件的概率偏高还是偏低。大多数学生都认为,他们比一般学生更有可能活过80岁,以班级中上水平的成绩毕业,在大四结束前被大公司录取,拥有高薪并买得起房子。同时,大多数学生还表示,他们比一般学生较不容易产生酗酒问题、离婚、犯心脏病、被开除、感染性传播疾病以及出现牙龈问题。

另一些研究也发现了类似的自我高估现象。在一项针对高中毕业班学生的调查中,美国大学理事会(1976—1977)发现,在运动能力方面,60%的学生认为自己相比同级同学属于"中上"水平,而仅有6%的学生认为自己属于"中下"水平;在领导力方面,整整70%的学生认为自己属于"中上"水平,而仅有2%的学生认为自己属于"中下"水平;在"与他人友好相处的能力"方面,几乎所有学生都认为自己至少属于"中等"水平,其中有60%的学生认为自己在同级同学里可以排进前10%,而甚至有25%的学生认为自己在同级同学里可以排进前1%!

其他研究者也观察到了同样的自我高估现象。员工大多认为自己的出勤率高于办公室里的一般员工(Harrison & Shaffer, 1994);人们大多认为自己比一般人更不易得流感(Larwood, 1978);摩托车手大多认为自己发生车祸的概率低于其他车手

第1章
泰勒斯的悲叹：神秘莫测的自我评价

（Rutter, Quine, & Albery, 1998）；年长的司机大多认为自己的驾驶技能比其他同龄司机更娴熟（Marottoli & Richardson, 1998）；企业高层大多认为自己的公司比同行业的一般公司更有望成功（Cooper, Woo, & Dunkelberg, 1988; Larwood & Whittaker, 1977）；杂货店收银员大多认为自己远比同事更容易辨认出未达到饮酒年龄的年轻顾客（McCall & Nattrass, 2001）；蹦极爱好者大多认为自己比一般蹦极爱好者更不易受伤，其亲友却持不同看法（Middleton, Harris, & Surman, 1996）。

实际上，就连现代社会中那些被认为最睿智、最博学且严谨持重的人同样也会过度自信。例如，94%的大学教授认为自己的专业能力属于"中上"水平（Cross, 1977）。同样地，学术研究者往往认为，自己提交出版的稿件相比其他同仁的稿件更具方法论及理论价值（Van Lange, 1999）。

另有证据表明，相比某事发生的实际概率，人们的预测通常会过于乐观。一项针对律师的调查显示，律师在接手案件前倾向于高估赢得官司的概率（Loftus & Wagenaar, 1988）。在谈判比赛中，学生常常会过度自信地以为对方会接受其最终报价（Neale & Bazerman, 1983）。选股者往往过于乐观地以为自己挑选的股票能跑赢大市，而结果是，他们买进的股票表现逊于为购买该股票而卖出的股票（Odean, 1998）。

自我高估现象还体现在其他方面。当被要求做出预测并估计该预测的正确概率时，人们往往会高估后者。参加冷知识问答的大学生会高估其答案的正确概率（Fischhoff, Slovic, & Lichtenstein, 1977; Koriat, Lichtenstein, & Fischhoff, 1980）；他们高估自己对其他大学生甚至舍友的偏好预测的准确性（Dunning, Griffin, Milojkovic, & Ross, 1990）；他们还高估自己对某一学年过程中的相关事件预测的准确性（Dunning & Story, 1991; Vallone, Griffin, Lin, & Ross, 1990）。

除大学生外，其他群体中也存在过度自信的现象。例如，外科见习生仅看了显示可能存在桡骨骨折的X光照片，就坚信自己的诊断准确无误（Oksam, Kingma, & Klasen, 2000）；临床心理学家仅查阅了个案研究材料，就笃信自己对当事人的推论合情合理（Oskamp, 1965）。

人们对自我判断的完全确信也体现了过度自信。事实上，人们对自己的言论**坚信不疑**[①]时，恰好是其最过度自信的时候。当人们表示百分之百肯定自己的预测时，往往大概五次中就有一次预测错误，错误率达20%（Fischhoff, 1977）。同样，在一项针对肺炎诊断的研究中，医生深信其患者患有肺炎，对自己的诊断有约88%的把握，实际却仅有大概20%的患者患有肺炎（Christensen-Szalanski & Bushyhead, 1981）。关于深信不疑未必能确保结果不出所料，还有一项非常有趣的观察。在一项针对创业者的研究中，足有33%的参与者表示坚信自己会

[①] 原文为斜体，为使其更明显，本书将其统一处理为黑体。——编者注

第 1 章
泰勒斯的悲叹：神秘莫测的自我评价

创业成功（Cooper, Woo, & Dunkelberg, 1988）。然而，据最保守估计，超过三分之二的小型企业在成立 4 年内就会破产（Dun & Bradstreet, 1967）。

另一些研究表明，人们甚至在理应更有自知之明的方面仍过度自信。例如，吸烟者虽然知道自己相比不吸烟者面临更大的健康风险，却大大低估了该风险（Strecher, Kreuter, & Kobrin, 1995）；父母经历多次婚姻的学生，比其同学更相信自己将来能维持稳定长久的婚姻（Boyer-Pennington, Pennington, & Spink, 2001）；人们尽管清楚自己常常为赶在截止日期前完成任务（如课堂作业或所得税申报）而临阵磨枪，但仍然认为自己能在截止日期前出色地完成任务（Buehler, Griffin, & MacDonald, 1997; Buehler, Griffin, & Ross, 1994）。

当然，有部分研究者对上述关于过度自信的研究颇有异议，他们不时断言：①过度自信其实是一种统计假象；②过度自信测试的结果很大程度上取决于测试的具体情境（Dawes & Mulford, 1996; Erev, Wallsten, & Budescu, 1994；针对这些反对意见的激烈反驳，见 Brenner, 2000）。此外，虽然过度自信是一种常态，但人们并非任何时候都会过度自信。在某些类型的情境中，人们几乎不会过度自信，有时甚至还莫名其妙地信心不足。例如，当手上的任务相当简单，且个人表现也十分出色时，人们却往往对自己的表现不够自信（Lichtenstein

& Fischhoff，1980）；当人们认为自己极不擅长某项任务（如计算机编程）时，往往会将自己的差劲放大到不切实际的地步（Kruger，1999）。尤为重要的是，过度自信这种普遍存在的现象尽管在北美洲人的身上显而易见，通常在太平洋的另一岸却杳无踪迹——日本人相比其他国家的人极少会高估自己的能力和品性（Heine，Lehman，Markus，& Kitayama，1999）。

但总体而言，心理学研究文献揭示的普遍现象仍然是：人们会高估自己。也许你对这个结论并不意外。在我们每个人的身边，他人过度甚至盲目自信的例子可谓屡见不鲜，因此无须关于过度自信的正式研究，事实似乎也显而易见。

不过，人们即便了解这一事实，仍然可能会低估过度自信在其个人生活中的普遍性。例如，当被问到时，人们承认过度自信是其生活中常见的现象，但认为该现象实际上更多地出现在他人而非自己身上。问及原因时，人们往往表示自己不同于他人，能够避免他人常产生的过度自信和偏见（Friedrich，1996；Pronin，Lin，& Ross，2002）。他们也许在陈述事实，但也可能只是提供了另一个例子，用以证明过度自信是多么深刻地渗透到了我们的生活中。

本书脉络

本书主要关注那些使我们背离正确自我映象的弯路。我

第 1 章
泰勒斯的悲叹：神秘莫测的自我评价

介绍了若干方面的研究，此类研究在一定程度上解释了为何对自己的个人能力和品性的评价往往会偏离客观事实及逻辑可能性。

在此过程中，我聚焦自我的若干不同方面。在第 2、3 和 4 章中，我围绕个人能力展开，讨论了为何人们常常对自己在众多社会和智力领域的能力做出错误的评价。在第 2 章中，我论述了为何我们不能指望每个人都能正确评价自己的能力。尤其是，我认为能力不足者往往没有能力察觉到自己的不足。自我评价是件极其困难的事情，而能力不足者根本没有必要的工具来应对这种挑战，所以我们亦不能对他们有所指望。在第 3 章中，我探讨了对技能的认知及其准确性的来源，鉴于其与实际表现的相关性并不大。在第 4 章中，我主要谈到为何生活经验及反馈未必能促使人们形成更加准确的自我映象。

在第 5、6 和 7 章中，我在更普遍的层面上讨论了对自我品性及人格的认知。在第 5 和 6 章中，我讨论了为何人们往往会过度感知自己的独特性，重点分析了误导人们以为自己卓尔不凡或至少不平庸的原因。在第 7 章中，我具体谈到人们对自己品德的认知，讨论了人们在他人面前往往会拥有怎样的品德优越感及其原因。在第 8 章中，我阐明了为何错误的预测往往不是由错误的自我认知引致，而是由于我们误判了我们身处其中的情境。最后，在第 9 章中，我将述及本书其他章节中的一些悬而未决的基本问题。

翻阅本书你就会发现，本书并未提供关于自我洞察——或更恰当地说，缺乏自我洞察的统领性理论。在每一章，我都会聚焦日常生活中自我概念的某一方面，并通过列举经验研究（来自我的实验室或其他实验室）来探讨人们形成及维持自我映象的部分原因。因此，每一章更像是关于自我概念某一方面的故事，细述着自我洞察的成与败。

我认为这种论述方法是富有成效的，主要原因如下：古希腊人认为，"认识自我"是过上幸福、成功和富足生活的关键因素。近几年来，社会心理学文献一直就该观点的正确性争论不休。一些研究者认为，美好生活并非源于准确的自我认知，而是源于自我认知偏差。他们表示，不切实际的积极自我观是打开美好生活的金钥匙，错误的自我映象对激发人生动力、良好情绪、创造力及慷慨气度具有至关重要的意义（Taylor & Brown 等，1988）。当然，也有人反对这一主张（Colvin & Block 等，1994）。

我认为，有关虚假自我映象的价值与代价的争论虽然意义深远，但在目前来说仍为时尚早。在全面摸清人们的自我映象为何趋近或偏离事实前，根本无法判断自我映象的偏差究竟是有利还是有弊。所以，在对导致正确或错误自我映象的心理过程有更全面细致的了解前，评价自我映象偏差的价值（积极或消极）实属过早。

因此，我在书中从自我的各个方面出发，讨论人们为何

第1章
泰勒斯的悲叹：神秘莫测的自我评价

会对自己得出正确或错误的评价。在此过程中，一些具体的例子会向我们解答，正确的自我映象究竟是否大有裨益。与此同时，本书不会提出总括性理论，而是会探讨人们形成自我看法及映象过程中的普遍主题及差异。因此，我邀请读者加入我的探讨。阅读本书就如同一次登山之旅，日积跬步必能登上顶峰。我希望读者在攀登本书这座小珠峰时，能够收获激励、智力启发以及自我反思。它虽无法像登山一样锻炼人的体魄，但唯愿能启迪你的心灵。

第 2 章

无知是福?
为何人们无法看出自己能力不足?

为什么越无知的人越自信？

1896年，奥地利医学博士加布里埃尔·安东（Gabriel Anton）在一个医学会议上提交了一篇论文，其中描述了他遇到的一些具有相同古怪特征的个体（Redlich & Dorsey，1945）。这些个体患有严重残疾，但似乎并不自知。例如，其中一位64岁的货车司机患有耳聋，但他仿佛并不知情。这位司机没能回应对他的提问，但他似乎并未意识到这一点。他抱怨与人对话时很难理解对方，但认为这是因为对方表述不清，而非自己无法听清某些声音。他虽然向他人发问，却似乎习惯了得不到回应。

这类案例在医学文献中虽然罕见，但确有提及，因为有不少人患有脑损伤导致的某种神经或认知缺陷（相关综述，见McGlynn，1994；Redlich & Dorsey，1945）。部分（显然非所有）失明患者由于无法意识到自己失明，会抱怨自己被关在黑暗的地窖中等（Redlich & Dorsey）。一些左侧偏瘫患者（即脑损伤导致身体左侧瘫痪的人）有时会意识不到自己的瘫痪。当被要求用左手完成某些任务时，他们会拒绝照做，而在事后表示自己只是单纯不想做（D'Amasio，1994）。健忘综合征（酒精所致脑损伤引起的失忆症）患者常常无法意识到自己的健忘程度（Shimamura & Squire，1986）。阿尔茨海默病患者亦是如此，往往会高估自己记住交谈内容的能力（Schacter, McLachlan, Moscovitch & Tulving，1986），而相对能够更加准确地预测其亲属的相应表现（McGlynn & Kaszniak，1991）。

第 2 章
无知是福？为何人们无法看出自己能力不足？

另外一些精神病综合征也存在同样的情况。患有注意缺陷和多动障碍的男孩往往无法认识到自己在学业成绩、人缘及行为举止方面的不足，且越是病情严重的患者越是高估自己（Hoza, Pelham, Dobbs, Owens, & Pillow, 2002）。据世界卫生组织的调查，85% 的精神分裂症患者否认自己患有精神疾病（Carpenter, Strauss, & Bartko, 1973）。另一项针对住院患者的调查显示，69% 的精神分裂症患者表示自己无须医生照看或住院治疗（Lin, Spiga, & Fortsch, 1979）。同样值得一提的是，在拒绝接受药物治疗的患者中，76% 的人否认自己患有精神分裂症，而在接受药物治疗的患者中，也有 40% 的人持相似的看法（Van Putten, Crumpton, & Yale, 1976）。

1914 年，巴宾斯基（Babinski）创造了现在使用的术语**病觉缺失症**，用来描述人们在身体或神经存在（严重）缺陷时，无法认识到自身缺陷的程度甚至其存在的症状（Redlich & Dorsey, 1945）。多年以来，医学博士及临床心理学家对人们存在这些缺陷却对其毫无洞察的现象非常费解。研究者指出，仅有少数脑损伤患者不能认知到脑损伤引起的缺陷。无法被认识到的失明或瘫痪总是发在身体左侧，因此与大脑右半球损伤（通常是顶叶或额叶损伤）有关（McGlynn, 1994）。因此，医学研究者推断，大脑右半球的某些区域对监控身体表现，或更新人们对自己身体能力的映象至关重要（McGlynn, 1994）。

日常生活中的病觉缺失症

在本章中，我借用病觉缺失症的概念，通过类比将其从神经和身体领域搬到认知和心理领域。人们面临着多种多样的缺陷，身体损伤导致的缺陷仅是其中一种。因此，研究人们能否意识到自己在日常生活中的智力及社交缺陷具有重要意义。例如，有人可能不擅校对，不能提出逻辑连贯的论点，或无法采用明智的方式管教子女。人们对自己在这些日常事务方面的欠缺了解多少？

在最近的研究中，我和同事们认为，人们往往不能意识到自己在处理日常事务方面存在的缺陷。当人们把校对工作做得一塌糊涂或采取愚蠢的方式管教子女时（简单来说就是暴露**能力不足**时）他们对此一无所知，还欣喜地以为自己表现尚可，殊不知事实恰好相反。将要挂科的学生以为自己比班上大多数同学考得更理想；律师做出陪审团完全无法信服的结案陈词后输了官司，却茫然不知原因；小说家写了一本蹩脚的书，却以为它是一本伟大的小说，实际上甚至连其伴侣也不认同。

不过，事实上，我们持有的是一个更强的论点。我们的论点并非表现欠佳的人不能认识到自己的能力不足，而是我们不能**指望**他们做到这一点。他们根本无法察觉到自己表现欠佳，也没有能力认识到自己的能力有多么不足。如某些脑损伤使患者不能认识到自己的视觉缺失或瘫痪一样，能力不足也使人们

第 2 章
无知是福？为何人们无法看出自己能力不足？

陷入病觉缺失症的状态，因而很难或有时根本无法洞察到自己智力及社交技能的欠缺。

我们之所以不能指望能力不足者认知到自己的缺陷，是因为他们面临双重困境：在生活的许多领域，对外部世界**做出**适当回应所需的技能，同时也是**分辨**自己是否表现得当所需的技能。以构建逻辑清晰的论点所需的技能为例，若要提出逻辑清晰的论证，需要充分了解微妙且复杂的逻辑规则，必须知道何为逻辑清晰的论证以及如何避免常见的陷阱。接着，我们再思考一下如何评价论证的逻辑性。若要准确评价论证的逻辑性，同样也需要全面细致地把握逻辑推理规则。评价论证的逻辑性所需的技能，也正是提出逻辑清晰的论证所需的技能。

智力及社交领域的若干方面也呈现这一特征，即做出适当回应所需的技能，同时也是评价回应的适当性所需的技能。简言之，进行**认知**活动（做出回应）所需的技能，恰好是进行**元认知**活动（评价回应）所需的技能。医生要准确评价自己是否为患者做出了最佳诊断，前提是其熟知各种疾病症状；语文老师要给学生提供有效建议，前提是其精通语文规范；税务会计师要合理评估自己给客户的建议，前提是其通晓税法。如果上述人员的专业知识存在欠缺或不足，那么他们就无法对自己的行为做出正确评价。

换言之，能力不足者因为缺乏做出适当回应所需的技能，所以也不具备评价回应的适当性所需的技能。实际上，如果人们能意识到自己在重复出错，那么他们最初就能避免这个情况。从某种意义来讲，能力不足者的常见"标志"是患有对自我表现缺陷的病觉缺失症。假设人们想不遗余力地把工作做好，那么一旦意识到自己的工作存在瑕疵，必然会做出改正，进一步提升自己的能力。

在继续之前，有关我将表现欠佳者称为能力不足者（尤其在我们的研究中）的实际含义，请注意以下三点。

首先，当我描述某人为能力不足时，我是指其在特定领域表现欠佳，如逻辑推理、急诊室患者问诊或书籍创作，而非指其在做任何事情的时候均显得迟钝。相反，我敢保证在某个领域一窍不通的人，很可能在另一个领域却游刃有余，例如典型的数学家无法在酒会上谈笑风生，却非常擅长与数字打交道。大量的论据可以证明这一点。认知心理学上的许多研究表明，人在不同领域的智力水平可能相差甚远。例如，最老练的赛马会评磅员（预测每匹马胜出概率的人员）在面对偏学术性问题时往往会比较愚钝（Ceci & Liker, 1986）。

其次，当我谈及能力不足时，我并不认为能力不足者的潜力有限以及永远无法改变现状。虽然有这种可能性，但大多数情况下，人们能力不足的原因是缺乏经验、年轻或欠缺适当的训练。通常，能力不足者经过适当的教育和练习后，便能具备相关能力。例如，未成年人显然在众多领域能力不足，因而法律（以及父母）竭尽所能地避免其由此受到伤害。未成年人不能订立合同、报名参加赛车（更不必说单独驾驶汽车）或在不

第 2 章
无知是福？为何人们无法看出自己能力不足？

受监督的情况下饮酒。但随着自我成熟和长辈的谆谆教诲以及经验的积累，能力不足的未成年人也将成长为有能力的成年人。

再次，将能力不足视为有程度之分至关重要。有能力者与无能力者并无明显划分。每个人在知识或能力方面难免有不足之处。只有当处理事务所需的技能恰好是我们的不足之处时，我们才会陷入困境。有些人的不足之处更多，也就意味着更经常遭遇麻烦，但没有人可以完全免受能力不足的困扰。

能力不足者的意识：经验研究

表现不足者无法认知到自己表现不足吗？这是我和贾斯廷·克鲁格在 1999 年发表的系列研究中的核心问题。在一项研究中，我们把大学生带到实验室，并针对基础智力技能——逻辑推理对他们进行突击测试。在学生完成测试后，我们要求他们比较自己与其他实验参与者的推理技能水平，并估计自己答对的测试题数量。

随后，我们根据学生在测试中的表现将其分为四组。第四等分组由表现倒数 25% 的学生组成。然后，我们继续根据学生的表现划分出第三、第二及第一等分组。接着，我们对比观察了每组学生对自我表现的看法与其实际表现。

在比较自己与其他参与者的表现后，学生们估计了自己整体逻辑推理能力及在测试中具体表现的百分比排名。图 2.1 反映了第四等分组至第一等分组的参与者对自我表现的知觉情况。该图并未反映上述实验的具体数据（相关数据，见 Kruger & Dunning, 1999），而是展示了我们在迄今为止的研究中，观察到的典型自我认知特征。

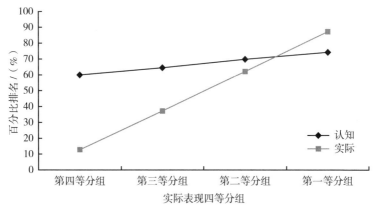

图 2.1 贾斯廷和邓宁（1999）及后续研究发现了对自我表现的
认知与实际表现的典型关系

观察该图，我们可以得出三项有趣的发现（实际上是四项，最后一项留待后文讨论）。首先，学生们普遍认为自己的推理能力高于中等水平。无论就整体逻辑推理能力还是测试中具体表现而言，大多数学生均认为自己优于中等水平，即优于 50% 的学生。其次，对自我表现的知觉与实际表现的相关性并非极强，而是偏弱。至此，我们应该不会对这两项发现感到惊讶。因为第 1 章讨论的许多研究中已经得出了相同的结论。

第三项发现非常新奇，仔细观察第四等分组的自我认知情

第 2 章
无知是福？为何人们无法看出自己能力不足？

况便一目了然。出于研究目的，我们将按表现划入该组的学生归为"能力不足"，并观察其自我认知与实际表现的相符程度。如图所示并经数据确认，第四等分组的学生仿佛几乎没有意识到自己在测试中表现很差劲。尽管第四等分组学生表现的平均百分比排名理应为 12%—13%（平均优于 13% 左右的学生），但他们认为自己能力及表现的百分比排名为 60% 左右。此外，该组学生对自己答对测试题数量的估计亦比实际高出 37%。总而言之，虽然第四等分组学生的表现远不如第一等分组学生，但前者对自己的个人能力的信心程度几乎与较优秀的后者无异。

后续的研究中有同样的发现。在另一项研究中，我们针对一个重要而难以掌握的社会技能——鉴赏幽默的能力进行了测试。

我们向另一组大学生提供了 30 个笑话，并要求他们对其好笑程度一一进行打分。随后，我们告知这些学生，我们会将他们的评分与专家组（由专业喜剧演员组成）的评分进行对比，以客观地衡量其幽默鉴赏能力。接着，我们让学生比较自己与其他参与者的鉴赏能力，并同样要求他们估计百分比排名。

根据学生评分与专家组评分的相关性表现，我们将学生分为四组。他们对自我表现的知觉与实际表现的对比结果，同样在图 2.1 中得到大致呈现。学生们大多认为自己的幽默鉴赏能力优于 50% 的学生。他们对自我表现的知觉与实践表现的相关性相对更高，但仍不突出（相关系数约 0.40）。然而，跟前面的研究一样，第四等分组的参与者以为自己表现尚可，对其能力的百分比排名估计平均达55%左右，远高于他们实际的平均百分比排名12%。

在后续研究中，我们发现，当人们走出实验室回到现实世界后，这种整体特征同样显著。在针对性传播疾病的测试中，分数落后的大学生们以为自己的表现大概优于一半以上的其他参与者（Dunning, 2003）。大学课程考试结束后，那些成绩排名倒数四分之一的学生在走出考场时，以为自己比60%左右的同学考得好。他们还将其考试的原始分数高估了30%（Dunning, Johnson, Ehrlinger, & Kruger, 2003）。在大学辩论赛中，表现排名倒数四分之一的辩论队以为自己打赢了61%的对手，而实际上只有23%的对手败给了他们（Ehrlinger, Johnson, Banner, Dunning, & Kruger, 2004）。

除学业领域外，医学领域亦是如此，表现欠佳者同样无法洞察到自己的错误。在对实验室技术人员进行医学术语掌握、确定实验优先顺序及如何应对日常难题方面的测试时，那些表现欠佳者往往会以为自己表现得不错（Haun, Zeringue, Leach, & Foley, 2000）。在一项练习中，住院医师模拟问诊可能存在虐待子女行为的患者，那些表现差劲的医师对自我表现的评价远远高于来自其指导老师的评价（Hodges, Regehr, & Martin, 2001）。

不 同 意 见

引导本研究的中心论点是表现欠佳者根本不知道（事实

第 2 章
无知是福？为何人们无法看出自己能力不足？

上是无从知道）自己表现得多差劲。因为他们缺乏做出正确回应的必要技能，同时也缺乏准确判断其回应是否正确的必要技能。到目前为止的所有数据均验证了该论点，但人们仍然可以不那么有趣地反驳道，还有其他原因可以解释这些实验数据。

其中，有一个容易描述且容易反驳的著名反对意见。有人认为，能力不足的参与者知道或本可以知道自己表现欠佳，只不过无意于做出正确的估计罢了。他们持有这种马虎态度原因可能有二。其一，参与者或许知道自己表现欠佳，但以为实验者不知情，碍于面子，他们只好说自己表现良好。其二，参与者若留心的话，必会意识到自己表现欠佳，但他们由于想要尽快离开实验室，只想匆匆地随便评价一通，并无动力做出准确的评估。

不过，对这些针对实验结果的其他解释，我们可以用一项实验来反驳。在该项实验中，我们对参与者进行了逻辑推理能力测试，并同样让他们评价自己的表现。其中大概一半的参与者只需完成自我评价即可。而另一半的参与者则被告知，若能完全猜中自己答对的测试题数量，便可获得 100 美元的奖金；若所猜数量与实际数量相差 1，则可获得 20 美元的奖金；等等。结果，提供奖励并未提高参与者自我评价的正确性。尤其是，第四等分组的参与者仍然极大地高估了自己的表现（同见图 2.1），这表明这些参与者确实几乎完全不知道自己表现差劲，即便他们有足够的动力做出准确评价，也无法改变这一事实。（另外，对我们来说幸运的是，最终没有任何参与者赢得 100 美元的奖金，不过还是有些参与者赢得了 20 美元的奖金。）①

---

① 这点有必要做详尽的脚注以补充说明。有人可能还会认为，我们的发现（见图 2.1）只是掺杂着人们倾向于认为自己处于中上水平之事实的统计假象（Krueger & Mueller，2002）。该观点核心论据是统计学常识——**趋均数回归**。对于两个相关变量来说，其相关性往往不是绝对的。例如，父母的身高与其后代的身高并不完全相关。毋庸置疑，高个子的父母大多会生出较高的后代，但两者并无必然的联系。

由于不完全相关性，在许多情况下，一些个体在某些测试中可获得最高分，而在另一些测试中，分数往往不可能同样拔尖。就像高个子的父母未必能生出同样高的后代。就我们的数据而言，有人会认为，由于存在趋均数回归现象，表现最差劲者必然会高估自己。对自我表现的知觉与实际表现不完全相关（见第 1 章）。因此，就某人（如我们）挑选出的表现最差劲者来说，他们对自我表现的评价根本不可能同样低。

重要的是，只要对两个变量的测量存在误差，两者就不可能完全相关。例如，在我们的研究中，我们对实际能力或知觉能力的测量可能存在误差。事实上，测量误差的存在几乎必然会导致任何一次测试均无法完美反映某人的能力，因此人们在不同测试中的分数会出现小幅波动——有时反映其能力出色，而有时则反映其能力平平。测量误差的存在导致两个变量不完全相关，因此必然会出现趋均数回归现象。

总之，有人会认为，图 2.1 的结果反映的并非参与者，而是我们的能力不足（见 Krueger & Mueller，2002）。也许我们确实没能准确测量参与者的能力，而导致其实际能力与对能力的知觉不完全相关。

但是，对于将认知偏差归咎于趋均数回归这一点，我们有数据可以反驳。从统计层面来说，我们可以估计并纠正我们的测量误差，然后再观察能力不足的参与者是否仍然高估自己。纠正数据后，我们发现，表现欠佳者仍然高估自己。实际上，纠正测量误差后，第四等分组的参与者仅将其过高的排名估计降低了 2%—3%。第一等分组的参与者情况亦然：即使在纠正测量误差后，他们仍然大大低估了自己的表现（Ehrlinger，Johnson，Banner，Dunning，& Kruger，2004；Kruger & Dunning，2002）。——作者注

第 2 章
无知是福？为何人们无法看出自己能力不足？

能力不足者存在元认知缺陷的证据

不过，要想驳倒前文所述的其他解释，最有效的方法是：指出我们认为的导致能力不足者无法认识到自己的不足，以及明显有能力者低估自己的原因。

我们认为，原因是表现欠佳者由于能力不足，而不具备合理评价自我表现的必要技能。因此，他们无法准确判定自己或他人的表现属于优秀还是逊色。

评估元认知技能

以往的研究可为该论点提供依据。就个人决定而言，相比能力较为不足者，有能力者更善于察觉到其决定的正确与否（存在不支持此结论的实验数据，见 Glenberg & Epstein，1987；Wagenaar & Keren，1985）。在测试中表现良好的学生相比表现一般的学生，能更加准确地预测出自己具体答对了哪些测试题（Shaughnessy，1979；Sinkavich，1995）。阅读能力较强的读者相比阅读能力较差的读者，能更准确地判断自己是否理解了要求阅读的材料（Maki & Berry，1984；Maki, Jonas, & Kallod，1994）。专业的临床医师相比医院的办事员，能更加准确地断定自己是否正确诊断出了儿童的精神疾病（Levenberg，1975；类似研究的述评，见 Garb，1989）。老练的桥牌玩家相比新手玩家，对自己的战况更加心中有数（Keren，1987）。物理学专家相比初学者，能更加准确地估计不同物理问题的难易程度（Chi，Glaser，& Rees，1982）。技艺高超的网球运动员相比网球新手，能更准确地判断能否击中球（McPherson & Thomas，1989）。经验丰富的象棋选手相比象棋菜鸟，能更精准地推断出当下必须持续关注的棋盘位置（Chi，1978）。

我们的数据显示，有能力者也相对擅长另一项也许更重要的元认知任务：判断他人表现的优劣（Kruger & Dunning，1999，第3项研究）。我们把大学生带到实验室，并针对语法对他们进行突击测试。在根据学生的表现将其分为四等分组后，我们同样发现，第四等分组的参与者远远高估了自己在测试中的表现（同见图2.1）。

不过，这项研究还有第二阶段。数周后，我们邀请第四及第一等分组的所有参与者回到实验室。我们向他们分发了5份由其他实验参与者完成的测试卷，这5份测试卷经挑选而产生，可以反映实验参与者的整体表现情况。随后，我们要求所有参与者对每份测试卷进行"评分"，以分数代表其认为答对的测试题数量。值得注意的是，我们并未向这些评分者提供参考答案。我们要求他们像在现实生活中一样，运用当下拥有的一切知识及智慧来评价他人的表现。不出所料，我们发现，第一等分组参与者相比能力较差的第四等分组参与者，提供的评分更加准确，即能够准确判断其他参与者对语法知识的实际掌握情况。

第 2 章
无知是福？为何人们无法看出自己能力不足？

当然，在语法以外的其他领域同样如此，有能力者总是能更加准确地判断出其周围表现优秀或逊色的人。该结论表明，要辨别我们身边的高手并非易事，而部分人（高手自身）相对我们当中的能力较差者更善于此事。关于团体决策的最新研究进一步表明，判断人们的专门技能水平是件极其繁难和棘手的事情，并非所有人都能做到得心应手。在审查财务报表时，审计员无法断定小组中谁的发言更加重要及正确（Trotman, Yetton, & Zimmer, 1983）。在解决某个冬季野外生存难题时，大学生无法判断同学中哪些人更擅长此事（Miner, 1984）。不可否认，团队有时确实能在一定程度上判断成员的专业能力水平（Libby, Trotman, & Zimmer, 1987; Yetton & Bottger, 1982），但其判断依据往往源自成员的表达能力与自信程度，而非成员实际具备的专业能力（Littlepage, Robison, & Reddington, 1997）。

有必要指出，一项现有的发现与前文语法研究的结论不谋而合。在学术界，研究者将论述其研究的稿件呈交期刊发表，随后通常由 2—4 名专家核阅和评审该稿件，以判断其是否具有发表价值。在 20 世纪 80 年代末期，社会心理学知名学术期刊《个性与社会心理学公报》的主编决定调查这些评审专家在评估稿件时达成一致意见的频率。这位主编发现，意见能否一致关乎若干因素，包括评审专家的威望。"威望高"的评审专家（即长期从事研究事业且成就显著的专家）相比"饱受争议"的评审专家，在评估稿件研究方法的严谨性及评判稿件能否准予发表时，往往更容易达成一致意见（Petty，Fleming，& Fabrigar，1999）。我们假设威望高的评审专家之所以广受认可，是因为在以往展示出了高水平的专业能力，那么这些专家级学者必然都能准确判断稿件的质量（无论优劣），因此更容易达成一致意见。

改变元认知技能

另一个证据更是直接表明，正是元认知技能的欠缺导致能力不足者在自己表现得非常差劲时，仍以为自我表现甚好。有趣的是，该证据包含着悖论，而该悖论可以告诉我们一些信息。

对行为科学家来说，要想检验导致能力不足者缺乏自我意识的原因是否为"元认知缺陷"，有个简单的绝佳方法：如果是元认知技能不足导致自我意识缺失，那么赋予这些表现欠佳者充足的元认知技能，应该就能使其认识到自己的能力不足。难就难在这里，如何才能赋予能力不足者元认知技能呢？

虽然有些自相矛盾，但根据前文的理论框架，向某人赋予元认知能力的最直接方法显然就是：使其具备能力。向能力不足者传授做出正确决定的必要规则和知识，这样他们就能察觉自己所做的决定是否正确。其中的矛盾显而易见，人们只有具备能力时才能轻易地认识到自己能力不足。

第 2 章
无知是福？为何人们无法看出自己能力不足？

我们决定借助一项研究来检验这一逻辑。在该研究中，我们通过培训使能力不足者具备能力，然后观察培训是否同时使他们具备了元认知能力，从而能意识到其在以往实验中的糟糕表现（Kruger & Dunning，1999，第 4 项研究）。我们把学生带到实验室，并采用"华生选择任务"（Watson selection task）谜题对其进行逻辑测试（Wason，1966）。在测试中，一些学生表现良好，另一些则表现欠佳，而表现欠佳者并未意识到自己测试表现的"不合格"程度（同见图 2.1）。事实上，第四等分组的参与者大多答错了全部题目，却以为自己大概答对了一半题目。

测试结束后，我们给其中一半的参与者上了一节微课程，向他们传授应对"华生选择任务"问题的方法。另一半参与者则完成了一些无关紧要的任务。接受微课程培训的参与者非常认真地学习，因此在课后便具备了解决华生逻辑问题的出色能力。随后，我们向这些参与者展示其先前完成的测试卷，并要求他们当即评价自己相对于其他实验参与者的表现水平。表现欠佳的学生经培训后，愿意承认自己在测试中表现差劲。在培训前，这些学生认为其表现的百分比排名为 51%，而在培训后，他们则认为该百分比排名为 32%。诚然，他们仍然高估了自己（其实际百分比排名为 14%），但相比首次评估已是大有改善了。未经微课程培训的学生两次自我评估相差无几。

有意思的是，经过培训的参与者在评价自己的整体逻辑推理能力时，亦开始抱有更谨慎的态度。微课程结束后，他们将对自己逻辑能力的百分比排名估计降低了超过 10%（从 55% 降至 44%）。当然，必须指出，经过微课程培训的参与者在两次自我评估的间隔期间若说有什么变化，那就是**增强**（而非减弱）了逻辑思维能力。不过，这些参与者由于有了这项新的智力技能傍身，便会意识到以往忽略的逻辑漏洞。因此，他们尽管在能力上得到了提升，仍然会更加谨慎地评价自己。

其他不同意见

然而，谨慎的读者仍可能对我们就能力不足者的心理特征描述持保留意见。在我们看来，无知其实是福气——但真是如此吗？

当人们认识到自己能力不足

例如，谨慎的读者可能无法赞同"能力不足者没有能力认识到自己的不足"这一观点。毕竟，我们每个人都能列举出自己的一些能力不足之处，有时包括突出的短板。例如，尽管我们深知专业摔跤节目的主要赛事备受瞩目，但只有极少数人会主动参赛。几乎没有人会认为，只要从沙发上起身，放下遥控器，去训练一个月，我们就有一丝机会进入美国奥运田径队。为何人们在这些领域对自己的能力洞若观火，在其他领域却如

第 2 章
无知是福？为何人们无法看出自己能力不足？

此迟钝？

根据贾斯廷和邓宁（1999）的分析，人们之所以无法认识到自己能力不足，是因为评估能力所需的技能恰好是形成能力所需的技能。该分析基本适用于智力技能领域，如逻辑推理能力及社会技能（包括办公室管理能力）。然而，并非在所有生活领域形成和评估能力的必要技能都会重合。例如，在体育方面，就未必如此。在打高尔夫球时，击出好球的关键技能（如手眼的协调）与评价击球质量所需的技能（如合格的视力）并不相同。

因此，相比评价自己的智力及社会技能（获得正确认知与元认知的必要技能更为一致），人们在评价自己的运动技能时自然会准确得多，自我认知与客观表现的相关系数平均达 0.47 左右（Mabe & West，1982）。同样，相比对自己"足球球感"的映象，足球运动员对自己体能的映象与来自教练的评价更加吻合（Felson，1981）。

人们在面对自己一筹莫展的领域时，也可能会认识到自己的不足。例如，某人让我帮他重新组装汽车的化油器，我知道自己肯定不行。同样，如果某人需要进行紧急心脏移植，我必定会拨打急救电话，而不是拿起手术刀自己动手。不过，若是人们的知识储备足以让其认为自己能正确应对某项任务（更多相关论述，见第 3 章），他们就会对自己的知识欠缺浑然不觉。

杰出者的难题

关于我们对错误自我评价的分析,谨慎的读者或许还有最后一个疑问。如图 2.1 所示,我们在研究中发现的最后一个特征就是:表现优秀者往往会低估自己相对于他人的表现水平。既然说表现优秀者具备获得正确元认知的必要技能,那为何会出现这种情况?

表现优秀者之所以低估自己,是因为面临着不同于能力不足者的特殊难题。与能力不足者不同,表现优秀者能非常准确地认识到自己在某项测试中的表现水平。简言之,他们既能发挥出色,又能准确评价自己的表现。只不过,他们无法正确评价他人的表现。表现优秀者自己表现出色,还以为其他人同样表现不错。因此,他们不认为自己的表现有多么地卓尔不群,从而低估了其能力相对于其他人的百分比排名。或者说,表现优秀者受到了**错误共识效应**(false consensus effect)的影响,该效应指人们倾向于高估自我应对办法及经验的普遍性(Marks & Miller, 1987; Ross, Greene, & House, 1977)。表现优秀者由于自己知识渊博,从而高估了周围其他人的知识水平。

心理学文献中的许多例子,均可证实上述有关表现优秀者的分析,即博学多识者向来会高估其知识水平的普遍性。关于**后见之明偏误**(Hindsight bias,也称**早知如此**效应)的研

第 2 章
无知是福？为何人们无法看出自己能力不足？

究也反映了上述偏见。人们一旦得知事实（如冷知识题的答案），便会出现后见之明偏误。在知道事实后，人们会高估自己或他人在此前推断出事实的可能性，如推断出怀俄明州是美国人口最少的州的可能性（Fischhoff, 1975, 1977）。人们还会在某事件发生后，高估自己或他人在此前预测出该事件的概率（Christensen-Szalanski & Willham, 1991）。

另一些研究直接表明，知识渊博者会错误感知他人与自己的知识差距。在若干研究中，我们要求参与者识别纽约市地标、日常物件（如乐器及汽车零件）等，或回答有关体育或历史的问题。在回答每道题时，参与者若是知道答案，便往往会高估同样知道答案的其他参与者的比重（Fussell & Kraus, 1991, 1992; Nickerson, Baddeley, & Freeman, 1987）。

我们的研究中有证据表明，表现优秀者存在类似的偏见，即错以为自己出色的表现平平无奇。事实上，我们在许多研究中发现，表现优秀者大多会将其他人的平均表现高估26%。反常的是，表现欠佳者能相对更准确地评价其他人的表现（Ehrlinger, Johnson, Banner, Dunning, & Kruger, 2004）。

针对表现优秀者的自我低估是否由错误共识引致，我们开展了一次专门实验。如果表现优秀者低估自己的原因是其高估了其他人的表现，那么若向他们展示其他人的表现，使其了解这些人往往表现得何其差劲，必然能使他们不再过度谦逊。还记得在前文提到的"评分"研究中，我们要求在语法测试中的表现落后者及表现优秀者对其他参与者的表现评分（Kruger & Dunning，1999，第3项研究）。该研究还有最后一个阶段：鉴于参与者已了解其他人在测试中的表现情况，我们将他们的语法测试卷发回其手中，并要求他们对自己的表现及能力重新评分。

与错误共识解释的假设相符，表现优秀者在翻阅完其他人的测试卷后，提高了自我评价。他们大概是看到其他参与者大多在测试中表现差劲，才意识到自己的表现出类拔萃，所以提高了自我评价。此前，他们对自己语法技能及能力的百分比排名估计仅略超过70%。而后来，他们的估计提高到80%左右。

事实上，这项实验使我回忆起过去在康奈尔大学暑期学校授课时对表现杰出者的观察。为了减轻授课压力，我会聘用我能找到的最优秀的本科生（通常极其出色）做我的助教。每位助教大概在批改第一次课程考试试卷的次日，都会冲进我的办公室，跟我进行我后面称之为"对话"的交谈。在对话中，助教气喘吁吁地描述那些差生在测试中的表现有多么让人大跌眼镜——比如读不懂材料或论述毫无逻辑，还有人甚至存在拼写问题！助教会问，怎么有学生可以差到这种程度？而我会郑重地告诉助教，确实有学生就是这么差劲，是他不知道自己有多么"出众"而已。接着，我还会劝告助教不能因此而骄傲自满。

对表现落后者来说，了解其他人的表现并不会促使其纠正自我评价。在评分阶段前，他们认为自己技能水平的百分比排

第 2 章
无知是福？为何人们无法看出自己能力不足？

名为 65% 左右；而在评分阶段后，他们仍然维持原来的估计。事实上，这些表现落后者的经历使我想起同事迪克·奈塞尔（Dick Neisser）跟我讲过的一个故事。奈塞尔曾遇到一名学生对其课程论文的评分为"中"提出质疑，经过一场委婉但无效的长谈后，奈塞尔向那名学生展示了该课程提交论文中最优秀的一篇，期望学生在看完高水平的论文后能够意识到自己不能得"优"的原因。那名学生认真研读得"优"的论文，可是在读完那篇显然十分优秀的论文后，却更加困惑不解了，因为他认为两篇论文实际上并无二致。

总而言之，那项评分研究表明，观察他人的表现有助于有能力者获得更准确的自我评价，但未必同样有助于能力不足者。这一基本特征亦存在于医学领域中。在一项研究中，医科学生完成了一次常规练习——问诊一名病情严重的患者。随后，我们给他们播放了其他 5 位学生问诊过程的录像，所选录像展示了各个层次的技能水平。观看问诊录像后，表现优秀者提高了自我评价，且提高后的评价与来自老师的评价十分相近；然而，表现落后者自我评价的准确性并未得到明显提高（Hodges, Regehr, & Martin, 2001）。

妨碍自我洞察的其他过程

到目前为止，我们认为能力不足者之所以缺乏自我意识，是因为面临双重困境：他们由于能力不足，既无法表现出有能力，也无法识别出有能力。然而，在阅读本书前，读者对于为何能力不足者无法认识到自我表现的不足，或许持有截然不同的观点。我们下面就来讨论这些观点。

否 认

一种否定的观点是，在某种程度上，能力不足者其实知道或至少怀疑自己的表现存在不足之处，却刻意避免向自己或他人承认自己表现差劲。或者说，能力不足者有意识地否认事实。他们一味否认自己的错误，有意抑制所有关于自我错误的意识。另外，他们还有意识地收集各种证明其做出了正确决定的证据。

我不反对这个否定的观点。社会心理学文献中有大量的例子表明，人们通过逃避、扭曲或编造信息来对自我及自己的个人能力得出良好结论（相关综述，见 Baumeister & Newman, 1994; Dunning, 2001; Kunda, 1990）。因此，能力不足者在自我评价时可能否认了诸多事实。

事实上，个别研究显示，人们在做出决定后会维护其决定的正确性。这是布雷姆（Brehm, 1956）在一项实验中的主要发现。实验期间，他向参与者提供了一张列满家用电器的清单，并让其对这些家用电器评分。评分结束后，布雷姆让参与者从某两件家用电器中任选其一免费带走，但令人纠结的是，

第 2 章
无知是福？为何人们无法看出自己能力不足？

参与者此前对那两件家用电器的评分恰好相等。做出决定后，参与者对选择的电器给予了比放弃的电器更高的评价。这项发现与诺克斯（Knox）和英克斯特（Inkster）的发现（1968）不谋而合，后者发现，赌徒在下注后，会比半分钟前更坚信自己赌的马会赢（类似结论，见 Blanton, Pelham, DeHart, & Carvallo，2001）。

然而，这些论据也许只是反映了所有人的一般倾向，而非能力不足者的独有特性，因而不能解释为何能力不足者尤其难以认识到自己的欠缺。或者说，上述研究并未探究能力不足者是否出于维护自尊的目的，而极易于强化自己的信心。这种特殊倾向也许存在，但目前并未获研究证实。

因此，人们可能会有意识地否认自己能力不足，但也可能不会。直到贾斯廷和邓宁（1999）就这种否认对能力不足者的影响得出重要结论后，这种否认的影响才最终得以确定。能力不足者并非只有在否认自己的无能时才无法认识到自己的缺陷。他们即使在很想公正地评价自己的才能时，也无从认识到自己的缺陷。因为，遗憾的是，他们根本没有正确评价自我的必要认知工具。他们也许会很乐意承认自己天资浅薄，只可惜他们没有能力认识到自己的天资何等不足。事实上，在前文那项培训研究中，当能力不足者能认识到自己的错误时，他们极愿意降低自我评价——甚至对自己发表非常负面的评语（Kruger & Dunning，1999，第 4 项研究）。

因此，当一个能力不足者自视过高时，他并非有意识地否认事实，能力不足本身就足以使其认识不到自己的缺陷。他们只是没有能力认识到自己的实际能力水平罢了。

遗漏过错

仔细想想，其实所有个体（有能力者或能力不足者）都几乎不可能准确评价自己的表现或能力。因为没有人能掌握形成正确自我映象的全部必要信息。原因用一个英文单词即可解答。这个单词就是"spontaneous"。

小时候，我酷爱玩一种文字游戏，即挑选如 spontaneous 这样稍长的单词，然后再从目标单词中提取字母组成其他新的英文单词，看自己一共能组成多少词。例如，如果长时间地盯着 spontaneous 看，就会发现 spontaneous 包含的字母可以提取出 tan、neon、us 及 tone 等单词。其中，我最喜欢的是 sonnets 和 peanuts。

若是花上一个小时，那么可以从 spontaneous 中提取出大量单词。假如说某人可以提取出 30、40 或 50 个单词，这样的表现属于什么水平？我们应该评多少分呢？显然，无论采用何种评估方法，结果均需依据个体从目标单词中找出的单词量这项数据。但同时，结果还需依据另一项不易确定的数据：个体从目标单词中本可提取出却遗漏了的单词数量。假设 spontaneous 最多可提取出 60 个单词，相比最多可提取出 200

第 2 章
无知是福？为何人们无法看出自己能力不足？

个单词的单词，我们肯定会更加赞许上述个体的表现。

这个文字游戏反映了自我评价的一个基本问题，这个问题同时困扰着有能力者和能力不足者。人们常常会遇到某个问题，需要想出一种或多种解决方案。例如，朋友遭受损失时，必须想出一些安慰的话语；或家里添了婴儿后，必须对家里进行儿童防护处理。在评价自己应对此类任务的表现时，人们面临的主要难题在于：虽然十分了解自己采取的方案及行动，却对本可以而且本应该采取但未采取的行动显然一无所知。

简言之，人们无法洞悉自己的遗漏过错。他们没有非凡的洞察力，不能察觉出本可采取但遗漏的方案数量。spontaneous 的字母可组成超过 1300 个英文单词，而在几乎所有人的直觉中，都无法相信这个单词的字母中竟隐藏着如此多的潜在答案。

这一难题不仅存在于这个文字游戏中，在众多生活领域中，人们由于无法搞清楚遗漏过错，而不能正确评价自己的能力。例如，斯蒂芬·法特西斯（Stephen Fatsis, 2001）在其著作《拼字狂》中谈到勉强维持生计的人们玩桌游拼字游戏：

"在某种程度上，业余玩家是幸运的……因为他全然不知自己每一轮输得有多惨烈，也不知自己无意识中错失了多少可拼出的词汇或最佳出牌机会。他根本不知道怎样才算玩得好。"（第 128 页）

为什么越无知的人越自信？

不过，直到美国前国防部部长唐纳德·拉姆斯菲尔德（Donald Rumsfeld）在讨论美国军方应对恐怖主义威胁所面临的困境时，提到这个难题，其重要性才得到强调。当他讨论到美国面临的各种威胁时，他指出：

"有些事是'已知的已知'，还有'已知的未知'，这是指我们知道有些事我们不知道。但还有些'未知的未知'——我们并不知道我们不知道的事。因此，当我们竭尽全力集齐所有信息，然后说这就是我们了解到的大体情况时，实际上我们只知道'已知的已知'和'已知的未知'。"（Kamen, 2002, A25）

他的未尽之言显然是，"未知的未知"才是美国及其同盟国面临的最大威胁。

就某种意义而言，人们在评价自我时，了解他们已知的事，但几乎或完全不了解他们个人的"未知的未知"。他们意识不到其知识的欠缺程度或出现的遗漏过错。

在一系列研究中，迪安娜·卡普托和我决定测试人们在评价自我表现及能力时，能否在某种程度上意识到他们个人的"未知的未知"。由于此项研究受文字游戏启发，我们决定采用文字游戏来开展调查。我们将大学生带到实验室，让他们玩巴格欧（Boggle）拼字游戏。Boggle 中有 4×4 的字母阵列，参与者需通过连接相邻字母，组成尽可能多的单词。单词必须包

第 2 章
无知是福？为何人们无法看出自己能力不足？

含 3 个及以上的字母（不得组成专有名词）。我们向参与者提供了 3 道不同的 Boggle 谜题，并要求他们组成尽可能多的单词。随后，我们要求参与者评价自己在应对谜题时的表现以及玩这款游戏的整体能力。

不出所料，参与者组成的单词越多，对自我表现及玩 Boggle 的整体能力的评价就越高。然而，正如我们的假设，他们在评价时并未考虑遗漏的单词量。参与者承认遗漏过错十分重要，并表示他们如果知道自己有多少遗漏过错，必会在评价时加以考虑，可他们就是对自己的遗漏过错毫无洞察。他们所言不虚，在得知每道谜题实际包含的单词量后，他们在自我评价时对遗漏的单词量给予了极高的权重。事实上，他们对遗漏过错与组成的单词量给予了相等的权重。从整体上看，参与者降低了对自我表现及能力的评价，尤其是其中表现最差劲的人。

后续研究同样得出了上述基本发现（Caputo & Dunning, 2005）。例如，我们曾针对研究方法的掌握情况，对心理学系的研究生进行了一项测试。我们事先在若干篇心理学实验的描述中设计好方法论问题，然后要求参与者找出相关问题。当获知自己遗漏的问题后，学生们倾向于降低对自己的个人能力的评价，尤其是那些在测试中表现欠佳的学生。

一项决定性研究显示，无法意识到遗漏过错同样会影响参与者在之后关于自我表现所做的决定（Caputo & Dunning, 2005，第 5 项研究）。在该研究中，我们也要求参与者玩

Boggle 拼字游戏。在参与者完成最后一道谜题后，我们给了他们 2 美元，并告知他们可以用这笔钱的部分或全部来下注，赌自己在最后一道谜题中的表现优于其他某个参与者。其中一组参与者（"知情组"）获知了他们做过的每道谜题实际包含的单词总量。另一组参与者（"不知情组"）未获知上述信息。在下注时，已洞悉自我遗漏过错的知情组明显比不知情组下注下得少。

总之，这些研究表明，人们虽然承认遗漏过错的重要性，并且在获知后会在自我评价时加以考虑，却不具备察觉出遗漏过错的非凡洞察力。

然而，这些研究虽然揭示了无法认识到遗漏过错会导致自我表现评价偏差，但仍可能低估了该问题在现实生活中的影响力及普遍性。在日常生活中，真正的问题不是人们不了解自己的遗漏过错，而是遗漏过错根本**不可知**。遗漏过错之所以**不可知**，是因为人们在日常生活中经常遇到的任务都是无章可循的，既无既定的一系列解决方案，又无探索解决方案的明确步骤。现实生活中的任务大都不像数学题一样有清晰的解决思路，例如计算圆柱体的体积时，运用公式便能得出正确答案。

相反，人们面对的任务往往毫无章法，即没有现成的各种解决方案或普遍采取的解决步骤——甚至没有一套标准来衡量方案是否正确或至少差强人意（Newell，1969；Reitman，1964；Simon，1973）。例如，我们并无某种清晰的步骤可赖

第 2 章
无知是福？为何人们无法看出自己能力不足？

以写出赞美真爱的诗篇，打造完美的客厅**风水**布局，向雇主争取到最佳薪资待遇，发表风趣幽默的餐后致辞，创作出伟大小说，培养出快乐成功的后代或存得足够的退休金。在应对某些问题时，人们可以尝试各种方案，其中有的方案会相对更好，但并无最佳方案或判断是否得出最佳方案的明确方法。

因此，在应对无章可循的任务时，人们会出现遗漏过错，却往往不得而知。例如，某人在朋友沮丧时可能会说一些安慰的话，但这个人永远也无法知道自己所说的话是否**最有效**。又如，某人可能会写一本关于自我洞察的书，但这个人永远无法知道书中的论述是否为有关自我洞察的**最佳**论述。

总之，在应对无章可循的任务时，人们永远无法真正认识到自己的表现水平。他们可能表现优秀，也可能表现欠佳。若要做出准确评价，必须得知道有多少潜在但被遗漏的解决方案。人们由于根本意识不到遗漏的解决方案，所以无法精准地评价自己。

在某种程度上，该结论可以解释一项关于小学生对自我课堂表现评价之准确性的观察结果。相比语文或社会科学课，学生们对其数学及科学课课堂表现的评价更接近来自老师的评价（Falchikov & Boud，1989；也请参见 Rolfhus & Ackerman，1999）。若我们假设数学及科学课上提出的都是有章可循的问题（即有确切答案），那么这项发现便在情理之中了。因为在这种情况下，学生们会更清楚自己是否给出了某道题的正确答案，或是否遗漏了某些可能的答案。而在任务无章可循的其他课堂中，学生们则相对不了解评价自我表现的标准，对遗漏过错更是心中无数。

小　结

似乎每隔半年，一些新闻机构就会发布一篇报道描述美国人在某些重要领域有多么无知。在 2002 年年初，美国国家科学基金会针对美国人对科学原理的掌握情况进行调查，发现只有不到一半的人知道激光的原理是集中光波而不是声波，或知道电子小于原子。超过一半的人认为，恐龙时期有人类生存，这在美国动画《摩登原始人》里或有可能，但绝不可能发生在现实世界（恐龙灭绝 6000 万年后才出现了人类）。只有不到三分之一的人认识到控制条件在科学实验中的重要性（National Science Foundation，2002）。

这些新闻报道之所以引起关注，是因为读者们常常震惊于其他人的无知程度。我们知道并非所有人都清楚伊拉克的地理位置，却远远想象不到有些人竟无知到那般地步。我们甚至可能会沾沾自喜自己远比那些调查对象博学多识。

然而，本章的资料表明，如果某些研究者突然来到我们的住宅、公寓或宿舍，递给我们写满科学、地理、理财规划或营养测试题的书写板，那么结果也许会更让人大吃一惊。倘若我们精

第 2 章
无知是福？为何人们无法看出自己能力不足？

通这些领域，那么测试只会证实我们的认知，即我们确实比那些人博学多识。但倘若我们不擅于此，那么也许我们永远也无法知道这点。我们可能会认为自己表现尚可，哪怕实际上我们的答案能启发研究者写出另一篇关于美国人无知的有趣报道。

自古希腊时期以来，哲学家和社会评论家就不断指出，我们拥有的知识远比我们以为的更有限。苏格拉底曾说，"唯一真正的智慧是知道自己一无所知"。20世纪后，旧金山警察局的侦探哈利·卡拉汉[①]也表达了类似的观点"人应该知道自己的能力所在"。

然而，本章的资料表明，知道自己的能力所在远比我们想象中的困难。越是坚信能够认清自己的不足，越可能反映出我们无法做到这一点。

---

① 电影《紧急搜捕令》里面的人物。——译者注

第 3 章

能力的线索：
评价表现时不完善的元认知过程

我们先通过一个世界地理方面的小测试热热身，由此开启本章之旅。该测试的主要目的并不在于考查你能否得出正确答案，而在于探究你**如何**得出答案。因此，当你在解答如下问题时，请务必记住你是如何得出答案的。

问题1：澳大利亚的首都是哪里？

问题2：以下哪个国家橄榄油产量最高：法国、意大利、罗马尼亚或西班牙？

问题3：哪座城市位置更靠北：美国宾夕法尼亚州的费城或意大利的罗马？

本章主题

现在我们完成了测试，可以直奔本章的主题了。上一章（第2章）的内容给我们留下了一个困惑。第2章主要论述了人们为何无法认识到自己能力不足，其中仅针对**未发生之事**进行探讨：人们未能形成正确自我观的原因是什么？人们正确认识自我的障碍是什么？

然而，由于聚焦于自我评价方面的未发生之事，第2章丝毫未谈及自我评价方面的**已发生之事**。是什么促使人们认为自己有能力、能力不足或能力一般？对于自己是否擅长某些任务，人们往往有坚定乃至不可动摇的看法。人们在走出考场、结束初次约会或完成公开演讲后，总是非常确定自己的表现是

第 3 章
能力的线索：评价表现时不完善的元认知过程

成功、失败或平平无奇的。这些自我知觉由何而来这一简单问题在第 2 章中并未得到解答。

因此，第 3 章将主要讨论人们自我评价的成因。其中，将会剖析人们用来判断其表现出色或差劲的线索。心理学文献显示，人们一般依据三类线索来评价自身表现。

其一，人们通常用某些**理由**来支撑其决策或判断。当某人告诉你冬天最好在汽车上安装雪地轮胎，或现在是该大规模投资股市的时候，或某个国家的橄榄油最优质时，他通常会提出一些依据来表明该建议是正确的。其二，人们会依据**流畅性**线索，即注意自己在多大程度上能迅速、轻松及熟练地回答某个问题。如果人们能对答如流，或者说立刻得出答案，其往往会对自己的回答信心满满。其三，人们会依据**从总体到具体**的线索来评价其表现。人们会依照他们对自己抽象、先入为主的看法，如对自己是否聪明或善于社交的看法，来评价其某次表现的情况。

乍看之下，这三类线索似乎是判断某人是否应当为其行为感到自信的合理依据。而且，当获得公正且充分的揭示后，这些线索通常能合理反映人们的表现是良好还是欠佳。然而，这些线索并非完全可靠，以其为依据也可能产生问题。因此，本章的主题是，人们在分析其答案的正确性时面临着令人头疼的困境。人们不会随意做出决策，他们的选择及他们对选择的信心均有其道理。不过，根本问题是，得出错误答案与得出正确答案的过程往往非常相似，因此很难知道某人当下属于前一种还是后一种情况。

正如第 2 章所阐明的，得出错误答案与得出正确答案两种情况的相似点在于，人们据以评价其答案的线索通常就是起初据以得出那些答案的信息。科里亚特（Koriat，1993）对这一点阐述得最为恰当，他表示，自我评价的过程"依附"于答案产生的过程。这两种过程通常相同，均运用了人们用以解决所面临的各种难题的知识和智慧。因此，当人们依据回想起的一些信息做出正确决策时，他们也会因那些信息线索而对自己的决策持有合理的信心。然而，当人们依据那些线索得出错误结论时，他们同样也会因其而抱有不应有的信心。

科里亚特（1993）在一项实验中直接揭示了评价过程的依附性。在该实验中，他要求参与者记忆字母串，如 SRVB。当被问到是否记得某个字母串时，参与者的回答取决于其记得四个字母中几个字母。如果他们能准确记得其中三个字母（如 SRV），他们会非常自信，而且通常在过一段时间后确实能记起整个字母串。然而，如果他们记得三个字母，但记错了（如 SBL），他们同样会确信其记忆，但往往在过一段时间后未能正确记起整个字母串。

科里亚特（Koriat，1993，1976）在一项更贴近现实生活的实验中也有同样的发现。他要求以色列的大学生回答常识问题，以评估他们脑海中的信息使其得出某个答案的概率，同

第 3 章
能力的线索：评价表现时不完善的元认知过程

时注意这些信息使其得出的结论为正确或错误的概率。当参与者拥有能帮助其得出正确答案（如"印度'圣'河的名称是什么？"答案当然是恒河）的易得信息时，他们通常信心满满并且回答正确。然而，当受到脑海中某些信息的误导时（如参与者在回答"地中海地区的科西嘉岛属于哪个国家？"这道题时），他们尽管通常会得出错误答案（正确答案是**法国**），但往往亦抱有一定的信心。

源自外显推理的信心

人们在决策前通常会深思熟虑。人事主管在决定录用哪位应聘者前，会仔细考虑所有应聘者的资历；精神病医生在判定抑郁症患者是否有自杀倾向前，会认真思考该患者的许多特征；汽修工在确定汽车发生何种故障前，会测试多种假设情况。在以上各种情况中，决策者都会尽可能收集全部或至少部分事实和数据以作为决策依据，并通过条理清晰的步骤得出结论。通常，这种思维方式会帮助人们做出正确决策，并使其对该决策抱有适当的信心。

人们非常擅长通过这般慎重考虑来评估其决策的正确性。他们掌握着不计其数的事实，可为大多数领域的决策提供依据。他们知道：2+2=4；阿诺德·施瓦辛格（Arnold Schwarzenegger）是 20 世纪 80 年代的电影巨星；截止报税日期是 4 月

15日;共和党人往往比民主党人更加保守。这类事实几乎列举不完。人们既然拥有如此丰富的知识,为何还会做出错误决策而不自知呢?

在某种意义上,人们往往正是因为拥有这些知识才错而不自知的。当面对某个问题时,他们依据这个庞大的信息宝库可能会认为某个后来被证明错误的答案是合理、可接受的。在若干情况下,我们拥有的信息(即便是真实信息)会使我们得出我们颇以为然的错误结论。其中三种情况尤其有趣。

我们的知识准确无误,但尚不全面

当面临某个难题时,我们通常会用自己的方式想出一个答案。我们虽然有依据地得出这个答案,却忽略了某些我们可能并不知道我们未知的重要信息。在一项非正式调查中,我向20个人提问本章开头提到的"橄榄油"问题,发现其中55%的人认为正确答案是**意大利**。他们的答案有合理依据:意大利菜大量使用橄榄油,而大量使用橄榄油的国家理应先大量生产橄榄油。可唯一的问题是,意大利并非正确答案。所罗列的国家当中,哪个国家耕地更多、气候更适宜种植油橄榄呢?**西班牙**是全球首屈一指的橄榄油生产国,其土地更适宜种植油橄榄。然而,仅有20%的调查对象选出了西班牙这个正确答案。

关于费城与罗马的问题存在相似的问题。仔细想想,认为正确答案为**费城**似乎合情合理(上述调查中55%的调查对象的观点正是如此）。该结论依据的信息有两点：①费城位于北美洲的北部，而罗马位于欧洲的南部；②费城冬季的气温明显低于意大利中部地区冬季的气温。这些信息均准确无误，但知道这些还不够。人们往往不知道的是，整个欧洲远比北美洲的位置要更靠北。因此，尽管两座城市纬度非常接近，但罗马才是更北的城市。

我们的知识大致无误，但尚有"瑕疵"

有时，我们巨大的知识库中可能存在"瑕疵"，即导致人们绕开正确选择的小差错。有些瑕疵可能是事实方面的。例如，设想孩子们在试图解决数学问题。如果孩子们误以为 $7 \times 8=54$，那他们在解决乘法问题时就会得出错误答案。

其他瑕疵可能是过程方面的（VanLehn，1990）。例如，初次学习减法运算的孩子常常会得出如下错误答案（VanLehn，1986）：

$$33-17=24 \qquad (3.1)$$

初看时，这个错误似乎令人费解，直到意识到孩子对减法运算的过程理解错误，人们才恍然大悟。出现这个错误的孩子并不知道需从十位数的 3 借 1 个 10 给个位数的 3，再减去 7；而是以为应用较大的 7 减去较小的 3，因而得出了事实上错误但在某种意义上合理的答案。

这些例子表明，错误答案往往像正确答案一样**有理有据**。

错误答案与正确答案有着相似的推导过程,均基于事实和对过程的系统理解。唯一的区别在于,得出错误答案的人基于的事实是错误的,或无意识地遵循了错误的过程。然而,错误答案往往有着事实和逻辑依据,从那些依据来看,它们似乎是合理且论据充分的。

显然,这种依据的存在导致每个人都陷入了元认知困境,难以正确判断其答案是否正确。得出错误答案的人可能与得出正确答案的人一样拥有慎重、缜密、严谨及有条理的思维。得出错误答案的人可能与得出正确答案的人一样会认真仔细地考虑事实和运用认知规律。前者的决策与后者的决策有着同样多的"合理"依据。因此,得出错误答案的人对其答案的信心程度未必会亚于得出正确答案的人。而且,前后两种情况极难区分。

在社会生活中,问题在于,事实和过程这两方面的瑕疵均很常见。人们很有可能会得知无关乃至具有误导性的事实,或遵循无关乃至具有误导性的过程。

我们的知识只是"伪相关的"

由此得到的结论是,人们的脑海中通常储备着有关这个世界的充足知识,可为任一决策提供依据。若时间足够,这不计其数的事实和数据也许会帮助人们得出正确答案。但是,这些信息也均可能会误导人们得出某个其颇以为然的错误答案。

这个问题尤其不容忽视,因为人们通常都拥有诸多可推出

第3章
能力的线索：评价表现时不完善的元认知过程

各种不同结论的信息。可是应当以哪些信息为依据呢？哪些信息最为相关？例如，设想你是企业经理，正在试图判断你的员工是否窃取了公司财产。你当面质问他，遭到否认——但他说实话了吗？可以留意以下6种不同行为：①避免与你眼神交流；②不笑；③频繁变换身体姿势；④用简短的话答复你；⑤对你的答复中包含大量无关信息；⑥在答复时瞳孔放大，你认为哪3种行为最能准确反映他其实在撒谎？

以往研究表明，最后3种行为与撒谎有关，尽管不是在任何时候或对任何人都适用（DePaulo，1994）。虽然人们倾向于认为前3种行为与撒谎有关，但其实两者并**无**关系（DePaulo, Stone, & Lassiter, 1985）。事实上有证据表明，撒谎者在试图欺瞒时，往往会与对方进行**更多**而非更少的眼神交流（Riggio & Friedman, 1983）。换句话说，缺少眼神交流、不笑及频繁变换身体姿势只不过看似与撒谎有关罢了。诚然，撒谎者至少会感到一点儿羞愧不安，以致会避免眼神交流并且感觉不应当笑。看似如此，但实则不然。

一些非正式数据证实了这种在识别撒谎方面知觉与事实的偏离。在一项针对20个人的非正式调查中，我发现分别有80%和90%的人认为避免眼神交流和变换身体姿势与撒谎有关，而这两种行为实际上与撒谎并无关系。而且，相比这些迹象，较少调查对象选择了真正相关的迹象，如答复简短（25%）、提供不相关信息（60%）及瞳孔放大（45%）。

为什么越无知的人越自信？

人们在日常生活中面临的一大问题就是，由于被淹没于信息海洋中，经常会遇到一些似乎相关而实则无关的信息，如眼神交流和身体姿势变换似乎与撒谎相关。简言之，这些信息是**伪相关的**（Gill, Swann, & Silvera, 1998）。遗憾的是，人们在许多不同情况下都会以伪相关的信息为依据，以致可能得出其颇以为然的错误决策。

例如，1967年，L.J. 查普曼（Chapman）和 J.P. 查普曼向大学生展示了一些据说由精神病患者（其中包括妄想症患者）绘成的图画。学生们被要求说出妄想症患者的图画与其余患者的图画有何不同。他们大多表示，妄想症患者把人的眼睛画得更夸张，尽管资料中并未显示妄想症症状对患者所看到的人眼的大小有影响，以往的研究也未在任何精神病实例中发现这一现象。可以看出，学生们编造了妄想症导致患者看到的人眼较大这个简单的因果关系，而编造这种解释似乎比参考资料中的真实信息更加轻松。重要的是，经验丰富的临床医师也称在实践中发现了类似于学生们所述的妄想症会导致患者看到的人眼较大，然而这种关系在严谨的科学观察中并未得到证实。

其他研究还表明，人们以伪相关信息为依据会给其自身及周围人带来危害。在后续研究中，L.J. 查普曼和 J.P. 查普曼（1969）证明，在诊断精神疾病时，以伪相关的症状为依据往往会使人忽略真正相关的症状。当实验者刻意删除诊断材料中的伪相关症状后，参与者确实比原来更容易注意到真正相关的

第 3 章
能力的线索：评价表现时不完善的元认知过程

症状。

不过，针对艾滋病病毒和艾滋病的研究才使人们对以伪相关信息为依据产生了最大的担忧。通过对大学生的多次访谈，研究者发现，学生们会依据他们性伴侣的人格信息来判断其是否携带艾滋病病毒。他们被问到对方是否讨喜和可信，其穿着是否轻佻，是否在酒吧与其相遇，其是否年长以及是否服用口服避孕药。这些判断标准与该性伴侣是否感染病毒至多仅有极低的相关性（Williams, Kimble, Covell, Weiss, Newton, Fisher 等，1992）。

在存在伪相关信息的情况下做出判断会引致诸多后果。其一，人们获得越多信息对其决策就越有信心，即便这个决策是错误的。奥斯坎普（Oskamp，1965）在一项实验中揭示了这一问题。在该实验中，他要求临床心理医生、心理学研究生及优秀本科生通过阅读某名真实患者的实际病例资料对其做出25种不同预测。所有参与者均在阅读一小部分病例资料后做出预测，而且在阅读更多病例资料后，有机会修改其预测。总之，参与者有4次修改预测的机会。每组参与者修改后的预测并不比最初的预测更加准确，但他们阅读的资料越多，对其预测就越有信心。

斯旺和吉尔（Swann & Gill，1997）在现实生活情境中也发现了信心程度与正确性无关的现象。情侣们和室友们被要求预测对方的性史、活动偏好或自我观（视具体实验而定）。尽管双方关系的持续时间和亲密程度与预测的正确性并无关联，但情侣们或室友们认识彼此的时间越长，与彼此的关系越亲密，对自己的预测就越有信心。后续的一项研究表明，长久亲密的伴侣对各自的预测较有信心的原因在于，他们掌握着彼此丰富连贯的信息，而正是对方在他们心中的这种更为丰富、详尽及完整的"表象"使他们获得了更大的信心，尽管预测的正确性并未同时提高。

其他研究表明，人们在某项任务方面的经验有时会使其产生脱离实际的能力错觉。马尔托、温、凯及埃文斯（Marteau, Wynne, Kaye, & Evans, 1990）让年轻的医生评价他们使心脏骤停的患者苏醒的能力。他们的信心程度与其经历过患者心脏骤停的次数有关，而与其实际能力无关。哈维、加伍德及帕伦西亚（Harvey, Garwood, & Palencia, 1987）让参与者唱音名。参与者对唱音名的信心程度与其练习的次数有关，而与其实际表现水平无关。

缺乏经验者常常因拥有某些信息而对自己的判断抱以信心，尽管那些信息直接导致了错误。人们几乎在着手每项新任务时均有可以利用的信息。他们可以从其他看似有参考作用的经历中照搬经验和知识，不过也可能会因此被误导。

例如，设想高中生在数学课上学习因式分解，遇到一项为2^0，该项等于1，但不知道的学生会理所当然地得出$2^0=0$，毕竟不对2做任何运算理应不会产生任何结果。况且，前面的数学课上讲到，任何数乘以 0 都等于 0（Duffin & Simpson, 1993）。

另一些针对数学运算方面的研究表明，缺乏经验或表现欠佳的学生常常依据一些从他处搬来的信息而得出错误答案（相关综述，见 Ben-Zeev，1998）。如由于无法深刻理解遇到的数学问题，学生们会凭借问题的表面特征武断地得出某个答案（Chi，1978；Chi, Glaser, & Rees，1982）。例如，在解答含有无意义词的问题时，学生们若是看到**剩**这个字，便会迫不及待地做减法运算。因为从表面上来看，这个字在过去是与减法运算有关的（如 8 减去 3，**剩**下多少？）（Schoenfeld，1988）。

由看似有帮助的误导性信息引致的小差错还可能是过程方面的。例如，小学生在初次做两个三位数相减的运算时，往往会出现如下错误（VanLehn，1986）：

$$492-135=267 \qquad (3.2)$$

学生们错在刚开始时从"4"而不是"9"借"1"。显然，学生们在做两位数减法运算时，错误地将规则总结为应从最左边数位的数字（而非左边相邻数位的数字）借 1 个 10 给最右边数位的数字。对两位数减法运算而言，这个错误结论经过解释是可以理解的。

缺乏经验者或缺乏知识者还会出现的错误就是，看似合理而实则误导性地将不同领域的事物进行类比。设想如下物理问题。假设我旋转一个由绳子连着的球，随后放手（见图 3.1）

在我放手后，这个球最有可能沿着哪个轨迹运动？正确答案是图中 D 显示的轨迹，但很多人都误以为这个球会先继续旋转再逐渐失去动力（图中 A），或受离心力作用而向外甩出（图中 B 或 C），故而选错。达到大学物理水平的学生中仅有 10% 的人答错这道题，而不懂物理的学生中有整整 40% 的人答错这道题（McCloskey & Kohl，1983）。

不过，一想到人们可以从日常生活经验中找到许多类比情况，由此会推出其中一个错误答案（尤其是图中 B 显示的轨迹），缺乏经验者会答错也不足为奇。在日常生活中，人们经常看到使物体运动的初始动力停止施加作用后，物体仍继续旋转。即使不再有人推动，轮子仍不停地转动；即使地球与太阳

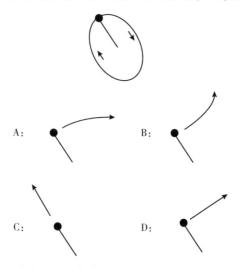

图 3.1 由绳子连着的球在旋转时被放开的 4 种可能轨迹，哪个是正确轨迹？

之间没有物理连接，地球仍不停地绕着太阳转。这种类比是错误的，在知之不多的人看来却恰当之至。

证实偏差问题

换句话说，如果人们掌握的事实或过程方面的信息有误，他们还可以依据大量的常识性知识。这些常识性知识**可能**会帮助其得出正确答案，但也可能误导其得出某个自己颇以为然的错误答案。由于人们似乎拥有一种卓绝的才能：可以论证任何观点，他们更容易依据看似有用而实质上具有误导性的信息。当被要求论证某个主张"A"正确时，人们能胜任。而随后再被要求论证"A"的对立主张正确时，他们仍然能胜任，而且通常同样地应付自如。例如，安德森和塞克勒（Anderson & Sechler，1986）要求大学生解释为何冒险型消防人员往往在工作中表现得更加出色。学生们能做出解释，并对自己的论据深信不疑。然而，当随后被要求解释为何谨慎型消防人员表现得更加出色时，他们仍然能解释个中原因，并同样对这些新的论据深信不疑。

针对逻辑推理的研究更是有力地证明了人们可以论证任何观点的能力。埃文斯和华生（Evans & Wason，1976）向参与者出了一道深奥的逻辑推理问题。随后，他们向各个参与者小组告知不同的答案，并称其为此题的正确答案，然后让参与者解释该答案正确的原因。无论指定的是哪个答案，无论该答案实际上是否正确，参与者总能很轻松地为其找到依据，并对那些依据深信不疑。

由于存在另一种倾向，这种可以论证任何观点的能力可能会造成麻烦。这种倾向是，在验证某个假设时，相比否定假设的信息，人们往往会更加关注证实假设的证据。例如，如果我问某人是否外向，这个人很可能会停下来回想自己外向、喜好社交的时刻（如我总是会向同事打招呼；我喜欢举办晚宴）。这个人不会想到表明其不外向的事例，尽管那些事例更能说明问题。然而，如果我接着问同一个人是否属于害羞型时，这个人想到的很可能恰好是与上一个问题相反的事例，因为这些事例可以证实问题中隐含的新假设（如我确实不喜欢参加没有熟人在场的酒会；我在面对众人演讲时很紧张）。毋庸置疑，人们在回答完第一个问题后和回答完第二个问题后对自己的映象会大不相同（Kunda, Fong, Sanitioso, & Reber, 1993; Snyder & Cantor, 1979）。

简言之，一旦被问到某个问题或提出某个假设，人们便会通过搜寻证实假设的证据来评估自己的答案，而忽略寻找否定假设的证据。人们首先考虑的假设有多种可能的来源。它们可能来源于问题提出的方式（如 Dunning & Parpal, 1989; Kunda, Fong, Sanitioso, & Reber, 1993）；可能来源于某种第一直觉；可能来源于人们的预期；可能来源于人们的**期望**（Pyszczynski & Greenberg, 1987）。例如，翻阅了相同资料的谈判双方，对

第3章
能力的线索：评价表现时不完善的元认知过程

于何为最公正合理的协议，可能会得出大相径庭——通常具有自利性的断论（Babcock & Loewenstein, 1997）。

更重要的是，一旦假设被提出或某种隐约的直觉出现，人们就会开始带着证实性的态度去寻找和扭曲信息（Brownstein, 2003）。例如，卡尔森和拉索（Carlson & Russo, 2001）在两项研究中分别让大学生和准陪审员仔细查看与某次陪审团审判相关的案件资料。参与者被要求扮演陪审团的成员及细致审查若干份对原告或被告有利的宣誓口供。他们每审查完一份宣誓口供后，都会被问到认为证据对哪一方更有利，不过研究者让其等到审查完所有证据后再做最终审判。

如果参与者在刚开始审查时就对证据更有利于哪一方有了初步看法，那么他们往往会歪曲其对后续证据的评估以使之印证初步看法。在刚开始感觉原告占优势的参与者，往往会认为最终的证据更有利于原告；在刚开始感觉被告占优势的参与者，往往会认为最终的证据更有利于被告。拉索及其同僚在其他情境中发现了相似的证实倾向。审计员是否认为某公司的账簿合规，取决于其对该公司会计质量的最初直觉（Russo, Meloy, & Wilks, 2000）。顾客选择在"Chez Moi"和"Cuisine Deluxe"中哪家餐厅享用晚餐，取决于其原先偏好哪家餐厅（Russo, Medvec, & Meloy, 1996; Russo, Meloy, & Medvec, 1998）。

证实偏差导致人们的判断存在两个问题。首先，证实偏差会使人们对自己的选择过于自信。例如，科里亚特、利希滕斯坦和菲施霍夫（Koriat, Lichtenstein, & Fischhof, 1980）让大学生们回答一些常识问题，并估计其答案正确的概率。参与者还被要求写下其答案可能正确或错误的明确理由。参与者还是一如既往地高估其答案正确的概率，而从他们写下的理由中可以了解到其误判的依据。相比质疑其答案的理由，他们大多写下了更多支持其答案的理由。事实上，当参与者对自己的估计信心满满时，他们似乎只注意到了支持其答案的理由。

另有证据表明，人们的信心往往源于证实性推理。让人们写下证明他们答案的理由往往不会影响其信心程度，想必是因为他们无论如何都会想到这些理由（Koriat, Lichtenstein, & Fischhoff, 1980）。让人们写下他们可能答错的理由却往往会影响其信心程度，并使得他们对其正确概率的估计更加切合实际。根据回答常识问题的实验发现，思考一个人可能错误的理由会产生纠正效应（Koriat等，1980），在商学院学生预测其实际就业前景时同样如此。当商学院学生被要求写下他们可能无法找到高薪工作的理由后，他们对其起薪的预测更加准确了；反之，如果让他们写下其可能找到高薪工作的理由，他们预测的准确性则不会得到提升（Hoch, 1985）。

证实性态度还会导致人们无法意识到自己得出了错误结论。华生（Wason, 1960）巧妙地证明了这一点。当时，他让学生找出他生成三位数字序列（如2，4，6）的规律。学生可以自己生成三位数字序列，然后询问实验者其是否符合规律。

第 3 章
能力的线索：评价表现时不完善的元认知过程

他们可以生成任意多组序列，直到宣布其确认的规律。学生们总结出了许多巧妙的规律（如序列中第二、三位数字是第一位数字的两倍数、三倍数），并对其颇以为然。然而，他们往往是错误的。华生在该实验中使用的规律很简单：后一位数字必须至少比前一位数字大 1，但多数学生都很难找出这个规律。

为何会这样难？因为学生们倾向于运用证实性策略去检验其假设。如果学生认为规律是**先两倍再三倍**，其可能会生成 4，8，12 和 3，6，9，然后询问实验者这些序列是否符合规律。这些序列固然符合规律，但这种符合的情况具有误导性。学生们（除一开始就找出了正确规律的学生外）未能做到的是直接通过尝试否定其假设来检验之，即通过生成与他们找到的规律相悖的三位数字序列来检验该规律（如 3，6，7）。这样一来，学生很快就会意识到他们相对复杂的假设是错误的，而必然会渐渐摸索出华生心中的简单规律。

源自流畅性的信心

人们还会因"非分析性"线索而对其答案产生一定的信心，尤其是人们在回答问题时会注意其回答的**流畅性**。关于流畅性，我通常指的是对问题中词语的熟悉程度以及得出答案的容易程度和速度。人们在感到流畅时往往更有信心，而在感到不流畅时则更加踌躇（Bjork，1999；Metcalfe，1998）。

人们得出答案的速度是流畅性的显著指标。例如，某人越快答出悉尼是澳大利亚的首都，对自己的答案往往就越有信心（Benjamin & Bjork, 1996; Costermans, Lories, & Ansay, 1992; Kelley & Lindsay, 1993）。乍看之下，速度似乎是评估答案正确性的有力线索。若是知道答案，我们理应会迅速得出；若是不知道答案，我们当然要缓慢摸索。此外，确实有实验证据显著表明，决策的速度与决策的正确性有关。例如，目击证人在警方的安排下辨认罪犯时，相比较慢确认罪犯的目击证人，较快确认罪犯的目击证人往往辨认得更加准确（Dunning & Perretta, 2002; Dunning & Stern, 1994; Sporer, 1992, 1993）。

而且，在其他许多生活领域中，让人们费力地分析他们的判断而非相信直觉，通常会导致他们得出更加错误的结论。当分析了自己的判断理由后，人们对于其应选修哪门课程（Wilson & Schooler, 1991），是否友好待人（Wilson & LaFleur, 1995），感情将会维持多久（Wilson, Dunn, Bybee, Hyman, & Rotondo, 1984），以及希望宿舍摆放哪件艺术品（Wilson, Lisle, Schooler, Hodges, Klaaren, & LaFleur, 1993）均做出了更加不准确的判断。

存在的问题

不过，以决策速度作为正确性的指标也有缺陷。虽然就多种决策而言，较快做出的决策可能比较慢做出的决策更加正确，但也有一些类型的决策恰恰相反。对基于大量分析的复杂决策来说，从容谨慎做出的决策相比快速做出的决策更有可能是正确的。例如，当我知道某人花费了大量时间而非几秒钟来完成任务，我会更相信其合理地证明了黎曼假设、正确地帮我报了税以及为中东和平提出了可行计划。

决策速度仅仅是正确性的一个不完美指标（Benjamin, Bjork, & Schwartz, 1998）。尽管人们确实在较快得出答案时更有信心，但无论得出的答案正确与否，他们均会如此（Kelley & Lindsay, 1993）。而且，与正确性无关的其他因素也可能促使流畅性提高，而给本人以回答正确的感觉，这种感觉却未必合理。

※ 近期接触产生的误导

例如，流畅性会因近期接触过任一目标答案而提高。举个例子，如果我问你澳大利亚的首都是哪里，鉴于我在前一段刚提到悉尼，你可能会对悉尼这个答案更有信心了（在本章另一处提到的针对20人的非正式调查中，有65%的参与者就是如此）。

然而，以流畅性为依据有利也有弊。近期接触过正确答案会让人们对得出的正确答案抱有信心；而近期接触过接近但错误的答案也会让人们对得出的错误答案抱有信心。凯利和林赛（Kelley & Lindsay, 1993）让参与者回答某些常识问题，如

"水牛比尔的姓氏是什么"。那些几分钟前在某份名单上瞥到过正确答案——科迪（Cody）——的人会更加迅速且自信地给出正确答案。然而，那些瞥到过某个看似合理的错误答案——希科克（Hickock）——的人在随后的测试中也会更加频繁、自信且快速地给出**那个**错误答案。

流畅性还会因参与者近期接触过所提问题中的词语而提高，尽管接触那些词语并不会促使参与者更有可能得出正确答案。例如，施瓦茨和梅特卡夫（Schwartz & Metcalfe, 1992）问参与者有多大信心能回答出"谁是加拿大的第一任总理？"（答案是麦克唐纳）等问题。如果参与者不久前在某些无关任务中看到过**总**和**理**这两个字，其会更有信心（类似发现，见 Metcalfe, Schwartz, & Joaquim, 1993；Reder, 1987）。同样地，雷德和里特（Reder & Ritter, 1992）发现，如果参与者之前接触过某道乘法题（如 45×56=?）中包含的数字（如 45+56=?），他们则会认为自己知道这道题的答案。阿克斯、贝姆和徐（Arkes, Boehm, & XU, 1991）发现，向学生提出关于中国的问题会使其更加相信随后读到的任何有关中国的说法。

※ 重复所产生的误导

不过，对正确性无影响而最容易提高流畅性的因素可能当属重复了。人们在以往听到某种说法的次数越多，对这

第3章
能力的线索：评价表现时不完善的元认知过程

种说法的认同感或熟悉感就越强烈，因此就越倾向于认为这种说法是正确的。正由于此，我得先坦言：虽然我反复提到悉尼是澳大利亚的首都，但这并非事实，澳大利亚的首都是堪培拉。但有若干研究显示，向人们反复提到某些说法（即便是错误的说法）会使其逐渐相信此说法（Arkes，1993；Arkes，Boehm，& Xu，1991；Bacon，1979；Boehm，1994；Hasher，Goldstein，& Toppino，1977；Hertwig，Gigerenzer，& Hoffrage，1997）。

有两项研究直接表明，当人们在现实生活场景中接触到某些说法，不管那些说法是否正确，其在人们眼中的可信度都会增强。连续三周，吉仁泽（Gigerenzer，1984）每周都让调查对象在家中接受电话调查。他在电话中向调查对象读了60种说法，并让其判断那些说法是否正确（如"世界上的罗马天主教徒多于穆斯林"）。有20种说法在每周的调查中都会重复。在调查过程中，调查对象大多视重复的说法更为可信，而对未重复的说法则无此偏见。重要的是，无论重复的说法是否正确，其对人们而言的可信度都会得到大致相等的提升。

托皮诺和卢佩尔斯贝克（Toppino & Luipersbeck，1993）的一项研究表明，重复效应会导致学生从课程中学到的知识出现错乱。他们让大学生阅读12位美国总统的传记资料，然后针对这些资料进行判断题测试。一周后，研究者向学生提供测试中出现过的说法及一些新的说法，要求其评价每种说法的正确性。结果，学生认为此前读过的说法更正确，即便那些说法与以前读过的传记资料的内容相矛盾。只是将错误的说法放在测试题中，就导致学生在一周后更加相信那些说法。

另有研究表明，主动的重复会导致人们相信不该相信的事情。目击证人在目睹某场犯罪活动后通常会被要求反复重述其证词。反复重述会促使他们更加相信自己的证词（Shaw，1996；Wells, Ferguson, & Lindsay, 1981），尽管其证词的准确性不会因此提升。

重复效应还会从另一方面影响目击证人证词的准确性。过去30年的研究表明，审问者误导性的问题可能会导致目击证人的记忆发生改变（Loftus，1979）。如果审问者的问题中包含某些虚假事实或细节，目击证人很多时候会将那些细节融入其记忆。然而，他们是否会将误导性信息融入记忆往往取决于那些信息是否反复出现。如果目击证人再三被暗示误导性细节，他们则更有可能将被暗示的误导性细节融入记忆，并保证说自己确实目睹了这些事情（Zaragoza & Mitchell，1996）。

对学习的启发

因此，虽然人们在多数情境下基于流畅性会产生合理的信心，但流畅性并非绝对可靠的依据。流畅性可能导致人们过于肯定自己的知识和选择。事实上，缺乏经验者往往会因感到流畅而对其能力过度自信。我来举个例子。曾有好几年，我教

第3章
能力的线索：评价表现时不完善的元认知过程

授的一门课程总是遭到学生的抱怨，对此我困惑不已。在每次考试前，我都会在课程网站上传模拟测试题，学生可自行测试来评估自己的知识水平。可是学生常常抱怨，模拟测试题太简单了，导致他们低估了实际测试题的难度。我对这种抱怨非常不解，因为我在出模拟测试卷时挑选的恰恰是那些稍微有点棘手、特殊、复杂及深奥而不适合出在实际测试卷的题目。为什么学生们反倒认为这些较难的题更简单呢？

一天，我想到了原因（或至少是其中一个原因）。学生通常会为考试"临阵磨枪"一天左右，然后直接去做模拟测试题——当然，那时他们对该课程所有的事实及数据仍记忆犹新。由于那时对课程资料很熟悉，他们认为测试题很简单，于是便把书撂在一旁等待真正的考试。与此同时，他们对课程资料的记忆逐渐淡化，对其中的内容越来越不熟悉，以致到考试时只剩下模糊的记忆来应对试题。

诚然，我不知道这种分析是否正确，不过我有两条证据表明它是正确的。其一，有一年，我开始在我的课上要求学生在模拟测试前的几个小时内不能看书，抱怨便停止了。其二，关于记忆的严谨研究表明，相比在刚阅读完资料时对自己能够记住多少资料的预测，人们在阅读完资料一段时间后做出的预测更加准确（Dunlosky & Nelson，1992；Nelson & Dunlosky，1991）。

另有大量的研究表明，学生学习和教师授课的一贯方式通常会导致学生产生与刚刚所述现象相似的能力错觉。学生可以通过两种方式来学习。其一，每次学一点，将学习任务分散到数天。其二，临阵磨枪，在一段时间内高强度、集中式地学习课程资料。认知和教育领域的研究者皆知，从长期来看，前一种学习方式更有利于学生吸收、理解知识及提高成绩（Dempster，1990，1996；Glenberg，1992）。如果你想让医科学生掌握诊断胸痛原因的方法，业余飞行员成功驾驶飞机，或你的孩子学会足球场防守要领，最好的培训方式就是将培训内容分部分、分阶段进行。

然而，这种方法的问题在于，相比接受"集中培训"，人们接受分散于多段时间的多次培训后收获的成就感及自信往往更少（Baddeley & Longman，1978；Bjork，1999；Simon & Bjork，2001）。集中培训会给人以迅速提升的错觉。相比分散培训，人们在集中培训结束时对正确答案要熟悉得多。因此，人们认为自己非常有能力。他们未能意识到的是，在集中培训后，知识和技能会快速消退，如果不"使用"，必然会丧失。相对分散的培训由于过程中涵盖若干"提醒前面所学知识的内容"，可以避免知识和技能快速消退的现象。

集中培训会导致人们对其应对未来事件的能力过度自信，这个事实也许还能解释教育领域里一个令人费解且极为有害的奇怪现象。学习了正规驾驶培训课程的人的事故率通常不会更低。而且，驾驶培训带来的影响往往是**提高**而非降低人们的事故率（Brown, Groeger, & Biehl, 1988; Christie, 2001; Christensen & Glad, 1996; Mayhew & Simpson, 1996）。事实上，当魁北克省在1983年强制国民接受正规驾驶培训后，十六七岁群体的事故率就有所上升而非下降——迫使该规定遭到废除（Wilde, 1998）。

这种奇怪现象的一个重要成因可能是，对年轻驾驶员进行应急操纵技能培训会使其产生安全错觉。在训练当天，他们可能确实知道控制打滑的方法，但当他们在未来某天必须要用到这项技能时，这项技能可能已随着时间渐渐退化了。然而，他们由于仍以为自己能够应对大部分紧急情况，便会鲁莽冒险（Christie, 2001; Schneider, 1985; Wilde, 1994）。正因如此，许多学者建议，在驾驶培训时不应侧重于教学员应对紧急情况的方法，而应向学员强调其应对紧急情况的能力有多么不足（Gregerson, 1996）。

从总体到具体的信心：采用既定的自我观

到目前为止，我一直将对自我表现的评价视为**从具体到总体**的过程来讨论。从具体到总体指的是，人们关注自己执行某项任务时的具体情况（如我是否很快得出答案、我的答案是否具备有力依据），然后根据这些情况来推断自己的表现水平。然而，对自我表现的评价也会涉及大量**从总体到具体**的分析。

换言之，人们在着手某项任务前通常会对自己的表现有所推测或预料，而那些推测甚至于在他们知道自己的表现情况前，就已经影响了其对自我表现的评价。

从总体到具体进行评价的观点表明，人们对自我表现的评价很大程度上在其走进房间开始着手任务前就已经形成了。人们显然对自己的能力有某种看法。他们知道（或至少**认为**其知道）自己是否擅长科学推理、讲笑话、向某人推销某物或记账。从总体到具体进行评价的观点表明，当人们被要求评价其某次表现时，他们会直接采用事先存在的看法。例如，如果我们对人们进行地理方面的测试，然后让其评价自己的表现，他们的评价在很大程度上会受他们拿到测试卷前对自己解答地理问题的能力的看法影响。如果他们认为自己懂地理，他们则会评价自己在测试中表现良好；如果他们不大看好自己的地理知识水平，他们则会评价自己在测试中表现欠佳。

总之，人们对自我表现水平的知觉至少在某种程度上是基于其对个人能力的事先看法的。积极的事先看法会促使人们对自我表现做出乐观的评价；消极的事先看法则会导致人们对自我表现做出较为悲观的评价。更为重要的是，以事先的自我观为依据会导致错误的自我表现评价，以致相比完全忽略着手任务前的自我观时，人们会对自我表现做出更加错误的评价。

注意，上一句是陈述句。为什么说对能力的事先看法会导致错误而非正确的自我表现评价呢？这些事先看法必然有所依

第 3 章
能力的线索：评价表现时不完善的元认知过程

据，而最有可能依据的就是当事人**以往**的表现，其反过来也可能非常准确地预示此人当前的表现。例如，如果某人认为自己擅长唱歌，这个看法必然基于其过去人生中的反馈和经历。而他如果在过去擅长唱歌，他在未来也擅长唱歌。因此，以事先存在的自我观为依据必定能做出正确而非错误的自我表现评价。

该逻辑几乎令人信服，然而有两个事实可以驳倒它。首先，人们的自我观未必与其过往表现密切相关（更多相关论述，见下一章）。第二个重要的事实是，人们的自我观未必能预示当前表现。如第 1 章所述，人们的自我观与其客观表现往往仅有微弱的相关性，相关系数通常在 0.30 以下波动（如 Mabe & West，1982）。人们还倾向于对自己的个人能力有不切实际的过高评价（如 Dunning, Meyerowitz, & Holzberg, 1989; Weinstein, 1980）。因此，如果人们在评价自我表现时依据事先存在的自我观，他们则未必能做出准确的评价。相反，他们很可能会因过于良好的自我观而过高地评价自己的表现。

不过，这个从总体到具体的评价视角属实吗？人们在评价自己执行某项任务的实际表现时，真的依据事先的自我看法吗？为解答这个问题，乔伊丝·埃尔林格和我（2003）开展了一个研究项目，旨在探究人们是否以事先的自我观为依据，以及估计人们在多大程度上以此为依据。在初期研究中，我们将人们带到实验室并对他们快速地进行了问卷调查，让其评价自己在若干不同领域的能力，包括"抽象推理"。随后，我们对他们进行推理方面的测试,并让其评价自己的表现。结果,参与者在很大程度上是从总体到具体来评价的。就各项测试而言,相比与实际表现的相关性,他们对自我表现的评价均与其事先做出的自我评价更加密切相关。

通过改变自我观来影响自我表现评价

后续研究进一步表明,人们在极大程度上是从总体到具体来评价自我表现的。在一项研究中,我们使参与者改变其所认为与某个任务相关的自我观,目的是观察自我观的变化是否会导致他们在实际表现未受到影响的情况下,改变对自我表现的评价。我们将大学生带到实验室,对他们所有人进行测试。不过,我们告知一半的学生该测试考查的主要是抽象推理能力,我们知道学生们认为自己在该方面能力较强。另一半的学生则被告知该测试考查的主要是计算机编程使用的逻辑——学生们大多认为自己欠缺该方面的能力。虽然测试题和平均得分均相同,但计算机编程组的参与者对自我表现的评价远低于抽象推理组的参与者。

在另一项涉及地理知识的研究中,提高和降低参与者的自我观带来了同样的影响。在该研究中,参与者被要求完成一份地理知识方面的简短调查问卷,其中一半参与者的问卷旨在使参与者对其知识水平感到满意。例如,参与者被问到是否去过纽约市、加利福尼亚州及马萨诸塞州——大多数学生都确实去

第 3 章
能力的线索：评价表现时不完善的元认知过程

过这些地方；他们还被问到能否写出一个、两到三个或三个以上加拿大省份的名称。另一半参与者的问卷旨在动摇参与者对其地理知识水平可能持有的积极看法。他们被问到是否去过密西西比州、怀俄明州或北达科他州——鲜有康奈尔大学的学生去过这些地方。他们还被问到能否写出 1—5 个、6—10 个或 10 个以上加拿大省份的名称。不出所料，做完这份更棘手的问卷的参与者相比做完那份相对简单的问卷的参与者，表达了更为消极的自我观。

随后，我们对所有参与者进行了北美洲地理知识方面的测试。我们给了参与者一张北美洲的地图，上面仅绘制出了主要湖泊和河流；我们还给他们分发了一份城市名单（包含波士顿、芝加哥、旧金山等），并要求其在地图上标出这些城市的所在位置。如果学生标出的城市位置与实际城市位置的图上距离在 150 英里（约 241 千米）内，则视为正确。相比完成了相对简单的预调查问卷的学生，完成了较为棘手的知识水平预调查问卷的学生对自我表现的评价更低，尽管预调查的难度差异并未对两组同学的实际表现产生影响。

与自己知觉到的专长有关的问题

其他实验室的结果也证实了自我表现评价中的这种从总体到具体的特征，即如果人们事先认为自己将会表现良好，他们事后便会认为自己表现得不错。施劳格尔和特伯维克

（Shrauger & Terbovic，1976）让高自尊和低自尊的学生完成概念学习任务。尽管两组的表现水平相当，但相比低自尊组的学生，高自尊组的学生对自我表现的评价远远更高。

而且，事先拥有积极自我观的学生通常极其确信其判断，即便他们根本无法做出合理判断。有两项研究结果证明了这一观点。在第一项研究中，吉尔、斯旺和西尔韦拉（Gill, Swann, & Silvera，1998）让大学生描述某名女大学生的人格，不过他们并未提供这名学生的任何信息。其中一半的参与者直接进行猜测；另一半的参与者则被要求戴上耳机，听某人诵读哈利勒·纪伯伦的《先知》中的一篇文章。参与者被告知其将在背景声中听到某人"下意识地"提供给他们要描述的那名大学生的相关信息。播放磁带时，学生们确实在背景声中听到了男女的声音，只不过那些声音并没有提供任何实质性的信息，事实上学生们根本听不清内容。但这并不碍事，相比直接猜测的学生，听了文章录音并因此被告知获得了那名女大学生的真实信息的学生明显更确信其描述。事实上，两组学生描述的准确性并无差别。

此外，持积极自我观的人会相对不愿承认自己无知。在一项巧妙的研究中，布拉德利（Bradley，1981）对学生进行了常识方面的测试，测试题中包含一些极难回答的问题，如汞的沸点是否为357摄氏度。那些自认为对这些问题的相关领域（对汞那道题来说就是科学）较为在行的学生会欣然给出答案且不轻易改动，即便他们的答案是错误的。当有机会承认不知道答案时，自称擅长某个领域的学生相比表示不擅长该领域的学生会更倾向于坚持原来的答案，而不会显露出迟疑或承认自己无知。即便自称擅长或不擅长相关领域的学生极无可能答对那些问题，上述情况依然会发生。

社会影响

评价自我表现时的从总体到具体的特征还会对个人和社会产生影响。科学界很早就开始注意到，在是否选择从事物理科学和工程学事业方面一直存在着性别差异（National Science Foundation，2000）。在科学的教育阶梯上，更多男性倾向于坚持往上爬，而更多女性则倾向于转身离开。美国整体劳动力中女性占比为46%，但物理科学和工程学领域的女性占比随教育和职业阶梯的上升而下降。在物理科学和工程学领域，仅有22%的学士学位被授予女性；仅有13%的博士学位被授予女性；仅有10%的工作岗位由女性担任（Seymour，1992）。相比在整体劳动力中的占比，女性在获得计算机科学、化学、化学工程、物理学及机械工程学位的群体中的占比明显偏低（National Science Foundation，2000）。

女性在这些科学领域的群体中占比偏小的原因有很多。例如，文化规范（加上缺乏朋友、家人及教师的鼓励）可能会导致青少年女性和成年女性放弃科学事业，并推动男性进入其中

（Fox，Benbow，& Perkins，1983）。由于女性仍然承担着照顾家人（孩子或父母）的主要责任，她们可能会认为自己没有时间全身心地投入科研实验（Tittle，1986）。

然而，乔伊丝·埃尔林格和我开始怀疑，评价自我表现时的从总体到具体的特征是导致科学领域中性别差异的原因之一。假设女性因某种原因比男性较不看好自己的科学能力，这种悲观看法可能会引起图 3.2 所示的知觉与判断的连锁反应，而导致大多数女性远离科学事业。在完成科学方面的任务时，女性对自我表现的评价可能会低于男性，尽管两者的表现水平实际上并无差别。而由于女性可能会认为自己表现较差，对于今后继续从事科学活动的兴趣减退，所以一旦有机会便会选择放弃科学事业。有证据可以证明上述连锁反应中的第一部分。青春期女性相较青春期男性确实对自己的科学和数学能力评价更低，

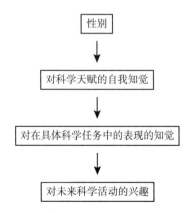

图 3.2 从性别到对科学活动感兴趣（或不感兴趣）的连锁反应

第 3 章
能力的线索：评价表现时不完善的元认知过程

尽管两者的客观表现至多仅有细微的差距，而且在小学阶段，女性在数学和科学方面的表现往往优于男性（Eccles，1987）。

我们决定探究这种性别与知觉的关系是否会导致人们对自我表现产生不同的知觉，最终导致人们对是否从事科学活动做出不同决策（Ehrlinger & Dunning，2003，第 4 项研究）。我们将男大学生和女大学生带到实验室，并对他们进行科学推理方面的小测试。我们从数周前对参与者进行的调查中得知，女性参与者相较男性参与者对自己科学能力的评价更低。果不其然，这种相对消极的知觉导致女性对其在测试中的表现给予了更为悲观的评价。相比男性参与者，女性参与者认为自己较其他参与者答对的题目更少、表现更差，尽管在任一方面两者的表现水平均是相当的（数学领域的类似结果，见 Beyer，1990；Beyer & Bowdon，1997）。

这种相对消极的评价有着重大影响。测试结束后，参与者被问到是否想要参加本校将在该学期后期举办的"科学危险边缘"游戏节目。在该研究的参与者中，超过 70% 的男性表示对参加节目有一定的兴趣，而仅有不到一半的女性表现出同样的兴趣，正反映了研究者（及教师、家长、科学家）在现实生活情境中曾观察到且将持续观察到的性别差异现象。重要的是，这种差异的唯一原因就是男性参与者和女性参与者对其在测试中的表现有着不同的知觉。那些**认为**自己表现良好的参与者更有可能会报名参加节目；而那些认为自己表现欠佳的参与者则不大可能如此。更重要的是，参与者在测试中的**实际**表现对其参加节目的意愿毫无影响。实质上，参与者参加"非强制性的"科学活动的意愿会受到其自我认知而非实际表现的影响。

小　结

本章的主题是弄明白人们如何判定自己在某项任务中表现良好或欠佳。人们会关注哪些能力线索？那些线索能在多大程度上帮助人们做出准确的自我评价？最重要的是，人们拥有大量似乎能合理反映其判断的正确性的线索。当他们的判断有明确理由时，他们可能会对其判断颇以为然。当他们流畅地做出判断时，他们也可能会确信其判断。当他们事先认为自己擅长相关领域时，他们同样可能会对其答案信心满满。

然而，尽管将信心建立在这些依据上皆是合乎情理的，但这些依据也并非完全可靠。虽然这些依据可以将人们合理地引向正确判断，但这也只是部分情况。在推理、流畅性或自我认知方面，只要失之毫厘，就会导致人们满怀信心地得出某个谬之千里的答案。总而言之，元认知地图的问题在于，它常常会清晰标注出通往某个答案的路线，但从不会透露该终点是否为我们真正想要抵达的地方。这是想要正确评价自我的人需要面对的残酷现实，而我们每天都在面对这个现实。我们拥有元认知地图，可它真的会为我们指明正确方向吗？

第 4 章

最好的老师?
为何经验和反馈未必能带来洞察?

至此,对前三章将人的洞察力描述得如此欠缺以至于达到令人担忧的程度,有读者可能会提出异议。诚然,人们有时确实会对自己的实际能力浑然不觉,但这种情况是普遍存在的吗?年轻和缺乏经验的群体中也许广泛乃至普遍存在着过高及错误评价自我的现象,但随着人们生活、成长、获得经验、犯错及弄明白什么有效什么无效,那些错觉必然会得以消除,人生的磨炼必会消减幼稚与无知。正如本杰明·富兰克林(Benjamin Franklin)所言,经验是最好的老师,因为她让我们从惨痛的教训中认识到自己的愚蠢与不足。这些教训让我们付出了昂贵的代价,因此我们理应将其铭记于心,而且也确实将其铭记于心了。

在某种程度上,"经验能使人更加了解自己"这个观点必然有其正确性。人们在过往人生中经历了许多个人成败,这些经历必然会促使或至少轻微推动人们做出更加准确的自我评价。但情况总是如此吗?人们在经历人生起伏后,真的能更加洞悉自己的优缺点吗?

尽管有一些显著的反例,但可以肯定地说,人们在40岁时往往比在4岁时更加洞悉自己。小说家萨尔曼·鲁西迪(Salman Rushdie)曾说,生活确实让我们认识了自己。但尽管如此,数十年以来,仍有许多社会评论家指出,经验大多数时候都无法或根本不可能让人们认识自己。例如,富兰克林·P. 琼斯(Franklin P. Jones)曾说:"经验是个奇妙的东西,它会让你在再

第 4 章
最好的老师？为何经验和反馈未必能带来洞察？

次犯错时意识到自己在犯错。"萧伯纳（George Bernard Shaw）曾表示："我们从经验了解到，人类从未向经验学习。"

在一些评论家看来，就连通过教育获得的系统经验也是如此。安布鲁斯·毕尔斯（Ambrose Bierce）曾在其讽刺小说《魔鬼词典》中指出，"教育就是让聪明人发现自己很愚蠢，让傻子以为自己不愚蠢"。伯特兰·罗素（Bertrand Russell）更是讽刺道，"人生而无知，但是并不愚蠢，是教育使人愚蠢"。

哪种观点正确呢？经验会使人们的自我洞察力增强还是减弱？毫无疑问，这个问题不易解答，应视具体任务、经验的类型、经验的丰富程度及经验的品质而定。究竟实践、熟悉或重复是否会让我们更加了解自己的能力和缺点，这取决于诸多因素。

但我敢肯定的是，经验未必能让我们认识自己。关于该论断，我有数据支撑。若干心理学观察亦揭示，人们从经验中获得的洞察往往是不完整或具有误导性的。另外，有心理学家揭露，我们在面对外界反馈时有一些"不良习惯"。

从经验中学习：对若干资料的分析

首先，研究以往资料。过去 30 年以来，社会心理学和认知心理学的大量研究表明，经验并不能显著提高自我洞察力。人们可以积累大量的经验，但由于诸多原因，他们通过这些经验只能获得少许自相矛盾的自我洞察。

例如，人们会频繁接收到关于其表现的明确反馈的情况：课堂上，有些学生从反馈中获得的洞察会多于其他学生。在进行了数次考试的课程中，优秀学生通过多次考试会更加清楚自己的表现水平，而差生则未能从考试经验中洞察到自己的差劲水平，因此会依据对自己的个人能力的事先看法来预测自己的未来表现（Hacker, Bol, Horgan, & Rakow, 2000）。

当人们步入更加杂乱无章的真实世界时，经验对自我洞察的影响更是微乎其微。医学院的环境恰好介于井然有序的课堂环境与复杂的真实世界环境之间。在此环境中，医科学生的经验并未促使其自我认知符合实际。一项有说服力的研究显示，在内科的第一轮学习结束后，医科学生的自我评价与来自其指导医师的评价的相关系数为0.25。该相关系数在次年提高至0.29，但在第三年又回落至0.22，并在最后一年降低至0.10（相关发现，见Arnold, Willoughby, & Calkins, 1985；亦见 Sclabassi & Woelfel, 1984）。当这些医科学生即将离开学校时，他们的自我评价与其医师执照考试成绩的相关系数为0.01，而与其三年前对自己的个人能力评价的相关系数为0.54（Arnold 等，1985）。

为何反馈无效？

为了理解为何人们无法从经验中获得洞察，我们得从伯尔

第 4 章
最好的老师？为何经验和反馈未必能带来洞察？

赫斯·弗雷德里克·斯金纳（B.F.Skinner）在 1948 年训练的一群鸽子入手。斯金纳将鸽子关入他设计的著名箱子，并断绝鸽子的食物。接着，他每过 15 秒就给每只鸽子提供一点食物。饥饿的鸽子注意到了食物并立马将其吃掉，但由于仍然很饿，它们开始不断重复看见食物时所做的动作。一只鸽子开始上下摆头，另一只鸽子开始逆时针旋转，尽管这些动作对下一次出现食物的时间并无影响。鸽子从经验中获得了洞察，只不过这些洞察完全是错误的。

这种现象不仅存在于禽类。在伯尔赫斯·弗雷德里克·斯金纳（1948）的实验过去 40 年左右，小野（Ono，1987）对人类进行了类似的实验。小野将大学生们带到实验室，并在其面前摆放了一台包含三根杠杆、三盏灯及一个计数器的装置。学生们被告知要尽可能尝试使计数器显示更高的分数。他们确实不断尝试，但尝试的举动并未对计数器上的分数产生影响。尽管如此，有个学生开始按特定顺序拉动杠杆，随后再将手停留在一个杠杆上。另一个学生开始用手捣鼓杠杆、包含杠杆的装置、墙上的钉子以及房间里的其他物体，试图触发更高的分数，但徒劳无益。

这些实验虽然比较极端，却反映了生活中的一个基本事实。人们通过观察外界对其行为的反馈所获得的洞察未必是准确的，可能会产生错误认知。事实上，忙碌和变化莫测的现实世界中的反馈方式使得人们极难甚至不可能得出正确观点和消除错误观点。日常生活中的反馈具有四个特征，它们导致人们极难从经验中获得洞察。

反馈的或然性

在现实生活情境中，回报和惩罚是或然的，因为正确的行为选择与获得回报之间并无必然的一对一联系。所有父母、教师或扑克玩家都深谙这个道理。正确的选择未必会产生满意的结果，而错误或随意的选择有时仅凭纯粹的运气或巧合也会带来回报。销售人员热情的笑容和友好的态度通常会促成销售，但有时也会硬生生地把顾客推开。销售人员的死缠硬磨和居高临下往往会招致顾客的恶语相向或者至少使之转身离开，但偶尔也会对某些顾客起作用。因此，每位销售人员均在某种程度上认为自己是成功的，正如斯金纳箱子里的鸽子以为只要逆时针旋转就会再次得到食物。行为与回报关系的不确定性产生重重迷雾，使人们往往难以确定何为正确选择以及该如何分辨正确选择与错误选择。

反馈的不完整性

经验带来的反馈还具有不完整性。我们可以得知我们已采取的行为的结果，却往往不知且无法得知我们本可以采取的其他行为的结果（Cohen & March, 1974; May, 1973）。例如，我选择成为学术型社会心理学家是正确的吗？除非我可以借用

第 4 章
最好的老师？为何经验和反馈未必能带来洞察？

皮博迪先生①的时光穿梭机回到我的本科时代，选择另一条职业道路来与现在对比，否则根本无法回答这个问题。但受限于现代科技水平及我的财务状况，这是不可能的。因此，我无法做出必要的比较以确定我的职业选择是否正确。

由于人们不知道选择另一行为会产生什么结果，经验带来的反馈总是不完整的，这就是人们无法认识到其行为的不足之处的根本原因。我们不会像经典电视剧《宋飞正传》(Seinfeld)里的角色乔治·科斯坦萨那样，某天突然决定一切都不按平常的做法来做，最后却收获了理想的工作甚至女友。

在其他行为的结果不可知的情况下，通常会有显著的证据表明我们表现尚可，即便实际不然。设想有两对父母在管教当日表现得非常任性和淘气的孩子。一对父母决定让孩子坐下来好好规劝他，向其讲明要举止规矩的原因，然后再把他送回房间睡觉；另一对父母则通过训斥和打屁股的方式严厉地惩罚孩子。次日，两个小孩都可能会变乖，因为孩子在经历过特别美好或糟糕的一天后均更有可能恢复其往常的表现。两对父母却以为他们截然不同的管教方式起了作用，尽管他们的依据从逻辑上来看是不充分的。

反馈的隐匿性

反馈往往是隐匿的。人们确实会因错误行为而承担后果，

---
① 电影《天才眼镜狗》的主角。——译者注

但这些后果通常都是不可见的。员工在公司聚会时因酩酊大醉而举止不当，而他可能永远也不会知道有多少同事因此决定不再邀请其参加晚宴。正确行为的反馈也具有隐匿性。有人在工作中得到晋升，却可能不知道什么行为使自己获得了晋升机会。

反馈之所以往往具有隐匿性，是因为人们经常出现遗漏过错。人们常常会错过采取某个行动的机会，而正因为没有采取该行动，他们便无从得知他们本可获得的回报。例如，买车的人无从得知其本可以获得的最后额外折扣。由于没有进一步讲价，他无法知道成交的价格高于本可以成交的价格。因此，他所犯的错误并不会暴露出来（Caputo & Dunning，2005）。

反馈的不明确性

反馈是不明确的，因为很难确定某个行为产生回报或损失的明确原因。设想哈里向萨莉提出约会，但遭到了拒绝。萨莉为什么会拒绝？哈里可以从中获得什么洞察？是因为他的发型不好看吗，是因为他的口气吗，是因为他的笑话不搞笑吗，是因为他太矮了吗，是因为他太穷了吗，是因为他不够自信吗，还是说，问题其实出在女方身上？或许是她太挑剔、心情不好或不久前刚结束一段痛苦的感情？天呐！究竟可以从中获得什么洞察？不幸的是，反馈总是这般不明确。由于有太多看似合理的原因可以解释失败或成功，所以很难确定哪个才是真正的原因。

第 4 章
最好的老师？为何经验和反馈未必能带来洞察？

在现实生活中，人们往往从每个行为中都会得到反馈，而每种情况下都有诸多可能与成败有关的特殊因素，故反馈的不明确性进一步加深。哈里向不同的女性提出约会，有人可能答应，有人可能拒绝。但每次他向某个女性提出约会时，其成败都有各种各样的潜在原因。由于这种不明确性，哈里很难找出其社交生活成败的真正原因。

反馈的缺失

出人意料的是，反馈还会缺失。例如，在过去数年，我针对我的研究举办了无数次讲座，却很少收到有关这些讲座效果清楚、全面或明确的反馈。事实上，我仅在其中一次讲座结束后收到过一份正式且详细的两页纸的手写评论。

由于缺少这类反馈，我只好注意听众在讲座结束后的行为，以从中寻找一些小线索。我不得不观察听众在讲座结束时是否踊跃提问、是否面露微笑或其微笑是否发自内心。遗憾的是，缺少正式反馈是社会生活中的一种常态。例如，美国管理协会在 1984 年的一项调查中发现，75% 的组织机构每年至多对其雇员仅进行一次正式的绩效评估（Ashford，1989）。因此，雇员不得不经常通过寻找**非正式反馈**来洞悉其能力及在组织机构中的地位。他们观察上司是否会直视他们、在走廊停下来与其交谈或邀请其参加周末烧烤聚会。无论人们有多么擅于准确地解读这些社交信号，这些信号都无法替代正式、明确和清楚的反馈。

有充分论据表明，在缺少正式反馈的情况下，人们往往极难理解他人发出的信号。例如，自认为社交能力较差的人往往会引起他人的消极回应（Swann, Wenzlaff, Krull, & Pelham, 1992）。然而，这类人可能察觉不到他人的消极回应，即便他人含蓄地表达了自己的反感。斯旺、斯坦-塞鲁西和麦克纳尔蒂（Swann, Stein-Seroussi, & McNulty, 1992）将对自我社交能力评价偏高和偏低的一些人带到实验室，让其与另一个人聊天7分钟。相比社交能力自我评价偏低的参与者，那些交谈对象们大多明显更喜欢自信且充满活力的自我评价偏高的参与者。然而，社交能力自我评价偏低的参与者并未察觉到这一点，因而高估了其交谈对象对自己的喜欢程度。可是，尽管他们的交谈对象对其说的话与对自我评价偏高的参与者说的话同样友善和悦耳，但其交谈对象已经通过语气语调来表达自己的相对反感——观察者可以看出这种差异。

反馈的片面性

最重要的是，反馈具有片面性。人们倾向于告知我们一些符合我们事先看法（通常比较正面）的事情。人们不喜欢向他人传达坏消息。例如，特塞尔、罗森和康利（Tesser, Rosen, & Conlee, 1972）让参与者转达某个消息给另一个学生。该学生的室友打电话来让该学生给家里回个电话，说是因为家里有某些好消息。参与者非常尽职地传递了这条口信。然而，当口

第 4 章
最好的老师？为何经验和反馈未必能带来洞察？

信中说到家里有坏消息时，即便该学生对口信的内容刨根问底，参与者仍然更有可能隐瞒这个重要信息。不过，若是旁人问起，他们则极有可能会说出口信中提到了坏消息。

另一些实验表明，在现实生活情境中，人们同样抵触传递坏消息（Tesser & Rosen，1975）。相比通知残疾人其补助申请遭拒绝，社会福利工作者更乐意通知残疾人其补助申请获批准，尽管此类消息通常都是通过固定模板的信函发送的（Tesser，Rosen，& Tesser，1971）。

在提供正式反馈时，人们也会自然而然地抵触传递坏消息。相比认为评价不公开时，扮演上级的大学生在认为下级会看到反馈时对表现欠佳的下级也会给予更高的评价（Fisher，1979；Ilgen & Knowlton，1980；Larson，1986）。来自企业经理的大量证据表明，企业经理会避免或延迟向员工予以负面反馈。当再也无法继续拖延下去时，他们就会歪曲反馈以使其更容易被员工接受（Longenecker，Sims，& Gioia，1987；Veiga，1988）。

任何成年人肯定都遇到过掩饰反馈的情况，也许双方当事人的角色都扮演过。人们总是尽可能最大限度地将予以他人的反馈正面化。这种行为的极端情况用专业术语来说就是"撒谎"。然而，人们并不爱撒谎，所以当想要避免向他人传达坏消息时，他们会尝试巧妙地通过某种无须撒谎的方式来避免表达其真实想法。如果他们不喜欢某位艺术家展示的画，他们可能会详述对这幅画确实欣赏的方面，而不会提及讨厌的方面。他们可能会谈到自己多么厌恶这类画作，但接着又会婉转而非明确地表达他们更喜欢这位画家的画（DePaulo & Bell, 1996）。这样一来，人们便可声称自己诚实坦率，而同时又达到了不伤害他人感情的目的。

我见过这种策略的实施过程。我曾目睹某位同事的演讲导致所有听众在座位上弓着背以掩饰他们频繁皱眉蹙额、尴尬地笑或毫无保留的厌恶表情。演讲一结束，这位同事让多个听众评价了他的演讲。有几个听众表示他的演讲非同寻常（属实，但具误导性）。还有一个听众说，这个演讲必定会流传数年（同样属实，但误导性更强了）。

监控反馈时的错误习惯

由于在思维与行为上存在"不良习惯"，即使经验提供了关于我们的知识和能力的明确反馈，我们也无法接收到外界想要向我们传达的信息。

人们关注正向的同现

在研究生院时，我曾像斯金纳的鸽子那样陷入一种盲目的迷信。我们那栋楼的电梯很慢：搭电梯的人按下要前往楼层的按钮后，似乎要等上一个世纪，电梯才会关上门开始升降。一

第 4 章
最好的老师？为何经验和反馈未必能带来洞察？

天，我沮丧万分，于是便在电梯里轻轻地上下跳跃以宣告有人在搭电梯，电梯门立即配合地关上了。此后每次搭电梯时，如果我感觉电梯门很久都没关上，我就会在电梯内轻轻一跳。如果我跳了一下后电梯门没有关上，我就会更用力地继续跳，直到电梯门关上为止。

在某种层面上，我知道这样做很愚蠢。但在另一层面上，由于我的跳跃使电梯门关上这件事又似乎极有说服力。为何这件事看上去如此令人信服？像所有人（及斯金纳的鸽子）一样，我只关注了行为与结果的正向同现——我跳跃后，电梯门立马关上了。因为我有过诸多此类经历，所以我深信我的跳跃与电梯门关上具有因果关系。

然而，所有统计学家（及优秀心理学研究生）都知道，仅统计这些正向同现的情况根本不足以确定我的跳跃与电梯门关上的关系。他们都清楚，我必须关注**四种**而非仅一种情况才能确定我的行为与外界反应的关系。第一，我必须关注跳跃和电梯门配合关上的情况；第二，我必须关注跳跃和电梯门没有关上的情况（这种情况确有发生，通常促使我更用力地跳）；第三及第四，我必须关注没有跳跃时的情况，比如我因在思考或与其他人交谈而没有跳跃时的情况。在我没有跳跃的情况下，电梯门有多少次立即关上，有多少次过了好久才关上？

为了确定行为与结果的关系，必须同时关注以上四种情况的数据，而非仅仅关注正向同现情况的数据。我对跳跃的作用的看法直接意味着，我跳跃后电梯门很快关上的发生比大于我没有跳跃时电梯门很快关上的发生比，而上述四方面的数据对这两种发生比的计算均至关重要。我跳跃后电梯门很快关上的发生比等于跳跃后电梯门很快关上的次数除以跳跃后电梯门没有很快关上的次数。我没有跳跃时电梯门关上的发生比等于没有跳跃时电梯门很快关上的次数除以没有跳跃时电梯门很慢关上的次数。如果我仅关注正向同现的情况，我就无法计算和比较这两种关键的比率。

人们的自证预言

人们有一种不幸的倾向：无论其推测多么正确或荒谬，都倾向于使之得到证实。假设有一名警察声称其仅通过辨认心虚的眼神和暴躁的声音就能找出撒谎的犯罪嫌疑人。（该事例是特意挑选的：警方调查人员并不比普通人更善于辨认撒谎者；两者在这方面的表现均不过比纯粹碰运气强一点。见 Ekman & O'Sullivan，1991。）如果审讯室的警察判定嫌疑人的眼神鬼鬼祟祟，他便可能加大审讯力度和延长审讯时间，认真分析嫌疑人的供词，以判断其有罪或无罪。如果该警察判定嫌疑人在说实话，他则可能减轻审讯力度——哪怕是不自觉地，从而不管真相如何，均会使嫌疑人看上去更加无辜。

这样一来，人们就可以证实其判断和判定，即便那些判断的理论依据是无关紧要或完全错误的。许多心理学研究揭示，

第 4 章
最好的老师？为何经验和反馈未必能带来洞察？

自证预言效应会使人们在毫无合理证据的情况下编造出看似证实性的证据。罗森塔尔和雅各布森（Rosenthal & Jacobsen，1968）发现，告知老师某些学生是大器晚成型会使那些学生在该学年中成绩越来越好。不过，这一发现存在争议。这些学生是随机选择的，因此他们的每一次进步也许都要归因于老师对待他们的方式。在另一个有说服力的事例中，罗森塔尔和福德（Rosenthal & Fode，1963）向大学生们提供了一些实验室老鼠，让其训练这些老鼠正确走出迷宫。其中一半的学生被告知他们的老鼠比较"聪明"，另一半学生则被告知他们的老鼠比较"愚钝"。事实上，老鼠是完全随机地被归为聪明或愚钝的。然而，尽管这些老鼠的先天智力并无区别，但在 5 天训练结束后，相比被归为愚钝的老鼠中正确走出迷宫的老鼠数量，被归为聪明的老鼠中正确走出迷宫的老鼠数量多了超过 50%。同样地，这些被认定为聪明或愚钝的老鼠的表现差异必定也是由学生驯兽员的不同行为导致的。

人们在事后无法认识到自己的错误

人们之所以未能从错误中获得洞察，可能是因为他们在事后根本没有认识到自己的任何错误。大量心理学研究已经证实"后见之明"的现象，即事件在回想起来时比在发生前看上去更加不可避免。在许多实验中，人们一旦得知某件事发生后，便会高估其事先准确预测出这件事或其"早就知道这件事会发生"的概率（Fischoff，1975，1977；Hawkins & Hastie，1990）。

这种后见之明偏误会导致人们察觉不到其之前判断错误的事实。假设某个店铺经理雇了一名新的售货员。这个雇用决定有点冒险——该经理有些迟疑——但他最后还是确信这名新雇员会好好表现。但假设过了数月后，事实证明这名售货员非常不称职，以至于有必要辞退他。这时，后见之明偏误就会导致店铺经理察觉不到自己起初的雇用决定是多么错误。回顾起来，新雇员的缺点似乎是在所难免的，因而店铺经理会声称他在内心深处其实早就知道当初的雇用决定很冒险——表示他疑虑过，而且本就不太有把握新雇员能胜任这份工作。事实上，他甚至还会声称自己早就知道在一段时间后就得解雇该新雇员。

人们确实会这样记错自己的判断。1978年，伍德（Wood）让若干大学生预测未来可能发生的一些事件。当这些事件发生后，伍德找回同一批学生，让他们回忆其当初的预测。学生们大多会夸大其准确预测出的事件数量。

可见，在事后，人们往往无法记起他们的预测及判断是何其不准确。由于不能意识到这些错误，人们便无法从中学习。

人们倾向于寻求与自我映象相符的反馈

人们不会公正地对待各种反馈。在可能符合自我观的反馈与可能不符合自我观的反馈之间，人们倾向于接受前者。比

第 4 章
最好的老师？为何经验和反馈未必能带来洞察？

尔·斯旺（Bill Swann）及其同事在若干实验室和现实生活情境中的研究证明，相比质疑自我看法的反馈，人们更倾向于接受证实自我看法的反馈（Swann, Rentfrow, & Guinn, 2002）。

例如，斯旺、斯坦－塞鲁西和吉斯勒（Swann, Stein-Seroussi, & Giesler, 1992）问持积极自我映象或消极自我映象的大学生更愿意与怎样的人交往：是对他们总体上持积极看法的人还是对他们总体上持消极看法的人。参与者倾向于选择对他们的看法与其事先存在的自我映象相似的人。自我评价较高的参与者倾向于选择对他们持积极看法的人，而自我评价较低的参与者则倾向于选择对他们持消极看法的人。

另有研究证明，人们同样偏好证实其自我看法的信息。相比与其事先的自我映象相矛盾的信息，人们更喜欢看到证实其事先的自我映象的信息。事实上，人们真的会花更多的钱来获取这类信息，而在获得这类信息后，他们也会花明显更多的时间来仔细查看（Swann & Read, 1981a, 1981b）。如果人们总是选择查看符合自我映象的信息，他们错误的自我映象将很难得到纠正。

人们易于接受正面反馈，却对负面反馈十分严苛

人们会区别对待正面反馈和负面反馈。当接收到正面反馈时，人们会毫无疑义地视其为事实。然而，当接收到负面反馈时，人们就会掏出自己的心理放大镜仔细审视，以期部分或全

面驳回该反馈（Dawson，Gilovich，& Regan，2002；Gilovich，1991）。例如，假设你是一个拥有金发的左撇子，而美国有线电视新闻网报道的一项新研究显示，具有这种特征的人比大多数人都更长寿。如果我符合这种特征，我肯定**乐翻了**！然后我在接下来的人生中会毫不迟疑地将该研究结论奉为真理。然而，假设这项研究结论是，金发的左撇子更有可能会英年早逝。我则很可能会去查阅这篇报道，甚至在网上找出相关科学报告的原文，细致审查其中是否存在方法论错误、逻辑漏洞或研究者偏见。

有一个事例最能直接反映人们区别对待正面信息与负面信息。迪托及其同事（Ditto & Lopez，1992）将学生带到实验室，对其进行乙醯化硫胺素酶缺乏症（thioamine acetylase enzyme deficiency）检测。他们告知学生该症状与令人担忧的晚年胰腺病变有关。（读者请注意，乙醯化硫胺素酶缺乏症是一种仅出现在心理学实验室中的常见疾病，现实生活中并不存在。）在检测时，参与者用拭子在其脸颊内侧采集样本，然后再将拭子浸入某种实验室液体，接着便等待观察拭子的颜色是否会发生变化。相比检测结果显示未患该缺乏症的参与者，检测结果显示患有该缺乏症的参与者在过了更长的时间后才确认检测结束。后者还更倾向于重新检测（其中重新检测的人数占比为52%，而前者中重新检测的人数占比为18%）。

在另一项实验中，参与者被告知，如果其当天的血糖偏高

第 4 章
最好的老师？为何经验和反馈未必能带来洞察？

或偏低，乙醯化硫胺素酶缺乏症检测的结果则无效。检测结果显示健康的参与者在判定该检测结果是否可信时并未考虑上述信息。事实上，他们直接将检测结果视为事实。检测结果显示患有该缺乏症的参与者则谨慎多了。如果他们的血糖浓度有可能影响了检测结果，他们便会迫不及待地否认检测结果的有效性（Ditto, Scepansky, Munro, Apanovitch, & Lockhart, 1998）。

人们会笼统地描述正面行为，具体地描述负面行为

人们倾向于认为其正面行为是普遍且持续的，反映了自我主要和稳定的特征，而认为其负面行为是有限、个别且短暂的。

这种现象体现在人们用于描述反映其积极特质与消极特质的行为的措辞中。塔里（Taris，1999）让大学生描述其有过的一些"善举"以及描述据其所知其他人有过的"善举"。相比在描述他人的善举时所使用的措辞（如"他向女童军捐了款""他帮那个男人指明去餐厅的路"），调查对象在描述自己的善举时所使用的措辞更加抽象（如"我很有同情心"或"我很乐于助人"）。塔里认为，人们使用抽象的措辞是为了确保让对方知道自己的善举反映了其真实自我，反映了其人格的重要特征。不出所料，塔里还发现，人们会使用更加具体的措辞来描述其做过的"错事"。人们通过措辞具体的描述将他们的错误行为孤立出来。同样的行为发生在他人身上时，调查

对象会将其描述为"那人怀有敌意";而发生在自己身上时,调查对象却可能将其描述为"打了别人一巴掌"(类似结果,见 Maass, Milesi, Zabbini, & Stahlberg, 1995; and Maass, Salvi, Arcuri, & Semin, 1989)。

我自己曾在实验室观察过这种语言使用情况以及与之相关的知觉。在针对成功与失败的试验性系列研究中,我和一名本科生让康奈尔大学的学生体验成功或失败。我们向学生提供三个词(如"邮件""时间"和"花园"),并要求他们找出与这三个词均相关的第四个词(如"床")。我们给经历成功组的学生出的题很容易解答,而给经历失败组的学生出的题则极难解答。在学生完成测试后,我问他们:"这项测试考查的是什么?"经历成功组的参与者倾向于使用笼统、概括性的措辞来描述该测试,表示该测试考查的是智力、创造力或思维敏捷度;经历失败组的参与者则更倾向于使用具体的措辞来描述该测试,如表示该测试考查的是找出与某三个单词相关的第四个单词的能力。许多失败的参与者即使受劝诱也不会使用笼统的措辞来描述该测试。

鲍迈斯特、史迪威和沃特曼(Baumeister, Stillwell, Wotman, 1990)发现,调查对象在描述其发怒的经历时也存在类似的现象。当调查对象被要求描述某人使其发怒的经历时,他们会描述对方屡次三番地激怒他们,且惹其恼火的事情在事后具有持久的影响。然而,当他们被要求写下自己使他人发怒的经

第 4 章
最好的老师？为何经验和反馈未必能带来洞察？

历时，他们往往认为惹人恼火的事情只是当时使对方发怒，在事情平息后不具有长期的影响。

人们将其错误描述为一次性事件的倾向与其外部环境中的另一种倾向有关。我们在前文论述过，人们不喜欢向他人传达负面反馈，即便人们感到恼怒甚至气急败坏，他们也会抑制自己的怒火，延迟向他人传达纠正性反馈。这一点在职场再真实不过了。上司可能会频繁收到有关某名员工效率低下的投诉，但他会尽量避免告知该员工其务必要提高效率。但不幸的是，由于缺少纠正性反馈，针对该员工的投诉会接连不断，最后上司不得不将该员工叫到他的办公室。遗憾的是，当员工被叫到办公室时，上司通常已经到了忍无可忍、怒不可遏的地步了。

现在，我们再从该员工的角度来想象这一情景。他有理由认为自己效率低下只是一次性事件，而上司委婉地仅强调最近一次的事件让其更加坚信这种错觉。然而，如果此次谈话仅是为了一次事件，该员工就会纳闷为何上司会为一个小过错就对他这般勃然大怒，因此更有可能会抗拒接收上司想要传达的信息。以往的研究已经证明这种延迟反馈会导致情绪升级，从而引起愤怒和对方因误解情况而抗拒接收反馈的现象（Baumeister，Stillwell，& Wotman，1990；Larson，1986）。

人们还通过其他方式来将其成功视为常态，而将失败视为偶然。他们倾向于认为他们的长处体现了其稳定的特质，他们的短处则不体现任何特质（Dunning，Perie，& Story，1991）。因此，当接收到关于其短处的负面反馈时，他们不会质疑自己的整体能力，而是认为该短处并不反映其整体能力。

例如，格雷韦和文图拉（Greve & Wentura，2003）让大学生评价自己关于世界的"常识"水平。随后，他让学生与安插的实验助手一同进行历史、政治、美术及自然科学知识的测试。由于实验受到操纵，参与者在其中两个话题领域表现优于实验助手，而在另外两个话题领域则表现逊于实验助手。测试结束后，参与者被问到每个领域在何种程度上反映了人们的常识水平。相比他们逊于实验助手的领域，参与者认为他们优于实验助手的领域更能反映人们的常识水平。

人们有时还会通过将他们的失败理解为接近成功来孤立地看待失败。他们认为，要不是因为一些谁也预料不到的意外情况，他们就会做出正确的选择。例如，吉洛维奇（Gilovich，1983）让大学生就美国全国大学体育协会篮球联赛决赛的结果打赌。自然地，有些学生赌输了，并发誓将来会少赌一些；然而，一想到他们支持的球队是因为比赛最后一分钟的一个意外球打输的，他们又会对自己的打赌能力恢复信心。有意思的是，赌赢的学生并不会因该意外球质疑自己的打赌能力，只有赌输的学生才会抓住这个机会将该打赌结果视为是短暂、偶然和个别的。

第 4 章
最好的老师？为何经验和反馈未必能带来洞察？

人们将积极结果归功于自己，将消极结果归咎于他人或他事

人们将其成功归功于自身的某种因素（如自己的能力或努力），而将失败归咎于个人之外的因素。例如，劳和罗素（Lau & Russell, 1980）翻遍体育专栏来了解各个篮球队如何解释其输赢。他们往往将赢归功于自身及其出色的技能、战术或努力；而将输归咎于外部因素，如运气不好或意外。

人们往往会想到诸多因素来为消极结果辩解，在达成积极结果时却不会想起这些因素。在前文提到的迪托和洛佩斯（Ditto & Lopez, 1992）的实验中，相比结果显示健康的参与者，结果显示患有令人心烦的乙醯化硫胺素酶缺乏症的参与者，提及了更多可能影响检测结果的短暂性不规律现象。他们还对检测的有效性吹毛求疵，正印证了许多研究得出的一个结果：人们总是认为在测试中取得良好表现反映的是事实，而取得差劲表现反映的是测试极不合理。

人们会记错反馈内容

人们对待反馈的最后一个不良习惯就是无法正确记住反馈。人们对所接收到的反馈的记忆往往会朝他们对自我的整体先入之见偏移。例如，斯托里（1998）将自尊偏高及自尊偏低的参与者带到实验室。她让参与者完成了一系列人格测试题，

然后走到隔壁房间对其打分。当她回来时，她递给参与者一系列报告，并称这是描述了他们人格的综合报告。随后，参与者仔细阅读其人格报告。

参与者不知道的是，他们获得的人格报告其实是基于其数周前提供的自我描述编写的，报告中的大多数方面都照搬了参与者此前的描述。但在其中一些方面，反馈被改得更加正面；而在另一些方面，反馈则被改得更加负面。

接着，参与者将人格报告归还实验者，又填写了几份用来使其分心的调查问卷，然后实验者出其不意地对其进行记忆测试。实验者向参与者提供了空白版的报告，并让其重新写出之前收到的报告内容。参与者正确回忆起了大多数方面的反馈，而他们的错误则十分具有启发性。自尊偏高的人准确记起了被改得更加正面的反馈，却记错了被改得更加负面的反馈，将其记得比实际上更加正面。自尊偏低的人恰好相反。他们准确记起了被改得更加负面的反馈，而将被改得更加正面的反馈记得更加负面。

其他研究同样发现了这一现象。斯旺和里德（Swann & Read, 1981b）发现，自我评价偏高的人比自我评价偏低的人会记住更多他人对他们的正面评价。自我评价偏低的人比自我评价偏高的人会记住更多他人对他们的负面评价。鉴于大多数人的自我评价都偏高，也难怪人们往往会记住更多自己所接收到的正面反馈，而记住更少负面反馈（Feather, 1968; Ilgen,

第4章
最好的老师？为何经验和反馈未必能带来洞察？

1971；Ilgen & Hamstra，1972；Shrauger & Rosenberg，1970）。

小　结

经验是一位严师。20世纪50年代备受尊敬的匹兹堡海盗队[①]投手弗农·劳（Vernon Law）曾说，经验总是先给我们以考验，然后再给我们上课。本章的内容表明，经验这位老师不仅严厉，有时还神秘莫测，将宝贵的反馈隐藏在或然、不完整、隐蔽、不明确、片面甚至空白的信息面纱的背后。当我们在反思生活经历所要传达的信息时，一些不良习惯使我们很难看到这些信息，从而让我们无法从中获得洞见。正因如此，虽然人们确实可能会越活越睿智，但由于诸多原因，这种来之不易的智慧还远谈不上完美。

[①] 匹兹堡海盗是一支位于宾夕法尼亚州匹兹堡市的美国职棒大联盟球队。——译者注

第5章

虚假的独特性:
那些使人们认为自己很独特的品质

在我 6 岁时，一个冬夜，当某人谈到每片雪花都是独一无二的时候，我就该料到我将走向科研事业。那天晚上晚些时候，雪开始在密歇根州寒冷的空气中飘落，我决定检验这个论断。我拿了一块硬纸板跑到外面去接雪花，随身还带着手电筒和放大镜，想看看自己能否找出两片相似的雪花。我知道这样做无法充分检验"地球上从未有过两片一样的雪花"这个观点，但我认为，如果我在鉴别数百片雪花后就能找到两片非常相似的雪花，对我这样 6 岁的孩子来说也算得上重大的科学发现了。然而，大概过了一小时，我就放弃了我的探索——没有获得任何了不起的科学发现。在发现简单的六瓣雪花可以呈现出千变万化的美之后，寒冷、饥饿和厌倦的我回到了屋子里。

如今，我依然对雪花的独特性存疑，但我确实不得不承认，人也许更有可能是各种技能、特质、怪癖、态度、身体特征、言谈举止、外貌、爱好、憎恶、经验及长处的独特结合体，不会与世上的任何人完全相像。我们每个人的人格都必定拥有与众不同的特性组合。毕竟，在怀疑态度、好奇心和抱负的共同作用下，6 岁的我才跑到车道上去接雪花，而且这个独特的特性组合还推动我走上科学探索的职业道路。

然而，人们可能会过度感知自己的独特性。虽然通常而言，我们每个人确实很特别，但我们并没有自己以为的那么不同寻常（Shepherd, Carroll, Grace, & Terry, 2002）。在本章及下一章，我将指出一些导致我们尽管与其他人一样，却以为

第 5 章
虚假的独特性：那些使人们认为自己很独特的品质

自己与众不同的因素。

尤其是，我将剖析那些人们往往误以为自己独有的品质的特征，聚焦大多数人倾向于认为自己独具的个人品质。当然，这些个人品质通常都是很有吸引力的，因此人们会认为自己比其他人拥有更加充满魅力和令人羡慕的人格，尽管事实并非总是如此。

与此同时，本章还将揭示人们在何种情况下**不会**认为自己与众不同。例如，尽管人们确实会认为自己比其他人更有可能活到 55 岁，但他们并不认为自己比其他人更有可能活到 105 岁（Weinstein，1980）。在驾车时，尽管他们可能认为自己的车不大可能会追尾另一辆车，但他们很可能会担心自己的车被其他车追尾（McKenna，1993）。尽管他们认为自己能控制饮食以维持健康的体重，但他们可能不会同样乐观地认为自己能避免感染细菌（Sparks & Shepherd，1994）。尽管他们会认为自己非常理想化、自律或聪明，但他们未必会认为自己节俭、整洁或有数学天赋（Dunning, Meyerowitz, & Holzberg，1989）。尽管人们会认为自己比所认识的人都要勇于自我牺牲或严于律己，但他们未必会认为自己更加从容或勇敢（Miller & McFarland，1987）。

总的来说，我将从三个不同方面来探讨人的品质及相关事件。第一个方面是**掌控**（control）。当人们认为自己可以通过努力拥有某些品质或促成有关事件时，他们会因此认为只有自己愿意付诸努力吗？第二个方面是品质的**可观察性**（observability）。某个品质是用来描述人人都可以观察到的行为，还是只有当事人自己知道的个人反应？最后一个方面是**不明确性**（ambiguity），将在下一章讨论。有些品质的含义非常明确，另一些品质的含义却相对模糊。品质含义的模糊不清会导致自我膨胀吗？

可 控 性

如果人们认为某种特质是可控的，他们则更有可能认为自己就该特质而言优于周围人。他们会认为自己远比周围人更加具有**合作精神**、**斯文有礼**和**自律**（因为所有这些特质的表现都是可控的）而涉及相对不可控的特质时，如**聪慧**、**有创造力**及**有活力**，他们则不会产生同等程度的优越感（Alicke，1985）。

当结果可控时，人们也会认为自己比周围人更有可能实现有利的结果。人们在驾车时会认为自己比其他人更不易发生车祸，而在乘车时则不会产生这种偏见（McKenna，1993）。他们认为自己比其他人更不易在换道、急转弯或快速行驶时发生车祸，因为所有情况均在驾驶员的掌控之中。然而，他们并不认为自己比其他人更善于避免公路结冰、爆胎或刹车失灵等不可控事件（McKenna，1993）。

第 5 章
虚假的独特性：那些使人们认为自己很独特的品质

一般来说，当在其想象中结果可控时，人们就会对自己促成积极结果和避免消极结果的能力过度乐观（Klein & Helweg-Larsen，2002）。例如，人们认为自己比周围人更有可能避免在第一份工作中被解雇、离婚及感染性传播疾病。然而，他们并不认为自己更有可能避免主要由"命运女神"主宰的结果。例如，他们不会声称自己更有可能避免遭遇入室盗窃、被偷车或感染只能存活一两天的病毒（Weinstein，1980，1987，1989）。同样地，人们认为自己比同龄人更不易面临高脂饮食、酒精和咖啡因引起的健康风险。然而，他们不认为自己更不易面临农药残留、环境污染及基因操纵引起的健康风险（Sparks & Shepherd，1994）。

为何人们会存在这种可控性偏见？更重要的是，为何当涉及超出个人控制的事件时，人们几乎或完全不存在偏见？这些问题有许多可能的答案，人们因掌控感而过高评价自我背后的心理特征亦尚未被研究透彻（Harris，1996；Budescu & Bruderman，1995）。然而，对于为何人们在涉及想象中可控的事件时会持过高的自我评价，我们至少可以想到两种简单合理的解释。第一种解释基于一厢情愿（wishful thinking）；第二种解释表明，人们的这种偏见也许非常合理。

首先，我们基于一厢情愿来解释这种现象。由于有充分的证据，可以有把握地说，人们渴望自己拥有积极的形象，人们想要拥有正面的特质和在生活中实现有利的结果（Alicke，

1985；Weinstein，1980）。因此，在考虑是否拥有正面特质或能否实现正面生活事件时，如果该事件在想象中可以通过努力来实现，考虑到自己的心理需求，人们就会认为自己将会适当地努力。毕竟，如果一个人渴望实现某个结果，不难想象这个人会在时机来临时为之努力。因此，人们认为自己比周围人更有可能拥有正面特质和实现有利结果。如果人们发现无法通过努力或任何手段来实现正面结果，一厢情愿就被阻断了。

现在，我们再基于合理性来解释这种现象。我们再次假设人们想要实现圆满的结果和拥有正面的品质。当人们认为稍微的努力和勤奋就能助其达成上述愿望时，他们知道自己**很乐意**努力达成上述愿望，却不知其他人亦是如此。由于他们知道（或准确地说，**认为**他们知道）自己想要付诸必要的努力来实现有利结果，但未必知道其他人亦是如此，他们便断定自己更有可能实现满意的结果。

无论以上哪种解释正确，或无论是否有其他原因可以解释可控性与过高自我评价的关系，人可以掌控自己的命运的观点都会影响人们对自己所处境况的选择偏好。人们在承担可控风险与承担不可控风险之间会选择前者，即便那些可控风险大于不可控风险。克莱因和孔达（Klein & Kunda，1994）问大学生们，如果他们患有致命的疾病，他们更愿意服用以下哪种药。药 A 非常有效，但有十万分之一的概率会产生致命的副作用，而患者和医生均对这些副作用无能为力。药 B 也有千分之二的

第5章
虚假的独特性：那些使人们认为自己很独特的品质

概率会产生类似的副作用，但若患者能及早察觉这些副作用，这些副作用则可以被消除。遗憾的是，大约有1%的患者无法及时察觉到这些副作用，因此药B致死率为十万分之二。尽管副作用在一定程度上可控的药B的综合致死率更高，但选择药B的学生人数仍是选择药A的学生人数的近3倍。

面对会带来实际后果的选择时，人们也表现出对可控风险的偏好。在一项后续研究中，克莱因和孔达（1994）问参与者更想参与以下两种游戏中的哪一种。游戏A的结果几乎是不可控的。实验者会随机生成两个介于10—19之间的数，如果两个数不相同，参与者就会赢得1美元。这个过程会重复10轮，但如果实验者在任何一轮中生成了相同的数，游戏就会立刻结束。显然，每一轮中游戏结束的概率是十分之一，而参与者无法掌控结果。游戏B则相反，参与者可在一定程度上掌控结果。在游戏B，每一轮中游戏结束的概率是三分之一。不过，参与者在游戏结束后可通过完成一个任务来使游戏继续，但条件是参与者要将任务完成得比一般学生好。当任务看上去很简单时（如检查拼写错误），也就是说参与者似乎能在很大程度上掌控任务结果时，尽管通过游戏A赢得一笔钱的概率更高，66%的参与者选择了游戏B。

错误洞察

人们对自己掌控事件的能力过度乐观可能源于两种错误。

第一种错误主要涉及对他人的看法；第二种错误主要涉及对自己能否**真正**掌控事件的看法。

※ 对他人的看法

正如前文所述，人们对自己掌控事件的能力的看法可能源于一厢情愿或合理推测。人们知道自己**想要**努力促成正面事件和避免负面事件，因此他们（由于一厢情愿或通过逻辑推理）会认为自己更有可能在生活中实现有利结果。

然而，在得出此结论时，人们并未考虑一个显然很重要的事实——任何人考虑可控事件时也会产生同样的想法。其他人很可能也会认为他们想要付出必要的努力去实现满意的结果。事实上，每个人都愿意为了实现积极结果而努力，那为何有人会认为自己属于最有可能实现积极结果的少数人呢？

从本质上来看，当人们认为自己比其他人更有可能实现可控结果时，他们必定没有正确认识到其他人的情况。他们可能过快地认定其他人是不愿付出必要努力的懒鬼，或本身就是个懒鬼，而没考虑到其他人大多同样可以声称自己很想且具备能力去实现有利的事件。一项发现可以证明后一观点：当被问到时，人们确实承认其他人掌控事件的能力不亚于他们（Harris & Middleton，1994）。

本质上，掌控能力偏见可能是由于人们忽略他人的欲望和能力所致。人们并未考虑到，其他人在很大程度上会像他们一

第 5 章
虚假的独特性：那些使人们认为自己很独特的品质

样应对所面临的事件和境况。后文将会进一步论述这一点。我们将谈到人们在自我评价时会在多大程度上考虑到其他人，此处就不再赘述了。

※ 对自己的看法

人们认为自己能掌控事件的发展。这种看法在多大程度上是合理的，在多大程度上是与事实相悖的？尽管这个问题的答案无疑是复杂的，取决于个人特定的技能水平和能力，及其所面临的具体情况，但近期的研究表明，人们会自以为能掌控其显然无法掌控的情况。

例如，赌徒通常将成功的因素分为三个：技能、概率和运气（Keren，1994；Keren & Wagenaar，1985）。技能的定义非常简单。二十一点的玩家需要知道当自己的手牌为硬牌 13 点，对方的手牌为软牌 18 点时，自己输的概率。

那概率和运气的定义呢？乍看之下，这两个概念似乎指的都是各种赌场游戏中的一种明显随机的因素，赌徒却明确区分了两者。赌徒认为，只有概率指的是每个事件的随机性。他们认为概率是能使扑克玩家转败为胜或反之的外部因素，它不可控且难以预料。不同的是，运气指的是赌徒的一种特质。正如有些人偏高或偏矮、金发或黑发；有些人会比较幸运，而有些人则会比较不幸。而在赌徒看来，运气是很重要的因素。二十一点的玩家认为他们的成功 45% 靠运气，37% 靠技能，而仅有 18% 靠概率（Keren & Wagenaar，1985）。

总而言之，人们未必会因事件的发生不规律、无秩序、不可预测和无法掌控就认为其为纯概率事件。由于将赌博的结果部分归因于运气，人们给随机事件赋予了某种规律，因此认为其具有一定的可预测性。然而，还远不止如此。即便当事件的发生完全随机时，人们也往往认为自己在一定程度上能掌控结果。人们并非对任何随机事件都会产生这种错觉，这通常要视情况和个人而定。

人们认为某些实际上不可控的情况是可控的。相比骰子已投掷时，人们更倾向于在骰子还未投掷时押注（Rothbart & Snyder，1970）。这两种情况下赢的概率显然相等，人们却往往认为，如果事件还未发生，他们就能对结果产生些许影响。类似地，相比实验者递来的彩票，他们更倾向于持有自己从箱子里抽出的彩票（Langer，1975）。这种情况同样引起了可控错觉，但并不影响赢的概率。同样地，如果可由自己抛硬币时人们更愿意参与抛硬币的赌局（Langer & Roth，1975）。如果人们需要更高的骰子点数，他们就会更猛烈地掷骰子（Henslin，1967），尽管这只会增加骰子反弹的次数，而不会提高骰子停下来后显示的点数。赌场老板和国家博彩机构均十分了解可控错觉的影响力。这就是为什么国家彩票机构通常都让彩民挑选自己的彩票号码或刮出即开型彩票的号码的原因（Clotfelter & Cook，1989；Langenderfer，1996）。

第 5 章
虚假的独特性：那些使人们认为自己很独特的品质

当人们是偏内控者时，人们也会认为自己在一定程度上能掌控概率事件的结果（Rotter，1966）。内控者往往认为自己是自己命运的主宰者，而外控者则认为自己的结局主要受外部影响支配。内控者往往认为自己更不易产生健康问题（Hoorens & Buunk，1993）及更擅长在恶劣条件下驾驶（DeJoy，1989）。

也许这些知觉不无道理，因为内控者的一些行为的确对其有利。毕竟，他们在失败后确实会加倍努力，而外控者则往往更轻易放弃（Weiss & Sherman，1973）。然而，极度内控者的问题就在于他们往往认为自己能掌控明显的概率事件的结果。期望并相信自己拥有掌控事件结果的能力的人往往更经常购买国家彩票（Miyazaki，Brumbaugh，& Sprott，2001；Sprott，Brumbaugh，& Miyazaki，2001），尽管中彩票明显是概率事件。此外，病态赌徒往往更加强调赌术，而忽略概率（Carroll & Huxley，1994；Toneatto，1999）。

克服可控性偏见

前文的所有研究表明，人们的过度乐观在很大程度上是由于高估自己的掌控能力所致。因此，这也让我们想到了一种可以纠正这些偏见的间接方法。如果人们能意识到他们并非任何时候都能掌控事件的发展，也许他们就会更加谨慎合理地评价自我。有时，生活会使人们获得这种意识（Helweg-Larsen & Shepperd，2001）。

在关于风险感知的文献中,我们常常观察到,如果人们在过去经历过某些负面事件,他们在估计自己将来是否会遭遇这些事件时就远不如其他人乐观(Weinstein,1980)。过去曾遭遇犯罪分子迫害的人远比其他人更担忧自己在将来会再次遭遇犯罪分子迫害(Frieze,Hymer,& Greenberg,1987)。感染过性传播疾病的人对自己将来能否避免感染这类疾病虽然乐观,但远比其他人更加谨慎(van der Velde,Hooykaas,& van der Pligt,1992)。重要的是,这类令人厌恶的事件即便没有直接发生在某人身上,也会对其产生影响。当朋友或家人患上癌症时,人们将会更加注重自己的健康(Blalock,DeVellis,& Afifi,1990)。在近期目睹熟人损失一大笔钱后,人们将会更加留意自己的财务状况(Helweg-Larsen,1999)。

鉴于这些结果,我们不难提出一些干预措施,以使人们不再对自己掌控事件发展的能力过度乐观。这些干预措施尽管从概念上讲很巧妙,但可惜不大切实可行。我想,大多数人恐怕都不会赞同通过抢劫来动摇人们认为自己不易遭遇犯罪分子迫害的观念。大家应该也不希望通过向人们传播某种病毒来使他们意识到自己极易被感染的事实。

然而,有时候,我们无须引致不幸的后果就能让人们意识到某件事。我想,这应该就是我所听过的最巧妙的健康干预措施背后的原理。在美国职业篮球联赛,新队员需参加赛季前研讨会来为他们的新生活做准备。他们会被教授如何理财、回答

第 5 章
虚假的独特性:那些使人们认为自己很独特的品质

记者提问及安抚疯狂的球迷等。通常,在研讨会开始前,这些新队员会在酒店大厅遇到风情万种的女人过来邀请他们几天后与其约会。而在次日,出乎新队员意料的是,那些女人出现在研讨会上,并称自己是研讨会项目的员工且感染了艾滋病病毒(Kaufman,2003)。

关于这类干预措施,有一点必须注意,这类干预措施必须针对特定对象的掌控感,使该对象自身或其所爱之人的掌控感受到动摇,而针对大众避免负面事件能力的干预措施并不会产生效果。1984 年,泰勒和库克向芝加哥市民播放了显示芝加哥人极易遭受犯罪分子迫害的影片,这些影片给市民留下了颇为深刻的印象。然而,影片只是让他们更深刻地认识到犯罪活动在整个社会中的普遍性,而完全没有影响他们对自己个人生活中的风险的知觉。

关于比较性评价的题外话

敬爱的读者,我知道你好学不倦。而且,我确信正是因此你才孜孜不倦地读到了这里。这种对知识的热忱值得回报,而我早已准备好了奖励。作为心理学家,我与求知欲强、很可能阅读有关自我洞察类的书籍的人可谓志趣相投。事实上,我知道你——没错,就是你——会特地选择这本书仔细阅读。

由于我知道你会购买这本书,我决定简单地调查一下你的背景。我查看了公开档案并向你的亲友调查,甚至还在谷歌上搜索到了一切与你有关的网上资料。由此,我为你专门做了心理侧写,旨在使你获得一些反馈和些许个人的自我洞察。

通过调查,我发现如下有关你的信息:你为自己是独立思想者自豪并且不会接受没有充分证据的言论。你认为对他人过度坦率是不明智的;尽管如此,你仍渴望受到他人喜爱。有时候你外向、亲和、充满社会性,有时候你却内向、谨慎而沉默。你自律和自制的外表掩盖着不安与忧虑的内心。你总是对自己吹毛求疵。你的一些抱负是不切实际的。你时常严重地质疑自己是否做了正确的决定或对的事情。不过,虽然你的人格有些缺陷,但大体而言你都有办法弥补。你喜欢一定程度的变动并在受限时感到不满。你有可观的未开发潜能尚未转化成你的优势。

我为何会如此洞悉你的心理?我为何对你的心理世界拥有如此细致和具体的洞察?答案显然就是,我并未做到这些。敬爱的读者,上述描述并非专门针对你的,它对**任何人**均适用。这里列举的特质、感受、矛盾和期望正是人们往往以为自己所具有的东西。事实上,我描述的主要内容来源于福勒(Forer)在1949年进行的一项研究,我稍微改动后将其照搬到了前文。

在该研究中,福勒对大学生们进行了一系列心理方面的测试,随后在不看测试结果的情况下,向学生提供了上述描述的原版,并称其为从测试结果中直接得出的信息。学生们评

第 5 章
虚假的独特性：那些使人们认为自己很独特的品质

估了那些描述的准确性且往往认为那些描述的准确性介于**良好**与**优秀**之间。在后续研究中，研究者发现，人们认为相比大众而言，上述这类笼统性描述更加适用于他们（Baillargeon & Danis，1984；Hampson，Gilmour，& Harris，1978；Snyder，Shenkel，& Lowery，1977，但也存在相反证据，见 Greene，1977；Harris & Greene，1984）。此外，人们认为，相比根据他们在实际心理测试中的真实反应做出的真正针对其个人的描述，这些描述同样见解深刻（Dies，1972；Hampson，Gilmour，& Harris，1978；Harris & Greene，1984；Merrens & Richards，1973；O'Dell，1972）。

这些描述在人们看来好像专门针对其个人的现象体现了**巴纳姆效应**（Dickson & Kelly，1985），该效应是以一个著名马戏团老板的名字命名的，其曾评论道"每一分钟都会出现一个上当受骗的傻瓜"。菲尼亚斯·泰勒·巴纳姆（Phineas T.Barnum）在表演"超自然的读心术"时就利用了这种与其同名的现象，因此他对观众的描述能令后者惊讶不已，从而达到取悦观众的效果。巴纳姆也许并非第一个利用该现象获益的人，而且也绝不是最后一个。所谓的通灵者、算命师、"笔迹学家"和占星家至今依然在利用巴纳姆效应这个基本的心理学现象。

这种似乎直接和完全适用于个人的一般性描述有许多基本要素。首先，这种描述利用了不明确性。它们由一个个适用于任何个体的笼统词语组成，如**未开发的潜能**、**自律**、**独立思考**

者等。因此，这种描述涵盖了我所讨论过的关于不明确性的所有要素（如 Dunning, Meyerowitz, & Holzberg, 1989）。

以自我为中心的思维

不过，我应当着重指出导致人们盲目相信巴纳姆式描述的另外两个因素。首要的问题并非这类描述适用于读到它们的人（事实上，这类描述的目标就是适用于其读者）。问题是，读者未能意识到，这类描述可能同样适用于其他读者。不仅如此，读者压根就不会考虑到其他人。

本章主要讨论人们为何往往认为自己与众不同。这种观念通常源于人们没能意识到其他人往往和他们有着同样的优点、缺点、感受、疑虑及面临同样的矛盾。他们之所以没有意识到这些事实，是因为他们根本不会考虑到其他人，尽管在有些情况下他们理应这么做。

例如，我们回到本章花了很大篇幅讨论的关于过度乐观的一些论据中。前文提到人们往往认为自己比其他人更有可能拥有长久的婚姻和高薪工作，且更有可能避免患重病和受重伤（例如，Weinstein, 1980）。尽管这些研究中的参与者是基于自己跟周围人的比较而做出的自我评价，但他们似乎只考虑到了自己，而忽略了其他人（Klar & Giladi, 1999）。换言之，他们是**以自我为中心的**：他们在比较自己与周围人时极大程度上考

第 5 章
虚假的独特性：那些使人们认为自己很独特的品质

虑的是自己，而只是略微或完全没有考虑到其他人。更具说服力的是，当被迫必须考虑其他人的优势、计划及劣势时，人们过度乐观的态度会受到抑制，尽管程度微弱（Weinstein，1980；Weinstein & Lachendro，1982）。

所谓的比较性评价由于具有以自我为中心的性质，会带来诸多影响。例如，这导致人们有时会认为自己比周围的人更**差劲**。比如，大学生往往认为自己在玩杂耍、下象棋和计算机编程方面不如其他同学。他们的这种想法源于他们在考虑问题时会以自我为中心。在比较自己与其他同学时，他们了解自己非常不擅长这些技能，但并未考虑到大多数同学同样非常不擅长这些技能。他们在比较时很大程度上考虑的是自己的技能水平，而几乎没有考虑到其他人同样具有相似的技能水平（Kruger，1999）。

自我中心主义会给我们的行为带来不利影响。我们生活中的大部分时间都在与他人竞争——成绩、工作或晋升机会。正因如此，若想成功地驾驭生活，我们就需要预测出自己何时可能成功以及何时有失败的风险。自我中心主义假设（the egocentrism hypothesis）表明，人们通常无法全面评估竞争情况，仅考虑到自己的优劣势，而忽略其他人的优劣势。

事实上，自我中心主义假设预见了人们在竞争时对自己的胜算的许多想法。只需稍加思考，我们就会发现这些想法很古怪。例如，设想某门大学课程采用"曲线"评分（即学生的成绩仅取决于他的表现与班上其他同学表现的比较水平）。若告知学生们期末考试将会很简单，他们往往会认为自己将会取得较好的成绩，因而欢呼雀跃——显然忽略了考试对其他同学来说将同样简单这个事实。相反，若告知学生们，老师将会从每个学生的分数中扣去10分，学生们则会认为自己的分数将会受到影响，以致怒目而视——忽略了每个同学的分数均会受到同样的影响（因此学生们在班上的排名和成绩并不会受到影响）这个事实（Windshitl, Kruger, & Simms, 2003）。

自我中心主义还会使人们在面对竞争时产生其他荒谬的想法。当被问到更愿意与另一个学生竞答关于亚当·桑德勒（Adam Sandler）的电影还是关于美索不达米亚的历史方面的知识时，绝大多数学生选择了前者。显然，他们认为关于亚当·桑德勒的电影的问题对自己来说要简单得多。他们忽略了这类问题对竞争对手来说同样很简单，因此他们的胜算未必会提高。同样地，学生们在包含大量百搭牌的扑克游戏中下注更多。这些百搭牌显然能帮学生们组成一手好牌。当然，那些百搭牌同样也可能使他们对手的牌变好，也就是说百搭牌的存在其实并不会提高他们的相对胜算（Windshitl, Kruger, & Simms, 2003）。

另一项问答竞赛有力地证明了人们的自我中心思维。在该竞赛中，学生们可以竞答简单题目（如"一英尺等于多少英寸？"）或困难题目（如"希腊国歌中有多少句主歌？"），奖

第 5 章
虚假的独特性：那些使人们认为自己很独特的品质

罚涉及实际的钱。尽管竞答简单题目和竞答困难题目的胜算相等，但学生们在前者比在后者下注更多。不过，最关键的是该问答竞赛中的另一项实验。所有参与者均知道他们将与其他 5 名学生竞争。大约一半的参与者被告知他们只需打败其中一名学生即可获胜，而另一半的参与者则被告知必须将 5 名学生都打败才能获胜。显然，学生在只需打败一名其他学生时的胜算更大；打败一名对手的概率是 84%，而将 5 名对手都打败的概率仅有 16%。然而，学生需要打败的对手人数对他们下注的多少并未产生影响。显而易见，学生们都太过以自我为中心了，以至于只考虑到问答题目对他们来说的难度，而忽略了有关其他学生的信息，如他们必须打败的对手人数（Moore & Kim, 2003）。

可观察性

然而，当自我中心主义倾向与另一种情况相结合时，人们的自我独特感甚至会更加强烈。通常，人们并不易获得他人的信息。我们也许能知道他人"外在"的特征。例如，我们可以辨别他人是高或矮，壮或瘦，白皙或黝黑，但人们最本质的特征往往隐藏于"内在"，只有个人内心清楚。我们回到几页前我声称专门针对你们做出的巴纳姆描述。那些描述大部分都聚焦个人的内心世界，即我们自己体会到的、不为外界所察觉的内在态度和想法，例如沉默、不安、严重质疑自己、喜欢一定程度的变动、为自己是独立思想者自豪及拥有不切实际的抱负。

从本质上来看，个人特征的可观察性（或更准确地说，不可观察性）是导致人们过于肯定个人独特性的重要因素。例如，产生巴纳姆效应的一个关键要素就是聚焦个体的内心世界，即个体对其了然于心，其他人却绝无可能观察得同样清楚。设想一下，如果聚焦那些对任何人均大体适用但能被明显观察到的特征，如"你有两只各有五根脚趾的脚""你通常一日吃三餐，但也酷爱吃零食""你倾向于每周更换衣服一次以上"，巴纳姆效应还会发挥作用吗？

多数无知

由于我们相对容易体会到自己的内心世界，而无法观察到他人的内心世界，所以我们面临着诸多后果。最严重的后果就是，这个现象导致我们陷入**多数无知**（pluralistic ignorance），认为自己的态度和看法不同于其他人，而事实根本不是如此（Allport，1924；O'Gorman & Garry，1977）。例如，人们往往认为自己比其他人更加**严于律己**、**犹豫不决**、**腼腆**、**挑剔**和**局促不安**，这些特征主要在描述人的内在状态。人们往往不会认为自己比其他人更加**从容**、**整洁**、**好强**、**啰唆**或喜欢挖苦，这些特质则更多地在描述人的外在状态（Miller & McFarland，1987）。

第5章
虚假的独特性：那些使人们认为自己很独特的品质

更重要的是，由于只能体会到自己的内心世界，我们往往会认为自己比其他人更加多愁善感、多疑、充满矛盾心理及拘谨。我们可能以为只有自己的内心是复杂且令人头疼的，殊不知其他人的内心同样丰富和深沉。

情　绪

从许多方面来看，人们都会高估自己的心理作用，或更准确地说，低估其他人的心理作用。首先，人们往往认为自己比其他人更经常陷入较严重的情绪。萨比尼（Sabini）及其同事向大学生描述了一些假设情境并问他们：他们自己和其他人在面对这些情境时会产生怎样的情绪反应。大多数学生表示，如果他们滑倒在地并将午餐的沙拉弄了一身，他们会比其他人感到更加尴尬；如果他们错过申请暑假实习的截止日期，他们会比其他人更加沮丧；如果雇主突然改变职位要求并解雇他们，他们会比其他人更加愤怒；如果他们忘记赴朋友的约，他们会比其他人更加内疚；如果一个很有魅力的人更喜欢他们的室友，他们会比其他人更加妒忌；如果他们因为零花钱太少而不能跟朋友去市区玩，他们会比其他人感到更加丢脸（Sabini, Cosmas, Siepmann, & Stein, 1999；关于恐惧方面的相反结果，见 Suls & Wan, 1987）。

人们还认为自己比其他人更容易感到不适。麦克法兰和米勒（McFarland & Miller, 1991）问大学生更不愿参与以下哪项研究：在第一项研究中，他们必须在购物中心向陌生人乞讨；在第二项研究中，他们需要观看医生对重伤患者进行手术的短片。较不愿参与第一项研究与较不愿参与第二项研究的学生人数大致相等。但无论学生们表示更不愿参与哪项研究，当被问到选择的理由时，他们都会表示，如果他们真的必须要参加那项研究，他们肯定比一般学生会感到更加不适。

不确定感与矛盾心理

人们还认为自己比其他人更容易感到不确定、怀疑及矛盾。通过在大学里的测试发现，大学生们往往认为自己比其他学生对同龄人的饮酒习惯更加感到不安（Prentice & Miller, 1993）。他们认为自己比其他学生（包括异性学生）对发生一夜情拥有更多的顾虑（Lambert, Kahn, & Apple, 2003）。他们认为自己比同班同学对吸烟存在更多的疑虑（Hines, Saris, & Throckmorton-Belzer, 2002）。他们还表示自己比其他学生对政治正确的态度更加有所保留（Van Boven, 2000）。女大学生声称自己比其他女同学更加抗拒保持苗条的压力（Sanderson, Darley, & Messinger, 2002）。

在许多方面，人们都认为只有自己持保留意见和怀疑态度。当被问到关于堕胎的意见和看法时，两派的支持者往往认为对立派的支持者持有极端和简单化的态度。捍卫选择权的人往往会高估捍卫生命权的人对想要堕胎的女性的冷漠程度，而

第 5 章
虚假的独特性：那些使人们认为自己很独特的品质

后者也会高估前者对这类女性的同情程度。最重要的是，堕胎支持者还往往认为**同一派**的其他人也持有极端和简单化的态度。（另外，正因如此，他们极大地高估了捍卫生命权的人与捍卫选择权的人之间的分歧程度。）实际上，人们表示其他人比他们更加极端和更易于受意识形态驱使。这些看法的净效应就是，人们往往认为自己是"孤独的温和派"，也就是唯一能看到问题内在的细微复杂性的人（Keltner & Robinson，1996；Robinson, Keltner, Ward, & Ross, 1995；平权法案方面的事例，见 Sherman, Nelson, & Ross, 2003）。

拘 谨

人们还认为自己比他人更加拘谨。如要求大学生想象他们遇到了某个非常迷人的异性，却没有向这个异性提出约会。当让他们描述没有提出约会的原因时，他们猜测是因为自己害怕被拒绝。然而，当被问到为何另一个人在这种情况下也没有提出约会时，他们则表示那个人可能是没兴趣展开一段恋情。也就是说他们认为，同样是这个行为在他们身上体现的是拘谨，而在另一个人身上体现的则是缺乏兴趣（Vorauer & Ratner，1996）。

这个关于迈出第一步——或更准确地说，无法迈出第一步的研究揭示了多数无知的重要成因。由于人们认为只有自己才会产生某些感受和感到拘谨，他们经常就自己的某些行为与他人相同的行为得出不同的结论。这类行为通常涉及不行动（inaction）。我们自己的不行动体现的是拘谨；他人的不行动体现的却是缺乏动机（Miller & Nelson，2002）。人们没有联想到，他们所感到的拘谨、担忧、困惑或矛盾，也许像影响他们的行为一样，同样会极大程度地影响他人的行为。

以一个具有说服力的事实为例。米勒和麦克法兰（Miller & McFarland，1987）将一群大学生带到实验室，并告知他们将要就"自我概念"（self-concept）进行小组讨论。不过，在讨论之前，实验者要求学生阅读一篇文章来做准备，该文章讨论的是关于自我的诸多理论。实验者表示，在学生阅读文章时，她会待在办公室，如有问题，可以到那里去找她。随后，学生们开始阅读文章——实验者事先特意将该文章编写得尽可能信息量大和难以理解。尽管该文章超出了一般人合理的理解范围，但没有一个学生起身去找实验者请教。

当实验者回到实验室后，她问了学生们几个与该文章和该实验相关的问题。学生们表示，相比实验室里的其他人，他们对文章理解得更浅，对自我概念方面的知识掌握得更少以及预计将在小组讨论中表现得更差。显然，学生们将他们没有找实验者请教这件事归因于他们害怕尴尬。至于其他人**完全一样的不行动**，他们则归因于其他人已充分理解了文章（Miller & McFarland，1987）。

第 5 章
虚假的独特性：那些使人们认为自己很独特的品质

后　果

总之，由于人们对自己内心与他人内心的认知程度不对称，人们往往认为自己与众不同或与周围格格不入，这些想法却与事实背道而驰。因此可想而知，人们在认知他人内心方面的多数无知现象会带来重大的影响，包括消极影响。

首先，多数无知会导致人们遵循在某种真正意义上并不存在的规范。例如，普伦蒂斯和米勒（Prentice & Miller，1993）发现，随着时间的推移，男学生往往会不断改变自己对饮酒的态度来迎合他们所认为的其他学生的立场，女学生却没有出现这种倾向。尽管如此，那些认为自己没有其他女性更积极地保持苗条的女学生，往往最有可能出现进食障碍的症状（Sanderson, Darley, & Messinger，2002）。

多数无知还会导致人们疏离团体。如果人们认为自己"不同"于团体中的其他人，他们便可能脱离和退出该团体。一项关于普林斯顿大学对学生实行桶装啤酒禁令的调查证明了这个现象。大多数学生都认为自己不及其他学生对该禁令感到那么苦恼。重要的是，那些认为自己对该禁令的态度不同于其他校友的学生表示，他们对学校的感情比较淡薄，并表示从该校毕业后将会减少参加班级聚会（Prentice & Miller，1993）。

干预措施

我们该如何避免这些后果？一方面，避免遵循实际不存在的规范；另一方面，避免疏离我们误以为与自己不同的人。更重要的是，我们该如何避免青少年或大学生因多数无知而付出某些沉重的代价，如让他们避免由于认为其他所有人均想要吸烟、饮酒而决定采取同样的行为？

近期有人提出了一项简单的干预策略，旨在通过直接告知青少年或大学生他们同龄人的真实态度，来消除多数无知对他们的影响。这种**社会规范干预方法**已被应用于缓解大学校园的酗酒现象，可通过报纸广告、广播节目、宣讲会或在大学校园贴海报的形式进行。另外，还可以通过召集学生开展研讨会或小组讨论来进一步教育学生。若干这类干预措施已被运用于缓解大学生过度饮酒的现象，并取得了一定的成效。

当然，不同的研究和干预措施产生的成效也会有所不同，但部分这类干预措施已将过量饮酒的人数降低了20%（Berkowitz，1997；DeJong & Langford，2002；DeJong & Linkenbach，1999；Haines，1996，1998；Haines & Spear，1996；Perkins，2002；该方法也有其反对者，见Wechsler，Nelson，Lee，Seibring，Lewis，& Keeling，2003）。总之，使学生意识到他们对过量饮酒存在顾虑是正常现象，他们就更有可能避免最令人担忧的饮酒事件及随之而来的代价。如今，这类干预措施还被应用于抑制其他问题行为，如吸烟、男性性侵及女性进食障碍（Berkowitz，2003；Linkenbach & Perkins，2003）。

小　结

6岁时，我表现出一些预示我的职业生涯的特殊倾向。真是如此吗？我在6岁时真的比同龄人更具怀疑精神吗？我真的更有好奇心吗？毕竟，我在过去人生中遇到过许多也喜爱非正式科学研究的、具有怀疑精神和好奇心的孩子。我记得有个孩子想知道泡沫橡胶能否燃烧（答案是**可以**，但同时也会让父母心惊胆战），有个孩子想知道用针戳水气球会产生什么反应（水气球会爆裂，且水会朝着你的脸飞溅）。这些孩子中的许多人长大后都走上了科学以外的职业道路，如投资银行业、房地产、建筑、公共汽车驾驶及法律。

或许我对自己的独特性下定论下得太早了，以致太轻易就认定自己具备那些促使我走向科学事业的特殊品质。我们每个人固然都是独特的，只是有些时候并没有我们以为的那么独特。我们与周围人的共同之处比我们所知道的要更多。

第 6 章

总而言之：对不明确因素的自利性解释

在社会生活中及自我评价时，人们面临着诸多不确定性与不明确性。我们很少获得具体和确切的资料，却必须通过含义较模糊不清的信息推断出所获资料的确切含义。例如，当某人说我们"相当擅长"公开演讲时，我们就必须剖析"相当"的确切含义。"相当擅长"是指我们在公开演讲的各个阶段都游刃有余吗，还是指我们并没有想象中那么"擅长"公开演讲，"相当"仅意味着我们仍有进步空间？"相当擅长"中"相当"的确切含义到底是什么？

在本章，我想就自我评价时面临的不明确性提出两个观点。第一，模糊性与不明确性远比我们想象的更加普遍。除从外界获得的反馈模糊不清外，人们在自我评价时还面临着诸多不明确性。第二，人们倾向于对所面临的所有不明确因素做出自利性解释。如果"相当擅长"指的是"近乎非凡"或"略胜于一般"，人们则更有可能断定说话者指的是前者。

近期研究表明，人们倾向于对不确定因素与不明确因素做出自利性解释。实际上，通过不断地利用不明确性与不确定性，人们可以较快地打造出称心如意的自我映象。例如，奚（Hsee，1996）让大学生进行针对"直觉"的单选题测试，并表示他们的分数会决定其购买的彩票能赢多少钱。在测试中，学生们看到20个不同的汉字，被要求猜出每个汉字的含义。测试结束后，实验者告诉他们所有单选题的正确答案均为"A"，并要求其自行评分。

第6章
总而言之：对不明确因素的自利性解释

不过，有两种不同的评分标准。在对测试卷进行评分前，其中一组学生被告知只有奇数题的得分可计入测试分数。在这种情况下，他们的分数基本上是明确的。这组学生如实地数出了他们选"A"的奇数题题数并上报了成绩。然而，另一组学生则被告知只有相应汉字的**阴阳**属性偏阳的10道题的得分可计入分数。此时存在一定的不明确性：只要找准角度，各个汉字的阴阳属性均可以看起来更加偏阳。鉴于此，参与者将这种不明确性加以利用，使其分数远高于第一组（类似结果，亦可见 Hsee，1995）。

特质定义的模糊不清

然而，就我们评价自己及他人时所涉及的语词、概念及维度而言，不明确性问题更加显著和严重。我们极难确定哪些习惯、特征、行为及成就最能体现**聪明**、**成熟**及**理想主义**等诸多特质。作为聪明人，最重要的特征是擅长数学，能言善辩，还是洞察人心？作为明智的父母，最重要的特征是要对孩子严加管教，还是允许孩子掌控自己的行为？作为优秀的驾驶员，更重要的特征是驾驶速度快，还是保持谨慎？

人们可对许多这类特质做出不同解释，而他们也确实在这样做。人们倾向于以对自己有利的方式来理解特质的含义。以**支配型**人格特质为例。对于支配型人格特质的具体特征，自视为支配型人格拥有者的人脑海中的印象往往不同于自视为非支配者的人。自视为支配型人格拥有者的人往往会想象到某人在事故发生后控制局面，牵头组织许多社区活动以及调停团体成员间的争执的画面。总之，从自视为支配型人格拥有者的人心中的定义来看，该特质往往是大有裨益的。而从自视为非支配型人格拥有者的人心中的定义来看，该特质则令人厌恶多了。他们往往会想象到某人滔滔不绝，命令他人挂断电话以及不愿听取他人意见的画面（Dunning & McElwee，1995）。

人们对人格特质的定义的自利性还体现在其他方面。对**聪明**等理想特质，人们倾向于采用抬高自己的定义，即在定义中强调其自身拥有的习惯及获得的成就。就聪明而言，人们在自认为擅长数学时比在自认为不擅长数学时，视优秀的数学能力为更加重要的特征。有的人的直觉力强于逻辑能力，他们则不可能视出色的逻辑能力为聪明的重要特征（Dunning, Perie, & Story，1991；Beauregard & Dunning，2001；Greve & Wentura，2003；Kunda，1987）。

当然，人们对不良特质会采取相反的做法，即在定义中降低其拥有的习惯和特性的重要性。被商店多收费而缄口不言或不时违心认错的人往往不认为这些行为是**顺从**行为，尽管不肯做出相同行为的人认为这些行为体现了顺从这一特质。独自参观博物馆或在家庭聚会上寡言少语的人往往不认为这些行为是**冷淡**行为，尽管绝不会做出同样行为的人认为这些行为确实体

第6章
总而言之：对不明确因素的自利性解释

现了冷淡这一特质（Beauregard & Dunning, 2001; Dunning, Perie, & Story, 1991）。

评价他人

如果你开门见山地让某人说出一些特质的具体定义，你很可能会听到对你提问的这个人有利的定义（Beauregard & Dunning, 2001; Dunning & McElwee, 1995; Dunning, Perie, & Story, 1991）。不过，人们对特质的定义的自利性往往以其他形式体现出来。当被要求评价他人时，人们所做的评价往往会显示其对特质的定义存在自利性。

例如，在一项研究中，我们让社交导向的学生（认为自己非常**平易近人**、**有说服力**且**圆滑世故**）描述历史上最杰出的领导者（如乔治·华盛顿和圣雄甘地）的领导技能。我们让任务导向的学生（其大多认为自己**执着**、**好胜**且**独立**）做同样的事情。两组学生都倾向于将这些伟大的领导者描述得与自己非常相似。相比任务导向的学生，社交导向的学生在描述这些领导者时更加强调人际交往能力。同样是描述这些领导者，任务导向的学生却更倾向于强调任务能力（McElwee, Dunning, Tan, & Hollmann, 2001）。

另有研究证实，人们会基于自利性的特质定义来评价他人。倘若他人拥有与其相同的具体才能和习惯，人们则会评价其为**聪明**、**外向**和**善于社交**；而倘若可能反映出他人相关特质的具体行为和特征看上去与自己不同,人们则会评价其为**神经质**、**懒惰**和**优柔寡断**(Beauregard & Dunning,2001;Dunning & McElwee,1995;Dunning,Perie,& Story,1991)。

自我偏向

以自利性的特质定义作为评价依据产生了一个重要影响,如果人们根据某种旨在抬高自己的特质定义来评价他人,大多数人会认为自己优于一般人。倘若我平易近人,并认为领导者应明显表现出该特征,我的领导能力较其他人而言当然属于中上水平。相反,倘若我执着且好胜,并认为领导者应明显表现出这些特质,我的领导能力较其他人而言当然也会属于中上水平。(至少,我肯定比那个平易近人的家伙更加优秀。)

在许多研究中,我们通过比较两类特质证明,对**聪明**、**理想主义**或**自律**等特质采用自利性解释是优于平均效应(the above-average effect)的关键成因。一类特质的含义丰富,其中的每个特质均可用于描述诸多不同行为和特性。以**见多识广**为例,该特质指的可能是通晓外国电影、精通红酒知识或饱读经典书籍及其他许多可能的特征。(如果你对以这些标准来评价你的博学程度感到诧异,这恰恰反映了这些特质的含义极不明确。)另一类特质的含义有限,其中的每个特质均仅用于描述特定的行为。例如,守时指的就是准时出现,很难(尽管不无可能,后文会对此讨论更多)在保存自尊心的情况

第6章
总而言之：对不明确因素的自利性解释

下再想到其他解释了。

我们让大学生就某些特质评价自己相较其他学生属于何种水平，包括含义丰富的特质与含义有限的特质，以及理想特质与不良特质。对含义丰富的特质，学生们大多倾向于认为自己优于一般水平。对理想特质（如**见多识广**、**自律**和**明智**），学生们对自己的百分比排名估计平均为64%。对不良特质（如**神经质**、**无实践能力**和**顺从**），他们对自己的百分比排名估计平均仅为38%。然而，对于含义有限的特质，学生们的自我评价则至多仅略微偏离事实。对积极特质（如**整洁**、**勤奋**和**守时**），学生们往往认为自己勉强优于一般水平。对于消极特质（如**爱说闲话**、**笨拙**和**啰唆**），学生们则认为自己几乎与一般水平不相上下（Dunning, Meyerowitz, & Holzberg, 1989; Suls, Lemos, & Stewart, 2002）。

在某种程度上，最后一项发现（就含义有限的特质而言，学生们往往不认为自己优于一般水平）是该研究最重要的发现。如第1章所表明，优于平均效应普遍存在且易于证明。更难的问题在于找出某种特质的范围：人们无论多么渴望拥有其中的那些特质，都不会因此夸大自己的品性。然而，我们发现，只要特质所描述的行为种类十分有限，人们的自我评价则与事实几乎或完全不存在偏差。

后续研究证实，特质标准的宽泛性或不明确性是导致自我评价偏差的重要原因。在其中一项研究中，我们让人们评价自己，但限制其依据的习惯和成就。例如，我们让大学生评价其**才能**，但要求部分学生在评价时只能依据两种标准（如**绘画水平**和**讲故事的能力**）。对其他学生，我们稍微放宽标准，允许其在评价时多依据两种标准（如增加**写故事的能力**和**表演能力**两种标准）。还有一组学生，我们向他们再提供另外两种标准，使其在评价时总共可依据六种标准（如增加**唱歌能力**和**陶艺等手工艺技能**两种标准）。第四组学生则面临着最大的不明确性，因为我们未提到任何明确的标准而直接让其评价自己的才能。特质的标准越是宽泛，人们对自我的评价也越高。就理想特质而言，当标准为两种时，人们对自己的百分比排名估计平均为48%；当标准为四种时，人们对自己的百分比排名估计平均为52%；当标准为六种时，人们对自己的百分比排名估计平均为58%；当标准不限时，人们对自己的百分比排名估计平均为59%（Dunning, Meyerowitz, & Holzberg, 1989，第3项研究）。

还有一项最具说服力的研究，我们在其中通过另一种方式来限制学生们对特质的定义。在该研究中，我们让一组学生在就某种特质（如**才能**）进行自我评价前，描述其采用的评价标准。随后，我们将每个学生写下的标准交给另一组的一个学生，并让后者仅依据前者的标准进行自我评价。实质上，我们是在迫使第二组的学生依据**他人**对该特质的定义来进行自我评价。果然，由于被迫依据他人的特质定义，他们对其百分比排名的估计降低了12%左右，且不再夸大事实了（Dunning,

Meyerowitz，& Holzberg，1989，第 4 项研究）。

顺便提一下：尽管我们在最初的研究报告中未提及，但不得不说学生们对以他人的特质定义为依据的抗拒程度实在出乎我们的意料。每当我们向学生们展示让其依据的标准时，他们通常会情绪激昂地抱怨该标准不合理，根本没有体现该特质的含义或与其生活毫不相关。即便这些标准是由与其非常相似的某精英学院的学生真诚提出的，他们仍然发出了这些抱怨。不管怎样，为了消除抱怨，我们最终不得不要求参与者无论认为所提供的标准有多么不相关或不切实际都必须以其为依据。我认为，这个经历反映了人们极其坚定地遵从其个人的、自我抬高的特质定义。

采用自利性特质定义的原因

为何人们会对特质采用独特、自利性的定义？大量证据表明，人们这样做恰恰是因为这些定义具有自利性。人们采用自利性定义是出于维持自我价值感的目的。事实上，要想视自己为**聪明**、**品行端正**和**善于社交**的人，最有效的捷径就是判定自己已具备反映这些特质的特征。

大量研究表明，人们会精心定义特质以使其技能和天资成为优势（Dunning，1999）。在我的实验室里，我曾看到学生会出于当下的心理需求而重新评估其赋予特质的含义。在其中一项研究中，我将一群学生带到实验室，并告诉他们，我们对治疗师的心理特征很感兴趣。此前，我们已让专业治疗师呈现其在办公室会如何应对某些情况。我们想知道未经专业培训的大学生会如何应对相同的情况。因此，我们从这群学生中随机挑选一名学生扮演治疗师，调解另外两名同样随机挑选的学生之间的矛盾。剩余学生则只需观察该角色扮演活动并记录感想（Dunning, Leuenberger, & Sherman, 1995）。学生们被带到独立的隔间，通过抽取索引卡确定其角色。大约一半的学生被指定扮演治疗师，其余学生则被指定作为观察者。

我们推测，扮演治疗师的学生为了相信自己能应付相应情况，会感到一定的心理压力。因此，他们会判定自己已具备作为成功的治疗师所需的一切，而作为观察者的学生则不会产生这种压力。为了确认这种压力是否会导致即将扮演治疗师的学生判断自己已具备一名成功的治疗师所需的一切，我们预留了几分钟让学生们填了一份问卷。该问卷中描述了一位名叫贝丝的成功治疗师，然后让学生们查看她的一些特征（如高个、美国高考英语成绩优秀和在大学团体中担任领导职务）并评价每个特征对成为一名合格治疗师的重要性。在后来翻阅参与者的评价时，我们发现，被指定扮演治疗师的学生认为贝丝与自己共同的特征比贝丝独有的特征更加重要。被指定作为观察者的学生则未呈现这种倾向。

后续的一项研究更加确切地表明，人们采用自利性的特质

第6章
总而言之：对不明确因素的自利性解释

定义是出于维护自尊的目的。失败的滋味并不好受，它往往会促使人们努力提升自我。因此，我们决定让一些大学生经历失败，以观察失败是否会促使他们对与该失败经历无关的特质采用合乎心意的定义。我们让大学生们进行了一项他们几乎不可能取得良好表现的测试。该测试中的每道题都会向学生们提供3个词（如**红色、国王和臭鼬**），并要求其找出与3个词均相关的第4个词（有人能猜到吗？）。一共10道题，而学生们若能答对至多一道题就已是幸运了（上面那3个词的题目的答案是**卷心菜**）。另一组学生所进行的测试则容易多了，并不会使他们的自尊受挫。

测试结束后，我们向测试难度大与测试比较简单的两组学生均提供了填空问卷，问卷中描述了某个婚姻长久且美满的人，要求学生评价若干个特征（如**父母离异、信奉宗教和作为家中年龄最大的孩子**）中哪个特征最有可能是使婚姻长久的原因。在经历了失败的小组中，学生们往往认为那些其自身具备的特征比那些其不具备的特征更有可能是原因。经历了成功的小组中并未出现这种现象。

然而，我必须指出，虽然存在上述证据，但人们采用自利性的特质定义并非总是出于维护自尊的目的。人们在得出其自利性的特质定义时也许是"诚实的"，而未想过歪曲自己的观点以获得可爱和有能力的自我映象。

在大多数情况下，人们一生中接收到的有关自己的反馈大部分都是正面的（如第 4 章所论述）。正因如此，人们理所当然地认为其完全具备成功所需的条件。例如，若某个学生在考试前认真梳理 5 遍课堂笔记和课程阅读资料，并在每次通过考试后都修改及重新整理笔记，如果这个学生成绩合格，她就可能会视勤奋、有条理和努力是优秀学生的重要特征。另一个学生不太愿意投入大量的时间，可能会在考试前想出一个可用于文章中的绝妙的创新观点，以凭此获得满分。对这个学生来说，创造力与自信似乎才是有助于取得优异成绩的重要品质。

每个学生都拥有大量证据表明其已具备通过课程考试的条件。他们未能意识到的是，通过课程考试的途径不止一条。对于取得优异成绩，他们个人的学习品质固然重要，但也并非必不可少。其他学生通过各种不同途径也可以取得同样优异的成绩。然而，除非有机会以他人的躯壳生活，遵循其策略并目睹其成功的经历，否则这两组学生或我们当中任何人都绝无可能意识到这个事实。

在我们的实验室中，我们发现，成功的经历会促使人们认为其独特的技能是实现成功的必要条件。在其中一项实验中，我们对学生们进行了测试，我们声称该测试评估的是"临床诊断"技能。我们向他们提供了 20 组自杀遗书。在每组遗书中，有一份遗书是真的，另一份则是捏造的，然后要求学生找出每组遗书中的真遗书。随后，我们告知大约一半的学生他们在任务中表现极好，而告知其余学生他们的表现不过比碰运气强一

第 6 章
总而言之：对不明确因素的自利性解释

点。这些反馈产生了预期的效果。后来我们让学生描述其对合格的临床诊断医师的印象时，经历成功的学生更倾向于将医师描述成与自己拥有共同的技能和个人特征。在经历失败的学生中，这种倾向则不大明显（Story & Dunning，1998）。

后续的一项研究证明，真实的教室中存在同样的现象。在学期开始，要求心理学入门课程的学生评价40种不同习惯（如将课本的每章读两遍）在该课程中取得好成绩的重要性。他们还说明了在其他课程的学习中是否存在这些习惯。在第一次考试结束后，我们再次找到这些学生并让其评价这些习惯的重要性。相比成绩为 D 或 F 的学生，该课程成绩为 A 或 B 的优秀学生的描述更具自利性，他们认为其个人习惯对于取得好成绩至关重要。

横向不明确性与纵向不明确性

到目前为止，我一直都是从某种本质上可视为"横向"的角度来描述不明确性。例如，所有与**领导力**相关的标准可一一摆放在人们的面前，而人们可从中挑选一种标准作为其特质定义的重点。然而，一旦选定标准后，人们就可能以为不再存在不明确性问题。特质的具体定义已做明确规定，因此人们再无重新定义特质的余地了。

虽然有人可能会持上述观点，但即便是选定具体的判断标准后，人们仍然面临着极大的不明确性并可利用其达成自利性目的。尤其是，他们可以利用我称之为**纵向不明确性**（vertical ambiguity）的因素。为了阐明纵向不明确性，我想重点讨论对大学生来说横向不明确性极小的一个特质：勤学。判断是否勤学的具体标准其实只有一个：学生通常每周学习的小时数。然而，这就导致了纵向不明确性。尽管每周学习的小时数确实能显著反映是否勤学，但究竟每周要学习几个小时才能称之为勤学呢？5个小时，20个小时，还是60个小时？学生到底需要在该表现标准下达到多高的水平？

在实验室，我们发现有大量证据表明，人们在进行社会判断时会利用纵向不明确性获益。当被问到学生需要学习几个小时才能达到"勤学"的标准，相比每天花数小时在书桌前学习的学生，每天仅花两三个小时学习的学生回答的小时数远远更少。对其他许多特质来说，该现象同样存在（Dunning，2000；Dunning & Cohen，1992；Dunning & Hayes，1996）。实质上，在相关表现标准下水平偏低的人会采用较低的标准，从而让自己有资格声称具备相关特质。在相关表现标准下水平偏高的人则会采用较严格的标准，从而将更多人排除在相关特质的拥有者群体之外。

人们在评价他人时也会利用纵向不明确性获益。由于采用宽松的标准，表现欠佳者往往对其他人都会给予积极的评价，无论其实际表现如何。在一项研究中，在运动方面表现欠佳的

第 6 章
总而言之：对不明确因素的自利性解释

人认为，就擅长运动的程度而言，每周仅运动 1 小时的人仅比每周运动 5 小时的人差一点，或后者仅比每周进行 15 小时体育活动的人差一点。尽管三者的表现水平差距明显，但他们均被评价为非常擅长运动。在运动方面表现出色的人在评价时则严格得多。他们认为每周运动 15 小时的人是擅长运动的，但每周运动 5 小时的人姑且介于擅长运动与不擅长运动之间，而每周仅运动 1 小时的人则并不擅长运动（Dunning & Cohen，1992）。

另有研究表明，人们通过提高和降低表现标准来维持自己积极的形象。阿利克（Alicke）及其同事让大学生们进行了一项测试。尽管学生在测试中表现尚可，但实验室内的另一个学生（实际上是实验者安插的假扮学生的人）总是比他们的表现更好。为了避免形象受损，学生们将该表现最佳的学生描述为智慧超群。事实上，相比目睹了该生出色地完成测试的其他大学生，其余的学生更倾向于将该生描述为**天资聪颖**。显然，通过吹捧该生的天资，这些表现较为逊色的大学生就能避免对自我智力的知觉受到影响。与该观点相一致，相比在走出实验室时未被要求评价该生智力的大学生，被要求对该生做出相应评价的大学生对自己智力的评价更高（Alicke，LoShiavo，Zerbst，& Zhang，1997）。

我们实验室的研究更加确切地表明，人们利用纵向不确定性以维护自尊。在其中一项实验中，我们让大学生在进行"融入取向（integrative orientation）"测试时经历成功或失败。随后，在等待进行另一版本的综合导向测试时，我们让参与者评价克里斯的智力，后者是在美国高考总分为1320分的一个学生。经历失败的学生对克里斯的智力评价极具自利性。其中，高考分数偏低的学生评价克里斯非常聪明，想必是为了有资格声称自己聪明；高考分数偏高的学生则评价克里斯为非常愚笨，从而可以将其排除在聪明者的群体之外。经历成功的学生由于几乎无须提升自尊感，并未呈现这种倾向——高考分数偏高与偏低的学生均评价克里斯为非常聪明（Beauregard & Dunning，1998；Dunning & Beauregard，2000）。

后　果

特质的不明确性表明了有关自我评价的正确性的两大至关重要的问题。

其一，特质的不明确性可能表明，尽管大多数人都认为自己属于中上水平，但他们其实并非我们想象的那么有失偏颇。毕竟，如果杰里在很大程度上是基于其具备的独特技能来定义**聪明**的，那他相比其他人当然会高于中等水平。如果乔治基于其恰好具备的其他智力天赋来定义**聪明**，那他同样也会高于中等水平。总而言之，就其个人对特质的定义而言，人们声称自己有能力可能是正确的。

然而，关于该论证，有一点值得特别注意。人们的自我评

第 6 章
总而言之：对不明确因素的自利性解释

价就其个人的特质定义而言或许正确，但并非就所有合理和适当的特质定义而言都正确。为了正确地评价自我，人们有必要认知到这一事实。必须知道，他们的自我评价仅在其个人独特的特质定义下才是适当的，一旦超出该定义的范畴就未必适当了。

然而，我们在研究中发现，人们未必会意识到相关特质可以有其他定义。即便他们意识到其他定义的存在，他们也不认为那些定义是合理的。在前文中，我提到过我们在让学生根据其他人的特质定义来评价自己时遇到的麻烦（Dunning, Meyerowitz, & Holzberg, 1989，第 4 项研究）。如果学生们能轻易地意识到除他们对相关特质的定义外，还有诸多可能的定义，那他们就不会抗拒我们的指示了。

但不管怎样，相比自我评价的正确性问题，特质定义不明确的问题显得更加重要。即使我们承认人们的自我评价就其个人独特的特质定义而言是准确的，但特质定义不明确的问题仍可能带来许多社会危害。具体而言，特质定义的不明确可能导致诸多分歧和社会不和谐。

当涉及定义不明确的特质时，人们彼此往往无法赞同对方对自己的评价。在我和海斯（Hayes & Dunning, 1997）的研究中，我们让大学室友们描述自己和对方，以观察他们的自我映象与来自其室友的看法是否一致。我们发现，两者的一致性取决于所讨论特质定义的笼统性或不明确性。相比特定的潜在含义较狭隘时（如**信奉宗教**），当特质的潜在含义非常宽泛时

（如**古怪**），两者的一致性更低。

更重要的是，在后续的一项研究中，我们让室友们在做出评价前具体说明他们对相关特质的定义（Hayes & Dunning，1997，第2项研究）。相比采用其个人的定义时，当室友们不得不采用相同的定义时（如巴德和卢都必须采用巴德对**慷慨**的定义），双方的评价会更加一致。一项较新的研究得出了同样的发现：相比采用其个人关于特质的定义时，当两个人必须采用相同定义来评价其共同的熟人时，他们的评价会更加一致（Story，2003）。

其二，特质定义的不一致会导致过度自信和人际敌意。设想企业办公室里的四名中层经理得知即将有一个晋升的机会。保罗根据自己的**领导力**定义，会认为自己最有资格晋升；约翰根据自己的**领导力**定义，认为自己是最合适的人选；乔治根据自己的**领导力**定义，可能在心里已当作自己晋升了；就连林戈，由于参考自己的**领导力**定义，也会认为自己有一线机会。由于只有一个人会晋升，另外三个人便会感到诧异、失望甚至愤怒。落选的三个人可能很纳闷为何另外那个人可以晋升，或更糟糕的是，他们以为自己知道原因（如"我再一次受到了办公室政治的迫害！"），而这可能有损团队凝聚力、员工对公司的忠诚度及办公效率。实质上，由于我们在现实生活中会受到他人特质定义的影响，仅根据我们的特质定义来预测未来结果会使我们陷入过度自信、幻灭感及人际冲突。

第 6 章
总而言之：对不明确因素的自利性解释

小　结

特质定义不明确的现象还揭示了关于自我评价的一个更加重大的问题——人们对自己有着坚定的看法。人们可能认为自己天资聪颖或笨头笨脑；人们可能认为自己是富有魅力的领导者或唯唯诺诺的傻瓜；人们可能认为自己已具备成为小说家或职业音乐家的所有条件。由于人们对这些看法深信不疑，他们往往会据以采取行动（Ehrlinger & Dunning，2003）。

但问题就在于此：在特质定义不明确的情况下，人们为何对自我看法如此自信？特质定义的不明确意味着并无可靠的方法评估人们是否具备相关特质。人们并没有一套绝对可靠的行为标准可据以精准评估某人的领导能力、社交技能水平或品德。诚然，并非就所有特质而言均存在这个问题。我想，通过一个测试就能判断一个人的数学能力，该测试涵盖从加法问题到结构化的有限生成阿贝尔群（finitely generated abelian groups）问题等各种难度的题目。但其他特质的评估则不似这般简单。我该以怎样的方法来评估个体的魅力，或者评估个体是否明智、有创造力或理想化，而让所有人都满意？由于这些品质的定义都极不明确，很难想到哪种测试可以完全准确地评估它们。

这个问题在以往的研究中曾被提出。例如，我们很容易评估医科学生在糖尿病或哮喘等领域的专业知识水平。可哪有什么简单的方法能有效且准确地评估医科学生的沟通能力或专业素养（Ward, Gruppen, & Regehr, 2002）？尽管这些品质非常重要，却极难评估。有人可能认为，我们可以通过咨询专家的意见来评估人们的专业素养，例如可以通过咨询医科学生的指导老师的意见来评估其专业素养，但这种方法也存在问题。首先，指导老师无法时时刻刻都关注其学生，因此他们的评价是易于出错和不可靠的。其次，如果指导老师根据其个人对专业素养的独特定义来评价其学生，那他们所提供的评价可能无法反映学生的优势。实际上，有证据表明，指导老师在评价学生时往往比学生在自我评价时更重视专业技能，而更轻视社会技能。

不管怎样，特质定义不明确的现象揭示的主要问题就是：既然那些技能极难评估，为何人们还如此笃信其自我评价？在某种意义上，当被要求就定义不明确的特质评价自我时，人们能提供的最标准答案就是拒绝回答，并指出很难想出某套能令至少大多数人认可的具体明确的评估方法。

但人们往往不会拒绝回答。相反，即便经过仔细思考，至少就通常周密、可观察和可计量的科学标准而言，人们实际上也不可能得出确信的自我看法的，他们仍会倾向于提供某种自认为准确的看法。从某种意义来说，这就是真正的自我评价之谜。既然特质定义的不明确性表明特质本身是无法被认识的，为何人们仍认为其可以洞悉自己？

第 7 章

最起码的体面:道德优越感错觉

2001年9月11日，两架飞机撞击美国纽约世界贸易中心双子塔，两座大厦轰然倒塌，近3000条生命不幸罹难，美国社会以此翻开21世纪的新篇章。

在这个笼罩着前所未有之恐惧的日子，整个世界目睹了人性的善与恶的极端。我们见到了无数无私的个人举动——非值勤的消防员奋不顾身地冲入这个令人难以置信的悲剧现场；办公室职员为帮助其他人逃离撞毁的大厦而在大厦倒塌时失去了自己的生命；建筑工人数日不眠地在不稳固的瓦砾堆里挖掘，疯狂搜救幸存者（Gibbs，2001）。然而，我们也见到了许多应受谴责的道德堕落之举。在遭到袭击的当天，92个人打电话向纽约市警方发出炸弹威胁（Time.com，2001）；当警方在双子塔倒塌后赶回现场时，他们逮捕了一名穿着消防部工作靴的抢劫者。在某个前一年发生过4起入室抢劫案的地区，两个月内就发生了76起这类案件（WNBC.com，2001）。

在灾难性的日子中，有些人不幸恰好待在美国曼哈顿下城，因此我们大多数人都不知道自己在面对这些意外事件时会做何反应。我们会表现得勇敢无畏，还是冷漠自私呢？在这样既无可遵循的指示又无可效仿的榜样的一天，我们会做出怎样的举动？如果我们可以完全随心所欲地按照自己的品性来行动，我们会采取怎样的行动？

本章主要讨论人们认为按照自己的品性可能采取的行动。在无私行为与自私行为之间，人们认为自己会选择哪种行为以

第7章
最起码的体面：道德优越感错觉

及他们的选择是否与其实际行为相一致？人们是否真正了解自己的品性，知道自己何时会表现得无私、有道德或慷慨大方？人们能否正确认识到自己的道德缺陷，知道自己何时会经不住贪婪、享乐及利益的诱惑？

道德高地

本章的基本主题是，人们往往会将自己置于道德优越的高地，认为自己的品性远比其他人的品性更优越。例如，在对威廉姆斯学院的学生进行道德方面的调查时，整整80%的学生表示自己拒绝抄袭其他人的考试答案，而他们认为仅有56%的其他学生同样会拒绝抄袭；74%的学生表示会向商店店员退还找多的钱，而他们认为仅有46%的其他学生会采取同样的做法。人们还认为自己比其他人更加慷慨和具有奉献精神。在所有调查对象中，51%的人表示自己会向饥饿的同学分享比萨，认为仅有36%的其他学生会采取同样的做法。几乎所有学生（90%）都表示自己会帮助其他人换漏了气的车胎，而认为仅有34%的其他学生会采取同样的做法（Goethals, 1986; 类似结果，见 Goethals, Messick, & Allison, 1991; Liebrand, Messick, & Wolters, 1986; Messick, Bloom, Boldizar, & Samuelson, 1985）。

事实上，在人们倾向于产生优越感的所有方面，道德方面的优越感似乎是最强烈且最普遍的。例如，相比断言自己智力超群，人们会更倾向于断言自己道德优越。艾利森、梅西克和戈瑟尔斯（Allison，Messick，& Goethals，1989）让大学生们写下他们有过的"良好"行为与"不良"行为，以及明智行为与愚蠢行为。他们还被要求写下曾在其他人身上目睹的类似行为。不出所料，相比在描述其他人时，参与者在描述自己时写下了更多的良好行为和更少的不良行为。参与者在智力方面则没有产生在道德方面的这种优越感。相比在描述其他人时，参与者在描述自己时写下了同样多的明智行为与愚蠢行为。

范兰格（Van Lange，1991）在一项实验中也得出了这一基本发现。在该实验中，他让参与者描述他们影响其他人的一段经历，以及其他人影响他们的一段经历。随后，参与者倾向于认为自己对他人产生影响的行为比其他人对自己产生影响的行为更加"正当"，但他们并没有倾向于认为自己的行为更为明智。

为何道德优越感比智力优越感更加普遍存在？有三个不同原因。

道德行为更让人向往

首先，在我们的社会生活中，品德比智力更加让人向往和重要——而人们又确实想要拥有理想的人格特质。1968 年，安德森让参与者评价 555 种人格特质的理想程度。与道德相关的特质最受参与者的喜爱，无疑比与智力能力相关的特质更受

第 7 章
最起码的体面：道德优越感错觉

喜爱。在被评为最积极的特质中，前 10 名的特质里有 5 种特质是明确用于描述道德行为的（**真诚**排名第一，另外 4 种是**正直**、**忠诚**、**诚实**、**可信赖**和**可靠**）。在智力相关的特质中，只有**聪明**挤入了前 10 名。在排名的末尾，倒数 10 名的特质中整整有 9 种特质是用于描述与道德相关的问题的（包括**撒谎**、**虚伪**、**刻薄**、**残酷**、**不正直**、**不诚实**、**恶毒**、**无耻**和**狡诈**；**惹人讨厌**是唯一的例外）。接着又是 54 种与道德相关的特质，这才出现第一个明确的与智力相关的特质：**无能**。有证据表明，人们之所以声称自己更加有道德（或更准确地说，更加正直）恰恰是因为他们认为有道德比聪明更加令人向往（Van Lange & Sedikides，1998）。

另有研究证实，道德评价对社会判断有着重要和显著的影响。在了解他人时，相比能力方面的信息，人们往往对道德方面的信息更感兴趣，道德方面的信息决定了某人对另一个人的整体印象以及该印象的好坏（Wojciszke, Bazinska & Jaworski，1998）。当收到有关他人的负面信息时，人们通常会较快做出道德评价，而较慢做出能力评价（Bazinska & Wojciszke，1996）。在评价政治人物时，人们往往认为道德问题比能力问题更加重要（Wojciszke & Klusek，1996）。

道德行为是可控的

其次，道德相比智力更像是一种选择和自制的结果，而人们往往会产生能控制自我行为的错觉（Alicke，1985）。不撒谎与能力无关，而与选择克制撒谎的欲望有关。相反，解答联立方程组并非与选择和自制相关（好吧，其实也有关，人们可以选择拿起遥控器打开电视而不是解题），而与人们固有的数学能力更加相关。正因为做出道德行为的关键在于选择和自制，所以人们很有可能过于肯定了自己的自控力。

道德行为标准的不明确性

再者，道德行为的标准相比出色智力表现的标准更加不明确。由于道德行为的标准不明确，人们便会更加随心所欲地根据个人行为来定义道德行为（Dunning, Meyerowitz, & Holzberg，1989）。例如，在三角学测试中，得90分明显比得0分反映了更强的数学能力（尽管从第6章可知，由于存在纵向不明确性，该断论并非在任何条件下均适用）。但是，赠予大街上的无家可归者20美元与不对其提供任何帮助，哪种行为更有道德？有人可能认为，正如人们在许多街角和美国两院所采取的做法，更明智的选择是不提供任何帮助，从而迫使无家可归者或当局对该困境采取行动。同样地，医生应该告知患者患有严重的绝症吗？哪种选择更合乎道德？选择告知固然符合诚实的信条，但这样做是否违背了同情的原则？无论医生做何选择，他们都可以声称自己道德高尚。

第7章
最起码的体面：道德优越感错觉

令人头痛的谜团

然而，对想要弄清楚为何人们存在道德优越感的学者来说，前面的内容中还包含着一个令人头疼的谜团。戈瑟尔斯（Goethals，1986）研究的数据直接表明，一般人往往认为自己比其他人更有可能坚持正义和高尚的道路，而这从统计学的角度来看根本不可能。这种矛盾可能是由两种截然不同的错误导致的，从而体现了两种迥然相异的心理特征。

第一种可能的错误是，人们对自己的道德素质有着准确的认识，但低估了其他人的品性。他们错在过于悲观地看待他人的品性，因此常常会低估他人采取善良、慷慨和合乎道德的举动的频率。这就表明道德优越感这种倾向并非自我洞察方面的问题，而是社会洞察方面的问题。人们因某种原因对其他人会采取的行为产生了错误的直觉，因此研究型心理学家需要找出这些直觉的错误之处及成因。

第二种可能的错误是，人们其实对其他人做出了正确的评价，却对自己做出了错误的评价，高估了自己的道德倾向和善良程度。这就表明过度的道德优越感是自我洞察方面的问题，因此研究型心理学家须查明自我评价时的潜在问题产生了怎样的影响。

错在何处？

2000年，尼克·埃普利和我开展了一系列研究，试图了解与道德优越感的自我认知相关的理论上和经验上的错觉。我们从过去的研究中得知（如 Goethals，1986），人们预测自己比周围人会更经常做出无私和有道德的行为。但是他们对自己的预测与对周围人的预测哪个是正确的、哪个是错误的呢？鉴于此，在若干研究中，我们向参与者描述了许多考验道德或无私精神的假设情境，并问参与者他们及其周围人在那些情境下会做出怎样的举动。

当然，我们预料到人们会预测自己会比周围人做出更加高尚和善良的行为。这是不足为奇的，但使我们出乎意料的是第二个步骤的结果。其中，我们随后让参与者面对真实的情境，以观察他们的实际行为。某人的自我预测能较准确地预测出其实际行为，但对他人的预测会显得过于怀疑他人的品性吗？还是人们对周围人的预测是正确的，因而表明导致道德优越感的原因是人们高估了自己的品性？当然，我们认为道德优越感也有可能是由两种错误按不同权重共同导致的。

基本发现

上述研究完成后，我们发现最终结果非常明确和简单。导致过度的道德优越感的错误只有一个。在一项研究中，我们让康

第 7 章
最起码的体面：道德优越感错觉

奈尔大学的学生们想象每年在纽约州伊萨卡寒冷的冬季落下帷幕和稍暖的春季随之而来时，校园中举办了一场年度慈善活动。兄弟会的成员走到校园的各个角落，以一美元一支的价格兜售水仙花，所得的收益将捐往美国癌症协会。

在一年一度的"水仙花日"到来的 5 周前，我们在一节有 250 名学生的课堂上调查学生们将购买多少支水仙花。我们还让他们预测该课堂上的一般学生会购买多少支水仙花（Epley & Dunning，2000，第 1 项研究）。不出所料，相比对一般学生的预测，调查对象对自己的预测显示出更高的道德期望，83% 的学生表示自己至少会购买一支水仙花，同时认为教室里的学生中仅有 56% 的人会做出同样的行为。平均来看，调查对象表示自己会购买两支水仙花，而表示其他学生仅会购买 1.5 支水仙花。

可学生们的自我预测与社会预测哪个才是正确的呢？我们等了 5 周（确保自己也购买了水仙花），然后再次调查这节课上的学生。仅有 43% 的学生真的购买了水仙花，所有学生平均每人购买了 1.2 支水仙花。相比调查对象自我预测的结果，该数据与调查对象对其同班同学的预测的结果更加相近。

在另一项研究中，我们将学生们带到实验室，付给他们 5 美元报酬让其花费 20 分钟填写问卷（Epley & Dunning，2000，第 3 项研究）。对大约一半的参与者，我们让他们预测自己和其他学生在面对如下假设情况时会采取的做法：假设有机会捐赠他们的部分或全部报酬给救世军、美国红十字会或美国防止虐待动物协会三个慈善机构中的任一机构。我们向参与者提供了每个慈善机构的宣传册，以防他们不熟悉这些机构。我们要求参与者预测：如果他们会捐款，他们将捐多少钱及捐往哪个机构，还要求他们预测有多大比例的其他学生会捐款，以及其他学生平均会捐多少钱（不捐款的学生纳入计算）。

学生们的预测同样体现出了他们的道德优越感。每个学生都预测自己至少会捐出部分酬金，平均而言，他们预测自己会捐出 2.44 美元，他们预测仅有 51% 的其他学生会捐款，且其他学生仅会捐出 1.83 美元。

同样地，哪个预测是正确的呢？为了确定这一点，我们真的让另一半的参与者捐款。我们向他们提供了相同的手册及一个信封，他们可以私下将捐款放入信封并注明要捐往的机构。与水仙花日那项研究一样，相比参与者自我预测的结果，参与者的实际捐款情况与他们对其他学生的预测结果更加接近。大约有 61% 的参与者捐了款，参与者的平均捐款金额为 1.53 美元——与参与者对其他学生捐款金额的预测结果相近，但远低于参与者对自己捐款金额的预测结果。

对道德原则还是个人利益更敏感？

另一项后续研究更复杂，它旨在考察人们对塑造他们与周围人的行为的情境影响是否有正确的认识。我们推断，如果人

第 7 章
最起码的体面：道德优越感错觉

们将自己摆在道德高地上，那他们应该会认为相比与个人利益相关的情境变化，他们的行为更容易受与道德原则相关的情境变化影响。相反，他们会认为，相比与道德属性相关的情境变化，其他人比自己更容易受与个人利益相关的情境变化影响。

我们将一组参与者带到实验室，向其描述了 4 种假设情境。4 种情境均有着同样的基本设定：参与者有一个在其他实验室的实验搭档。参与者看到了他们的实验搭档的照片，对某些参与者来说，搭档是长相普通的年轻男性，身着运动衫，头戴棒球帽，气质阴郁沉闷。

当实验进行到一半时，要求参与者在两项任务中选择一项在接下来的时间完成，而他们的实验搭档则需完成被选剩的任务。两项任务是相似的，但其中一项任务比另一项任务需要多花费 5 分钟的时间。最关键的是，让参与者预测自己将做出无私的选择（选择自己完成耗时稍长的实验），还是自私的选择（选择耗时较短的实验），以及他们认为其他学生一般会做何选择。

在这种基本设定下，我们通过改变其他设定来影响该情境引起道德关切或个人利益关切的程度。为了影响情境引起个人利益关切的程度，我们在第二种假设情境中将耗时较长的实验描述成很难操作且耗时更长。实际上，我们将该实验描述成比耗时较短的任务需要多花费 25 分钟的时间来完成，要求参与者再次预测他们及其他学生会做何选择。

后面两种不同情境的设定旨在引起人们的道德关切。在其中一种情境下，参与者需要在两项所需时长仅相差 5 分钟的实验任务中做出选择，他们的实验搭档同样需要完成被选剩的任务。然而，他们的实验搭档换了。他们的搭档不再是年轻的普通男性，而是拥有天使般脸庞和天真无邪笑容的 10 岁左右的小女孩。在第 4 种情境下，实验搭档同样是小女孩，但参与者需要在耗时较短的任务与更费力且耗时多 25 分钟的任务之间做出选择。

通过参与者在这 4 种情境下的预测，我们可以知道参与者认为其在多大程度上会受到与个人利益相关的情境变化的影响（耗时较长的实验要求 5 分钟的小牺牲或 25 分钟的大牺牲），以及在多大程度上会受到与道德相关的情境变化的影响（实验搭档是沉闷的男性或 10 岁的小女孩）。我们还可以知道参与者认为其他参与者在同样的情境变化下会受到多大的影响。

如图 7.1 所示，参与者认为自己比其他参与者更加善解人意和有道德。当被问到特定情境变化对其行为会有何影响时，参与者表示自己不会受到与个人利益相关的情境变化的影响。无私行为的代价是牺牲 5 分钟还是 25 分钟并不重要。另一方面，他们表示自己仅会受到与道德相关的情境变化的影响，如数据所显示，相比实验搭档是年轻男性时，他们在实验搭档是小女孩时选择耗时较长实验的可能性会提高 35% 左右。然而，

第 7 章
最起码的体面：道德优越感错觉

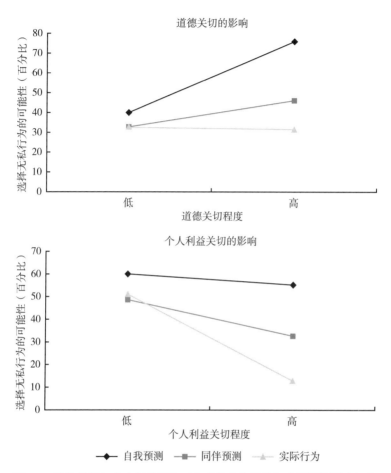

图 7.1 道德关切与个人利益关切对自我行为和同伴行为的预期影响与实际影响的比较（来源于 Epley & Dunning，2000，第 4 项研究）

他们认为其他同学则没有这么高尚：相比实验搭档是年轻男性，当实验搭档是小女孩时，其他人选择无私行为的可能性仅会提高 15%。参与者认为，其他学生会受到个人利益相关的情境变化的影响：相比需要牺牲 5 分钟时，当需要牺牲 25 分钟时，其他人选择无私行为的可能性会降低 15%。

参与者的自我预测与同伴预测哪个最贴近事实？为了确定这一点，我们让另一组参与者面对真实选择，每个参与者都面临前文描述的 4 种情境中的一种。如图 7.1 所示，当面临真实选择时，唯一影响参与者行为的因素就是与个人利益相关的情境变化。相比仅需牺牲 5 分钟的时间时，当需要牺牲 25 分钟时，参与者选择耗时较长的实验的可能性降低了近 40%，实验搭档是大学生或小女孩对他们的决定并无影响。

为何得出错误的自我评价？

总而言之，这些发现表明，人们产生道德优越错觉是因为缺乏自我洞察。从人们的具体行动来看，其对自我道德素质的高度评价是不合理的。这种错误背后的原因是什么？为何人们对其道德禀性会产生这些错误的看法？

不可思议的能力

为了理解为何人们拥有这些错误的自我映象，首先得阐明人们身上的一种同样不可思议的能力。在我们的研究中，参与者能极其准确地预测出其他人的一般反应。他们对其他人选择无私行为而拒绝自私行为的频率的预测虽非完全准确，但也大

第 7 章
最起码的体面：道德优越感错觉

体准确。

以往的研究间接地解释了这种能力的形成原因。人们似乎会无意识地记住事件的发生频率，即便在毫无理由这么做的情况下。在一项研究中，哈舍和克罗米亚克（Hasher & Chromiak，1977）向参与者提供了一张长长的单词列表，其中有些单词在列表上出现了 5 次以上。一半的参与者在事前被明确告知要注意单词出现的频率，另一半参与者则未得到该提示。阅读完列表后，参与者被要求说出每个单词出现的次数。参与者做出了极其准确的估计，甚至连那些未获提示注意单词出现频率的参与者亦是如此（类似发现和讨论，见 Hasher & Zacks，1984；Hasher，Zacks，Rose，& Sanft，1987；Zacks，Hasher，& Sanft，1982）。

如果人们会无意识地记住各个事件的发生频率，他们就能准确认识到社会领域中一些事件的普遍性，包括道德行为方面的重要事件。尼斯比特和孔达（Nisbett & Kunda，1985）让若干密歇根大学的本科生估计某些态度、偏好和行为在其校友中的普遍程度。例如，调查对象被要求估计其校友中会做礼拜、听音乐会和打网球的人占多大比重。另外，还要求他们描述其校友对国防开支增加和麦当劳汉堡的普遍态度。调查对象的估计尽管存在些许偏差，但大体上都非常准确。

总之，人们在预测他人的行为时似乎有着某种不完善但十分有用的信息作为依据。鉴于此，自我预测方面最具启发性的问题不是为何人们会得出如此错误的自我预测,而是为何人们未能将在进行社会预测时的智慧运用到自我预测中。人们能对他人作出较准确的预测,但未能运用于自我预测的东西到底是什么?

预测的内部路径与外部路径

为了确定这一点,首先得思考人们在预测某个人的行为时可能采取的两种截然不同的策略。人们通常采取的策略是**内部**策略(Kahneman & Tverksy,1979a)。也就是说,人们设法收集关于所涉及的特定个体和情况的"基于案例"的信息。比方说我在试图预测刚向女友玛格丽特求婚的 19 岁青年本杰明有无可能走进婚姻的殿堂。内部方法就是设法收集有关本杰明的信息(如他对玛格丽特的眼神是否充满痴迷;他是否经常和她吵架;他是否行事冲动)及其面临的情况(如他的父母是否同意这门婚事;玛格丽特是否行事冲动)。基于这些信息,我就可以推断出本杰明幸福地结婚与不幸地分手这两种结局哪种可能性更大。

这种策略看上去如此合理以致很难想象还有其他可供选择的策略,但确实有一种替代策略——预测的**外部**路径(Kahneman & Tversky,1979)指的是将目光从眼前个体的内部信息中移开,转向收集有关相似个体在类似情况下往往会采取的行动的信息。在本杰明个案中,外部方法就是去了解在 19 岁订婚

第7章
最起码的体面：道德优越感错觉

的情侣走进婚姻殿堂的概率。这是偶然事件还是寻常事件？这种预测方法在很大程度上依赖于**分布信息**（distributional information），即在不考虑关于眼前个体的个案信息时某事件的发生率。例如，如果你问我16岁的埃迪能否通过第一次驾照考试，即使我在事前对埃迪的驾驶技能水平一无所知，我也会预测他能通过考试。通过驾照考试是一件高频事件，因此我可以肯定埃迪能做到。不过，我可不会预测埃迪能打进美国雪橇奥运代表队。这是很罕见的事情，尤其对一个16岁的少年来说。

正确的预测有赖于适当结合内部路径和外部路径，即适当地同时参考个案信息和分布信息。尽管如此，许多研究表明，人们并未很好地结合起来利用这两类信息。人们明显侧重并往往仅参考其中一类信息，即依据个案信息进行预测，因而忽视甚至无视有用的用于判断的分布信息（Dawes, 1988; Dunning, Griffin, Milojkovic, & Ross, 1990; Kahneman & Lovallo, 1991; Kahneman & Tversky, 1973, 1979a, 1982; Klayman & Schoemaker, 1993; Nisbett & Ross, 1980; Read, 1987; Zukier, 1986）。尽管侧重个案信息会明显降低预测的准确性，但人们仍然经常这样做（Dunning, Griffin, Milojkovic, & Ross, 1990; Vallone, Griffin, Lin, & Ross, 1990）。

忽略分布信息

在实验中，我们证实，人们对周围群体中的无私行为与自私行为的频率分布往往有着良好的直觉。人们可以合理猜测出周围人中慷慨且有道德之人的比重。如果我们让人们对任意一个其未获得任何具体（或个案）信息的人进行预测，人们可以凭借对频率分布的准确直觉，正确地猜测出此人的行为。

可当对象变成一个他们掌握着大量个案信息的人（即其自身）时，问题就出现了。一旦被问到其自身时，他们对这些行为的频率分布的看法（正确的判断性看法）就会在其脑海中隐没，他们就会开始根据其对自我道德冲动的过高评价这个个案信息来做出预测。

另一项非道德领域的研究表明，人们在进行自我预测时会忽略有用的分布信息，最终得出错误预测。面对需要完成的项目时，人们总是会低估自己所需的时间，这个现象称为**计划谬误**（planning fallacy）。学生误判其完成学期论文所需的时间；纳税人低估其完成纳税申报所需的时间；公寓住客错估其收拾干净房间所需的时间（Buehler, Griffin, & MacDonald, 1997; Buehler, Griffin, & Ross, 1994; Newby-Clark, Ross, Buehler, Koehler, & Griffin, 2000）。人们不断出现计划谬误，尽管深知人们往往会花费比预期更多的时间来完成计划这个分布信息。人们不断出现计划谬误，尽管从个人经历中了解到自己通常不能在期望或预期的时间内完成计划这个分布信息（Buehler 等, 1994）。

第 7 章
最起码的体面：道德优越感错觉

比勒及其同事（Buehler 等，1994）将计划谬误归因于人们在预测时几乎完全侧重于个案信息，而忽略分布信息。在一项实验中，他们要求参与者预测自己何时能完成一个还剩两周就会结束的学校项目。随后，他们要求参与者说明其如何得出该预测。大多数同学都大篇幅描述了个案信息：71% 的学生谈论了其为完成这个项目制订的计划，15% 的学生提到其面临的截止时间。他们很少提到类似于分布信息的任何信息，即通过观察处于相似情况的其他人所得到的信息（仅有 1% 的学生提到其他人的经历），或通过观察自己所得到的信息（6% 的学生提到自己以往的成功经历，而仅有 1% 的学生提到自己曾经未能按时完成任务）。在其后的一项研究中，参与者被迫关注从自身经历中获得的分布信息，而在预测时大多避免了计划谬误。

将其运用于道德预测

在针对道德行为的研究中，我们发现，忽略分布信息还会导致人们在预测自己的道德行为时过度自信。在一项研究中，我们让参与者探讨我在前文提到的捐赠研究。我们向他们描述了我们在该实验中设定的假设情境，并问如果他们在该实验中，他们会从 5 美元中拿多少钱捐赠以及他们认为一般学生会捐多少。同样地，参与者大多倾向于认为自己（2.75 美元以上）会远比其他参与者（2.20 美元）捐赠更多的金额。不过，随后告诉他们,从第一次研究中随机挑选的 3 名参与者所捐赠的金额,并让其重新进行预测;随后又告诉他们另外 4 名参与者的捐赠金额,并让其再次进行预测;最后告诉他们全部 13 名参与者的捐赠金额,并让其最后一次进行预测。

我们发现,参与者在获知这些分布信息后得出了更加准确的预测,但仅在对他人的预测方面如此。随着我们揭示了更多的信息,参与者对其他学生捐赠金额的预测从 2.20 美元下降至 1.66 美元,与最初研究中参与者实际捐赠的金额 1.53 美元十分接近。然而,参与者的自我预测丝毫未受这些分布信息的影响。参与者在起初认为自己会捐赠 2.75 美元以上,而在获知其他人在该情况下的做法后,仍然持同样的看法。

一项决定性的实验更有力地表明,人们在预测自己的道德行为时之所以过度自信,是因为忽略有用的分布信息所致。同上述研究一样,该实验要求参与者在获知第一次实验中的 3 名、7 名或全部 13 名参与者的做法后,预测他们及其一无所知的一名随机挑选的康奈尔大学学生会捐赠多少金额。像之前一样,这些分布信息影响了参与者对随机挑选的学生的预测,即获知的信息越多,参与者的预测就越准确。但是,参与者的自我预测仍然不受影响,依旧过于自信。

不过,最重要的是,参与者还另外预测了某个个体的行为,他们获知了该个体的少量个案信息。我们向每名参与者提供了一张纸,上面有另一个人写的 5 句描述自己的话以及一篇详细介绍自己的小短文。获知这些少量的个案信息后，参与者大多预测此人会与他们捐赠同样多的金额。而且，当参与者获知更多关于第一次研究中参与者的捐赠情况的分布信息后，其对此人的预测仍然不变。

过于侧重积极信息

导致自我预测不如对他人的预测准确的倾向并不止这一种。人们不会同等关注关于自己的各种个案信息；相反，他们会侧重有利信息而忽视消极信息。例如，在一项研究中，当大学生们预测自己何时能完成某项计算机作业时，93%的学生关注其为完成该作业制订的计划，仅有10%的学生关注潜在的困难。作为该实验的步骤之一，参与者写下了对自己何时能完成该作业的看法，以及以往按时完成和未按时完成类似作业的回忆。当我们将这些信息提供给另一组学生，并让他们对原来那组学生的行为进行预测时，仅有34%的学生强调未来计划，有37%的学生关注潜在的困难。不足为奇，第二组参与者的预测比第一组参与者的自我预测更为悲观（Buehler等，1994）。

此外，当明确要求参与者写下就完成某个项目而言潜在的最佳、最糟和最现实的情况时，他们预测的最现实的情况与最佳情况更加接近，而与最糟情况相差较远。写下最糟的情况完全不影响他们对自己任务完成情况的预测，看到其他人写下的最糟情况却会导致他们对那个人的计划持更悲观的看法（Newby-Clark 等，2000）。

简言之，人们在预测自己的行为时，似乎会尽量往好处解释其拥有的信息，而在预测他人的行为时则不会如此。我们在实验数据中也发现了人们的这个习惯。我们让恋爱中的大学生预测其 6 个月后是否还维持着当前的这段感情（Epley & Dunning，2004），尽管 73% 的参与者认为自己的感情会持续到 6 个月之后，但实际上仅有 55% 的参与者做到了。

不过，我们让所有参与者就一些相关的特质（如**真诚**、**相互信任**和**意趣相投**）来评价其感情，并描述其与爱人相伴的时长，双方争吵的频率及双方最喜欢一起做的事。当我们将这些信息提供给第二组参与者，并让他们从客观的角度来查看这些信息时，他们预测 55% 的参与者的感情会持续到 6 个月之后——该数值与实际情况几乎完全相符。然而，当我们将这些信息提供给另一组参与者，并让其尽可能乐观地解读这些信息时，他们预测 75% 的参与者的感情会持续到 6 个月之后，该数值与最初的调查对象过于乐观的预测结果几乎完全一致。

错误的长期根源

自我评价的准确性也可能因某些长期过程的影响而降低。我们每个人都长期在与其他人交往，在此过程中，我们有机会对其他人的道德行为与不道德行为进行计数和分类。这样一

第7章
最起码的体面:道德优越感错觉

来,我们就可能对其他人有多容易做出自私行为和无私行为形成非常准确的直觉。照推测,我们同样可以对自己的行为进行分类,只不过我们在此过程中会遇到一些问题。

爱德华·维尔茨(Eduard Wirths)的处境就是这些问题的最佳例子。维尔茨是一名德国医生,以成功医治斑疹伤寒和针对宫颈癌的研究而闻名。那些受过他照顾的患者均认为他是有礼貌、友好和正直的,那些担任过他上司的人均认为他是勤勉认真和忠于职守的。然而,维尔茨医生的问题就在于他是奥斯威辛集中营党卫军的首席医官,与人共同负责挑选被收容的犹太人以进行齐克隆B毒气处决。在业余时间,他还会通过向女性囚犯的子宫颈注射酸性物质和其他腐蚀性物质来进一步开展研究。显然,维尔茨医生参与了人类史上最残忍的一场暴行,但他并不这么认为。从他在工作期间写的几封信中可以看到,他将自己的行为解释为:为德国构建更强大的未来,以保护深爱的家人和孩子。他认为自己是在"为上帝工作",因为他拯救了许多饱受斑疹伤寒折磨的奥斯威辛集中营收容者的生命(Lifton, 1986)。

维尔茨医生是个极端例子,但也反映了所有人在日常生活中比较宽容以待的一个问题。尽管我们很容易"察觉"出其他人的不道德行为,并将其添加到我们关于人性的直觉判断,但我们很难察觉出自己的不道德行为。面对自己的不道德行为,我们的双眼总是为一些借口、理由和自利性归因所蒙蔽。例如，我们可能认为自己在别人看来有问题的行为其实是正当的，或至少是没有违背道德的。我们可能认为，将汽车突然转向去靠近不守规则的行人是为了教会其认真看路；大骂电话销售员是为其着想，因为这样可以为其省下时间来打电话给真正感兴趣的人。

即使不得不承认自己的行为是应受谴责的，我们仍然会指出那是因外部环境所迫的无奈之举。我们朝同事吼叫是因为他辱骂我们；我们对合作者撒谎是因为他要求不合理。但尽管有这些可减轻罪恶感的理由，我们仍可能对自己的行为感到懊悔，这是我们对道德问题敏感的显著证据。相比在描述他人对自己做出不道德行为的经历时，人们在描述自己对他人做出不道德行为的经历时，会更多地以这些理由来解释自己的行为（Baumeister, Stillwell, & Wotman, 1990; Hansen, 1987; Laumann, Gagnon, Michael, & Michaels, 1994）。

无论自身行为的好坏，人们还是会比观察者更加肯定自身意图的重要性。克鲁格和吉洛维奇（2004）让大学生尽可能长时间地将手放在冰水里，以为某慈善事业做出贡献。在这样做之前，学生们被问到打算将手放在冰水里多久。任何曾不经意间这样做过的人都知道，只要几秒钟手就会剧痛无比。因此，人们将手放在冰水里的时长自然未达到其计划的时长。随后，参与者被要求评价自身行为的"无私"程度。在判断其行为的无私程度时，参与者同时考虑了自己的意图和实际表现。参与

第 7 章
最起码的体面：道德优越感错觉

者认为，即使他们很快将手抽出，但他们**打算**将手放在冰水里很长时间这个事实足以表明他们是很无私的。观察者在评价参与者的无私程度时，并不考虑其意图，因此对参与者无私程度的评价低于参与者的自我评价。

诚然，这些理由有合理的时候，也有不合理的时候。然而，这些理由的存在会使我们产生一种自我映象，即自己在某种情况下很容易受到道德压力的影响。我们会做应做的事，而当我们未能做到时，那只是因为存在特殊情况。此外，如果我们打算做出某种慈善行为，但实际上未能达到预期，至少我们的意图值得肯定。而且，当我们明确犯下某种罪行后，我们会痛苦不堪和竭力忏悔。

如果这些就是人们从生活中获得的洞察，也难怪埃普利和我（Epley & Dunning, 2000）调查中的参与者在走进我们的实验室时，认为自己的道德比其他参与者的道德更优越。在自愿参与我们的实验前的 18—22 年生活中，由于受到无数次合理化自己行为的影响，他们对自己道德行为的"计数"并不准确。这些借口自然而然地导致他们对自己将来的行为得出错误的预测，尽管他们的经历使其能准确无误地解释他人的行为，从而对他人的行为得出相对准确的预测。

还有其他长期过程可能导致人们产生道德优越的错误自我映象。有时，我们会从他人身上看到不道德行为，可问题是该行为实际上并不是不道德的，比如戏弄。人们经常互相戏弄，可被戏弄者似乎总会误解戏弄者的意图。通常，戏弄他人是出于表达好感和嬉戏的意图（Keltner, Capps, Kring, Young, & Heerey, 2001；Keltner, Young, Heerey, Oemig, & Monarch, 1998；Shapiro, Baumeister, & Kessler, 1991），戏弄者试图通过隐晦的非语言暗示来传达这些意图（Drew，1987；Shapiro 等，1991）。然而，被戏弄者往往察觉不到这些良好的意图。室友对同一戏弄事件的描述往往有所不同。在描述某段戏弄室友的经历时，人们往往比被戏弄者将该行为描述得更加幽默轻松，而后者则将该事件描述得更加充满恶意和令人恼怒。戏弄者的良好意图并不如其以为的那么明显（Kruger, Gordon, & Kuban, 2006）。

自我认知有何好处？

至此，读者可能要问一个根本问题：自我认知到底有价值吗？若我们拥有的关于个人成与败、计划与目标、欲望与担忧的信息库会导致我们对自己未来的行为得出错误的预测，那自我认知有何好处？

本章到目前为止，我将自我认知描述成不利于我们预测自己未来的行为的因素，但现在我想要稍微调整一下这种描述。自我认知并非完全具有误导性的，至少从一种标准来看，自我认知是有助于得出正确的自我预测的。

第7章
最起码的体面：道德优越感错觉

在前文提到的研究中，当我说自我预测有偏差的时候，我主要指的是预测的**平均水平**。我是将人们预测的自身道德行为的平均水平与其实际道德行为的平均水平进行比较。通常，人们会高估其无私与慷慨程度的平均水平。然而，预测的准确性还可以从**判别**的角度来评估，即一个人的行为与另一个人行为的差异。如在前文提到的研究中，一些人购买了水仙花，另一些人未购买；一些人坚持让小女孩完成所需时间较短的实验，而另一些人则自己认领所需时间较短的实验。即便参与者的自我预测会预测错平均水平，其能否预测出这些差异？

尼克·埃普利和我决定探究人们的自我预测是否确实在判别方面有一定的正确性。我们问人们是否会做出某些可取的行为（我们同样预期其会高估自己做出相关行为的可能性），并检验这些预测是否能判别做出可取行为的人与未做出那些行为的人。具体而言，当某人表示自己将会做出某可取的行为时，相比表示不会做出该行为的人，此人实际上是否更有可能做出该行为？

首先，在2000年总统大选投票开始的4周前，我们访问有投票资格的大学生是否参与投票（Epley & Dunning, 2004），85%的学生表示自己会参与投票，而自己的同学中仅有57%的人会参与投票。投票结束后，我们再次联系这群学生，并发现64%的学生参与了投票，与最初的埃普利和我（Epley & Dunning, 2000）研究的结果相似。不过，学生的自我预测具有一定的准确性。在预测自己会参与投票的参与者中，有69%的人实际上投了票，而在预测自己不会参与投票的参与者中，仅有32%的人实际上投了票。

在后续的一项研究中，我们询问学生当前的恋情能否持续到6个月后（Epley & Dunning, 2004）。像往常一样，参与者大多过度自信，85%的人表示其恋情会持续到6个月后，而仅有64%的人实际上如此，与我们熟悉的情况一样。当预测一些随机挑选的情侣6个月后是否还会在一起时，参与者预测有62%的情侣会如此。不过，从判别方面来看，参与者的自我预测同样具有一定的正确性。预测其恋情稳定的人中，72%的人在半年后仍处于同一段恋情中。预测其恋情破灭的人中，仅有25%的人在半年后仍处于同一段恋情中。

因此，自我预测的确有一定的价值，因为有助于判别会做某事的人与不会做该事的人。尽管如此，要达到调查对象在判别方面的准确度，并不需要很透彻的"自我认知"。在该项恋情预测研究的另一设定中，我们向参与者提供关于另外一个人恋情情况的一些信息，即此人认为能最贴切地"说明"其恋情的5句话和一篇短文。对相关个体恋情稳定性的预测，获得这少量信息的参与者与实际处于该段恋情中的个体预测得几乎同样准确（前者的准确率为74%，后者自我预测的准确率为73%）。有意思的是，这些同伴预测并没有揭示出乐观偏差（68%的参与者预测相关个体将维持稳定的恋情，而实际上

第 7 章
最起码的体面：道德优越感错觉

有64%的个体维持稳定恋情）。后续研究证实了该现象：那些仅获得其他个体少量信息的人对该个体的预测往往与该个体的自我预测同样准确，却不存在自我预测中显著存在的乐观偏差（Epley & Dunning，2004）。

道德优越感错觉的影响

在许多宗教观点中，人们将自己摆在道德高地上是一个问题。人们要时刻记住自己是罪人，而只有努力过上高尚的生活才能得到救赎。如果人们误以为很容易过上高尚的生活，这只会导致他们走向不道德的放纵和犯罪，最终堕入地狱。

可不合理的道德优越感是一个问题吗？这些认知带来的影响是不利的，还是有利的？道德优越感对当事人及其生活的社会有着怎样的影响？社会心理学研究表明，道德优越感的影响是极为复杂的。过度的道德优越感有利也有弊。

对归因的影响

首先，我们先探讨一下弊端。如果人们过于肯定自己在品性经受考验时会做出高尚之举，他们可能会因此过于严厉地评判那些品性真正经受过考验的人。人们会依据自己在既定情况下会有的表现来评价他人。例如，阿利克（Alicke，1993）让调查对象评价某具体对象应受到多么严重的谴责，此人在没有标记的纸袋里发现了大量现金，于是决定占为己有而非上交给警方。相比那些表示会将这笔钱占为己有的人，那些表示会交还这笔钱的人对此人的谴责要强烈得多。对许多其他不同情境，参与者们有着同样的反应。对偷税漏税、向小偷开枪、对伴侣出轨和向小偷交出钱包的人，相比那些表示自己不会做出正义的选择的人，那些认为自己会做出正义的选择的人给予了更苛刻的评价。

如果人们拥有过度的道德优越感，那么他们可能因此对他人得出过于极端和错误的推断。在一项研究中，我的一名学生决定探究这种可能性是否存在（Balcetis，2003）。她让调查对象预测自己在某个充满利他主义色彩的情境下的反应，并推断在此情境下做出无私行为和自私行为的人的品性。数周后，我们让调查对象经历真实的情境（我们料想他们的实际行为与其预测的行为会不一致），然后再次让其评价那些做出无私行为和自私行为的人。我们预料，在亲身经历过该情境并发现自己无法像想象的那样做出正义之举后，调查对象对他人的推论会更加温和、谨慎和准确。

在该研究中，我们再次利用了康奈尔大学举办的"水仙花日"活动（Balcetis，2003）。在该活动启动的一个月前，我们访问了90名康奈尔大学的学生，问其会否在该慈善活动中购买水仙花。大约83%的学生表示自己会购买，同时认为自己的同学中仅有43%的人也会购买。随后，我们让其评价购买

第7章
最起码的体面：道德优越感错觉

水仙花与不购买水仙花的一般学生。我们向调查对象简洁地描述了一些善举（如主动帮室友出演滑稽短剧），并让其评价购买水仙花与不购买水仙花的人做出这些善举的可能性。不出所料，调查对象认为购买水仙花的人会比不购买水仙花的人善良得多。在第二份问卷中，参与者被要求猜测购买水仙花与不购买水仙花的人的政治态度。调查对象认为，相比不购买水仙花的人的政治态度，购买水仙花的人的政治态度更偏向于自由派（如在发达国家游说增加税收以救济难民）。

然后，在活动结束后很快再次联系我们的调查对象。而实际上，仅有 24% 的人购买了水仙花。我们用与之前相同的情境，再次让参与者评估购买水仙花与不购买水仙花的人做出慷慨之举的可能性。这一次，调查对象对购买水仙花与不购买水仙花的人的推论温和多了。在对政治态度的预测方面，他们所做的推断同样更加准确。当要求参与者预测购买水仙花与不购买水仙花的人的政治态度时，他们表示不认为两者就此有任何差异——这点完全正确。在调查实际上购买了水仙花与未购买水仙花的人的政治态度时，我们并未发现两者有丝毫差异。

对个人行为的影响

现在，我们再来探讨一下有利之处。如果人们过高地评价其高尚、道德、慷慨和善良品质是不对的，但话又说回来，你更愿意看到人们犯相反的错误吗？你更希望在你所生活的世界里，人们很轻易就承认自己是不正直、狡诈且自私自利的混蛋吗？我知道我不希望看到这种情况，因为我了解关于人性的一个真相——尽管人们表现得并不完美，但人们至少确实会努力实现他们对自己的期望和他们贴在自己身上的标签（或努力摆脱这些期望和标签）。自称品行端正会促使当事人正直、高尚地行事。

关于这种影响的例子在心理学文献中屡见不鲜。一旦人们对自己形成某种期望，他往往便会按照该期望来行事。舍曼（Sherman，1980）打电话访问印第安纳州布卢明顿市的居民，假设美国癌症协会请求他们贡献3小时时间帮助该机构募捐，他们会做何回应。打电话者竭力解释她只是在进行一项心理学科方面的调查，与美国癌症协会并无关系，但该机构确实在联系当地的居民。有48%的调查对象表示，如果接到请求愿意贡献时间。然而，在对比组中，当人们接到电话面临真实的请求时，仅有4%的人答应了。人们对自己无私程度的预期同样远优于对比组的实际情况。

3天后，另外的实验者联系了那组之前接到电话对自己的行为做出预测的调查对象，并称自己为美国癌症协会的代表。当被实际请求贡献时间时，31%的人答应了，无私者的比例远高于未先做出预测而被提出请求的小组。实质上，一旦人们表达出其对自己的美好期望，这种期望就变得更有可能实现。

第 7 章
最起码的体面:道德优越感错觉

同样的例子还有很多。研究者发现,相比人们未进行预测时,询问人们是否会做出某种可取行为会促使其更有可能做出该行为。询问人们是会否投票,会促使投票人数增加(Greenwald, Carnot, Beach, & Young, 1987)。询问人们是否会做出回收行为,能推动更多人参与回收行为(Sprott, Spangenberg, & Perkins, 1999);询问人们是否会健身,会提高健身率(Spangenberg, 1997);询问校友是否会为母校捐款,会增加校友捐款数目(Obermiller & Spangengerg, 2000)。此外,这种做法还可以降低学生在课堂测试中作弊的可能性。即便调查对象是以匿名的形式提供预测,他们依然会因提前做出预测而更有可能做出可取的行为(如 Spangenberg, 1997; Spangenberg & Obermiller, 1996)。无论人们是否记得其预测过自己将会选择可取的行为,只要提前做出过预测,他们选择可取行为的可能性都会增加(Sprott, Spangenberg, & Fisher, 2003)。

人们也会受到外部行为主体对其贴上的标签的影响。假设你想说服小学生不要乱扔垃圾,最佳的劝说方法是什么?你应该做的是使他们认识到整洁的重要性吗,还是只需确保给他们贴上整洁的标签?

米勒、布里克曼和博伦(Miller, Brickman, & Bolen, 1975)得到的数据表明,后者是最有效的方法。在研究中,他们将芝加哥市两个五年级班级进行对比。在每个班级,他们在调查开始时向学生提供了一份有特殊标记的阅读材料，该材料在下课时要被扔掉。尽管他们提醒学生应当扔掉该材料，但只有极少数学生照做（每个班级约 20% 的学生这么做）。

接着，在其中一个班级，研究者试图通过让学生认识到整洁的重要性来使其做到更加整洁。老师讲述了污染和生态环境方面的问题。在午餐时间，老师还讲了垃圾有多么招苍蝇和危害每个人的健康；校长来到教室宣扬教室整洁的必要性；教室里贴着勒令孩子们不得乱扔垃圾的海报。这些劝导性措施一开始确实取得了一定的成效。某天即将下课前，学生们得到了一颗彩色玻璃纸包装的糖。超过 40% 的学生在下课前将玻璃纸扔到了垃圾桶。

在第二个班级，研究者采取了不同的策略，即给学生贴上整洁的标签。老师表扬孩子们具备良好的生态意识。清洁工给该班级留了一张纸条，指出他们是全校最整洁的班级并表示感谢。校长来到该班级也简单地发表了同样的看法。老师在该班级讲述生态环境问题时，指出了该班级各方面有利于生态环境的做法。某天，老师发现地上有一张纸，便解释那是串班的同学留下的，还说到她班上的学生绝不会乱扔垃圾。在这种干预措施下，学生们在收到糖果的那天呈现了更显著的成效，超过 80% 的学生在离开教室前将玻璃纸扔到了垃圾桶。

另有研究证实，给人们贴上善良和慷慨的标签会促使其做出更多亲社会行为。称赞四年级学生能向其他学生分享口香

第7章
最起码的体面：道德优越感错觉

糖是非常慷慨的，会驱使他们在今后更有可能做出同样的行为（Holte, Jamruszka, Gustafson, Beaman, & Camp, 1984）。对在校大学生进行人格测试，随后告诉他们其在善良和体贴方面的得分非常高，这样做会促使他们相比那些被告知其很聪明或善良很重要的学生，更有可能在其他同学掉落索引卡时帮忙捡起来（Strenta & DeJong, 1981）。

总之，该研究表明，当人们被自己或他人贴上善良和慷慨的标签时，他们更有可能以可取、亲社会的方式行事。实际上，对自我道德的过高评价大有好处——对那些肯定自我道德的人及其周围的人。正因如此，得知本书的读者是所能遇到的最思想开明、体贴入微和善解人意的人，我倍感欣慰。

过度的道德优越感还会通过更加间接的方式来推动人们做出对社会有利的行为。人们并非过着与世隔绝的生活，而是被许多其他人包围着，包括同事、家人、熟人、权威人物和下属等。心理学家、人类学家及社会学家很早就指出，这些其他人的存在很大程度上制约着我们的行为，尤其是形成社会规范（Cialdini, Reno, & Kallgren, 1990; Hirschi, 1969; Reckless, 1961; Schanck, 1932）。由于这些社会规范谴责盗窃行为，所以我们不会盗窃。由于这些社会规范谴责攻击行为，所以我们仅在极少数情况下会向惹怒我们的人挥拳。

过度的道德优越感会使社会规范发挥更大的效果，从而推动人们做出更多亲社会行为，同时减少反社会行为。当人们认为自己具备某种优秀品性，并竭尽所能地指责那些做出不道德行为的人时，他们就会加强做出可取行为的社会规范，从而鞭策其他人即使私下意欲以其他方式行事，也要以有道德和无私的方式行事。人们私下可能想偷税漏税、出轨或跳槽，但由于想到其他人绝不会这样做并且会苛刻地评判这样做的人，他们可能就会打消做出这些行为的念头。

从某种意义来讲，这正是马察（Matza，1964）对犯罪青少年的观察结果的翻转。他发现，青少年帮派成员私下会表示对其反社会行为存在疑虑，但绝不会对其他帮派成员表露出这些疑虑。他们听到其他帮派成员声称要恪守帮派所坚持的反社会规范（实际上这些帮派成员对此心存疑虑），因而决心使自己的行为也符合这些规范，从而导致该帮派做出更加激进的反社会行为。有人可能会想，我们有时是否也会陷入这种旋涡，只不过幸运的是我们被卷向有利的方向。我们私下可能想做出许多有违道德的行为，但我们看到别人激昂地宣称要恪守严格的道德准则，正因如此，我们选择放弃有违道德的行为。因我们选择了道德行为，他人的行为因此进一步受到约束而更不易偏离正义的方向。

小　结

在 2000 年年初，我在机缘巧合下参加了一档电台访谈节

第7章
最起码的体面：道德优越感错觉

目，同一名政治态度保守的主持人聊天。了解了我的研究后，这名主持人开始毫不客气地追问我为何比尔·克林顿会屈从于白宫见习生莫尼卡·莱温斯基的魅惑，导致遭遇弹劾而继任总统无望。与此同时，这名主持人突然滔滔不绝地吹嘘自己绝对不会落入不忠行为诱惑的陷阱。他在讲话时，我开始纠结是否应将我掌握的关于人们对其道德操守的看法与现实的偏差的数据提出来。由于这些数据尚未发表，我克制住了欲望而未向这名访谈节目主持人解释：未身临其境，他是真的无法知道自己会做出怎样的行为的。

但我想，无论我说什么，对他的影响都是无足轻重的。人们倾向于坚信自己道德优越，因此无法获得有关自我的最重要的洞察。该洞察就是，他人的行为能够很好地预示我们在相同情况下的反应。如果某个人在某种情况下失败，这表示我们很可能也会同样失败。我们应该做好相应的准备。

然而，如本章所表明，人们一般是无法获得该洞察的。人们倾向于认为自己与众不同、独一无二以及较不容易受到那些导致其他人做出自私及不道德行为的情境压力的影响。德国诗人歌德曾说，"自我认知源自认识他人"，我们却很少从该结论中受益。或许这并不足为奇。正如人类学家克利福德·格尔茨（Clifford Geertz）曾观察到的，获得正确自我认知最艰难的任务就是将自己同样视为"人类局部生活方式的局部例子——诸多案例中的一个案例"。

尽管如此，正如本章的论述表明，至少就道德而言，视自己几乎与他人无异的态度是有益且有助于判断的。而且，我还认为，将自己的道德与无私程度视为与他人无异也是合乎道德的事。克利福德·格尔茨明智地指出，认为他人与我们自己拥有相同的品性是"最起码的体面"。

第 8 章

个人之外:为何准确的自我预测需要洞悉情境状况?

登山者若想登上珠穆朗玛峰峰顶，最好能正确认识将要面临的具体情境。他们必须清楚，在登顶那天，他们不得不很早起来或在一夜未眠的条件下冲刺登顶前最后的 900 多米垂直距离。他们将会饥寒交迫。他们必须清楚，在那样的海拔高度中，空气中氧气的浓度还不到海平面氧气浓度的三分之一，即便在供氧的条件下，他们的认知功能仍会严重受损。他们还必须清楚，那里的风会达到飓风的强度，风寒指数会低至零下 65 摄氏度。他们不仅须清楚上述事实，还须知道在这种风寒指数下，暴露在外的皮肤冻结的速度有多快（几秒钟内），以及他们在为登上顶峰而极缓慢和小心翼翼地行走数小时时会**感到**多冷。

正确认识情境的重要性

有时，认识自我及个人能力无关乎洞悉自己的人格，而关乎洞悉相关的情境。你能坚持节食吗？答案也许并不取决于你的意志力，而取决于当你放弃进食时，你醒着的每一刻会因饥饿感到多么痛苦以及这种痛苦随时间增加而加剧的程度。如果你低估身体对节食的反抗程度，你就会高估你坚持节食的能力。你能担任高压力的投资银行工作吗？那取决于诸多因素，如你每时每刻具体要做的事情，每小时都要处理能轻松理解的还是难以理解的合同，以及应付挑剔的客户，还有你每天要工作几小时，每周拥有几小时的睡眠？

第 8 章
个人之外：为何准确的自我预测需要洞悉情境状况？

总而言之，如果人们错误预测或未考虑到将面临的具体情境，他们对行为的预测则可能会出错。以上一章水仙花实验中的学生为例，他们过于乐观地预测自己为了慈善事业而在街角购买水仙花的可能性（Epley & Dunning，2000）。或许进行预测时，他们想象到了某个有可能购买水仙花的情境。他们可能想象到在某个阳光明媚的日子，距离下一节课还有很长的时间，而且他们的口袋里还有许多多余的硬币。若在这些情况下，他们很可能购买预期数量的水仙花。然而，当购买水仙花的那日到来时，情况也许会大不相同。他们可能会冒着寒气刺骨的雨匆匆赶去上课，但仍然迟到，身上的钱仅够在贩卖机买一包巧克力棒当早餐。如果学生们未能预料到这些不尽如人意的情况，他们就会高估其购买水仙花的可能性。

尽管人们经常错误地预测情境，但这并非我们关注的重点，重点在于具体情境根本不可预测。我们无法知道水仙花日慈善活动开启时天气会如何；我们无法知道我们的口袋将有多少钱；我们无法知道我们是否会因其他事而分心；我们无法知道卖水仙花的人是否亲切友善。人们无法做到的就是在进行预测时，将所有不确定因素加以考虑。因此，他们在预测时会过于自信。

对情境的误解

许多研究表明，人们十分善于填补假想情境的细节，甚至无意识地就会这样做。他们填补描述中的缺漏或对所有不明确因素进行解释，以看似合理和连贯的方式描摹出自己考虑的情境。总而言之，他们会按照自己的想法来**理解**相关事件的情境。事实上，填补未知因素对理解社会场景往往是至关重要的。我们所接收的几乎所有对事件或情境的描述都是不完整和不明确的。以数年前耶鲁大学校园里某事件的广告传单的标题为例："今晚与4位教授一起探讨性。"虽然这则通告的不明确性十分明显，但我们面临的不明确性通常都是相对细微和不易察觉的。

而不明确性往往普遍存在，这就意味着人们必须非常善于填补未指明的细节和解释不确定因素。由于拥有丰富的实践经验，我们可以非常迅速地填补这些细节，而且这成了一种我们无意识的、自动的、本能式的反应。例如，当我提到"有人认为该政客的言论不实"，许多人会下意识地认为我指的是该政客在撒谎。请注意，我并未明确表达这个观点。该政客也许只是被误解了，而若上面那句话讲的是物理学家，人们则更有可能持这种看法。同样地，如果我说"修女对聚会上供应的酒精类饮料的数量感到不满"，许多读者可能认为该修女想要取消供应酒精类饮料，尽管我并未明确表达这个观点。正如当句中描述的对象换成摇滚明星时有些人会认为的那样，该修女感到不满的原因也许是供应的酒精饮料太少了（Dunning & Sherman, 1997）。

第 8 章
个人之外：为何准确的自我预测需要洞悉情境状况？

1990年，戴尔·格里芬（Dale Griffin）、李·罗斯（Lee Ross）和我发表的一篇论文证明，人们基于这些假定的情境细节来做出预测。我们向参与者描述了一些简单熟悉的情境，如上旧金山去庆祝学期结束，并让其针对某些事情做出预测，如他们到达旧金山城里的当晚在晚餐上将会花费多少美元。在参与者做出预测后，我们让他们通过围绕其预测结果设置"区间"来表达其自信程度。例如，某人表示在晚餐上将会花费14美元，我们就让其围绕14设置某个区间，使"正确答案落在该区间内与区间外的概率一样"，或者说误差极高与极低的概率一样。显然，较小的区间（如12—16美元）意味着参与者对自己将会花费多少美元心中有数；较大的区间（如5—50美元）则意味着他们对自己实际将花费多少美元心中没底（Griffin, Dunning, & Ross, 1990）。

在完成预测及提供"信心区间"后，要求参与者在四种不同条件下审查其预测。在第一种条件（控制条件）下，要求他们只是重新考虑其预测和区间设置。在这个要求下，他们对自己的预测或信心区间仅做出了极少的修改。实际上，参与者围绕其预测结果设置的区间仅缩小了5%。在第二种条件下，要求参与者写下他们想象中的每个情境的细节，然后再重新考虑自己的预测。与控制条件下的结果十分相似，参与者在这个要求下对其预测或信心区间仅做出了极少的修改（区间仅扩大了3%），想必是因为参与者在第一次预测时就已经想到了这些细节（Griffin, Dunning, & Ross, 1990）。

最有说服力的是第三及第四种条件下的结果。在第三种条件下，要求参与者再次写下他们想象中的每个情境的细节，然后要求他们假设这些细节确实符合实际情境，并重新做出预测。在第二次预测时，参与者仍然得出了与第一次预测几乎一样的结果以及表达出了同样的自信（他们的区间仅缩小了3%），这表明参与者在第一次预测时不仅填补了这些细节，而且认为这些细节是准确无误的。

然而，事实证明，参与者的看法在第四种条件下发生了变化。在第四种条件下，要求参与者报告他们想象中的情境细节，但随后要想象实际情境可能会有所不同。接着，要求他们重新考虑其预测时，提醒参与者实际情境可能与第一次的描述相同，也可能与其他的任一描述相同，甚至也可能与所有的描述都不相同。由于收到该警告，参与者对其预测的信心大大降低，其围绕预测结果设置的区间扩大了38%左右（Griffin, Dunning, & Ross, 1990）。

对情境"理解不充分"

另有研究揭示，其他原因引起的对情境的错误理解也会导致预测错误和过度自信。有时，人们可能因为对某个情境填补了错误的细节而预测错误，但有时也可能是因为未完整地填补细节才导致预测错误的。换言之，他们对相关事件"理解不充

第8章
个人之外：为何准确的自我预测需要洞悉情境状况？

分"。在预测时，他们以该情境的一些显著的抽象特征为依据，而忽略了他们的行为可能取决于较为具体或次要的细节这个事实。

人们在预测未来的行为时尤为如此（Liberman & Trope，1998；Trope & Liberman，2000，2003）。在预测未来情境时，人们往往会认真考虑该情境的一些抽象的重要特征，而相对忽略较为具体的细节，尽管那些细节是已知的且具有影响力的。距离相关情境发生的时间越近，人们在预测时就越是重视那些重要的具体细节。例如，如果某人问我是否愿意在约6个月后为同事举办一场庆功宴，我就会完全关注举办该宴会的乐趣，然后应允。我几乎不会关心在宴会前一晚必须关心的事实，也就是那些我能预料到的、不计其数的讨厌细节：家里现在很脏，所以必须提前搞好卫生；现在满满的冰箱到时必定会变空；我必须将所有的食物买好，但我忘了问清楚有多少客人是素食主义者。如果我一开始就想到了这些细节，那我对举办宴会的能力和意愿可能会得出不同的结论。

例如，以色列特拉维夫大学的大学生在上社会心理学课时被要求从两项作业中选一项完成，期限均为一周。第一项作业的内容主要围绕一个吸引力的话题，如浪漫爱情的各个阶段，但具体内容很难，要求学生阅读一些英文论文，而英语并非学生的母语。第二项作业的内容主要围绕一个相对普通的话题，如定义"态度"的概念，但具体内容比较简单，涉及阅读一些希伯来文资料，而希伯来文正是他们的母语（Liberman & Trope，1998）。

当作业在9周之后才开始进行时，学生们在选择时更倾向于以作业内容的显著和抽象特征为依据，而忽略体现作业难度的具体内容，因此偏好第一项相关话题更具吸引力的作业。然而，当作业在1周之后开始进行时，参与者的反应完全相反，他们更加重视作业的具体内容，因而更偏好第二项话题普通但较简单的作业。

人们对情境的"理解不充分"还体现在其他方面。每年，成千上万甚至上百万的美国公民承诺会在4月15日的截止日期前通过邮件提交其纳税申报表。他们考虑了与完成纳税申报相关的所有细节，对诺言的实现信心满满。他们考虑了需要花多少时间来收集所有相关收据，从网站上打印出相关的表格，找到并启动计算器以及削好铅笔。这些细节对完成纳税申报这一目的来说至关重要，因此人们在预测时对其均加以适当的考虑。

如果完成某人的纳税申报仅涉及这些与目的相关的步骤，那人们很可能会实现诺言，早在截止日期前就填好纳税申报表。然而，人们并非在与世隔绝的环境中填写纳税申报表。生活总是会出其不意地干扰人们，也会发生许多与完成纳税申报这一目的无关、但会牵制人们精力的其他事件：生病的孩子必须照顾；浴室漏水的水管必须修好；上司突然要求呈交的报

第 8 章
个人之外：为何准确的自我预测需要洞悉情境状况？

告必须得完成；吹雪机需要换上新的零件；公公婆婆突然造访。这些事件与完成纳税申报并不相关，但会迫使人们延迟做此事，直到人们又一次在 4 月 14 日的晚上对美国国家税务局的网站骂骂咧咧、急不可待地下载申请延期提交纳税申报表的表格。

总之，人们错误地预测自己的未来行为，是因为他们出现了**聚焦错觉**（Schkade & Kahneman, 1998）或锚定效应（Wilson, Wheatley, Meyers, Gilbert, & Axsom, 2000）。在预测其行为时，他们聚焦于达成某个目的的重要步骤或情境细节，而未考虑到与该目的无关但必然会妨碍达成该目的的生活细节。

有证据表明，聚焦错觉会影响人们对将遭遇事件的情绪反应的预测。当大学生被问到如果他们的足球队赢得比赛会有多高兴，以及如果他们的足球队输了比赛他们会有多悲伤时，他们往往会高估情绪的强烈程度及持续时长（Wilson, Wheatley, Meyers, Gilbert, & Axsom, 2000）。然而，如果起初要求他们写下有关在比赛次日可能进行的活动的日记，他们对其情绪状态的预测则相对不那么极端且更加准确。实际上，在比赛结束后提醒他们仍然得上课、约见朋友及外出约会会使其意识到，足球比赛仅是影响其日常心情的众多事件中的一件罢了。

同样地，在预测事件对情绪的影响时，人们往往会关注和过分强调相关情境中独有的特征，而忽视非某一情境所特有的重要特征。若对美国中西部居民和加利福尼亚州居民进行调查，两者均可能表示加利福尼亚州居民往往比美国中西部居民对生活更加满意——太平洋海岸阳光明媚，温度适宜，还有何不满呢（Schkade & Kahneman，1998）？诚然，加利福尼亚州居民比美国中西部居民更加满意当地的气候，但这点差异并不会导致前者比后者对整体生活的满意度更高。

为何人们会错误地预测两个地区的居民的整体满意度？人们在比较加利福尼亚州和美国中西部时所犯的错误在于，他们极其重视加利福尼亚州独有的特征，而未考虑当地与几乎所有其他地区相同的特征的影响。人们对生活的满意度确实在一定程度上取决于气候，但其同样会受到其他因素的影响，包括交通堵塞、恼人的同事、信用卡余额的增速、5岁孩子的温暖笑容以及与好友共享高品质的马提尼酒等。人们在评估两个地区的人对生活满意度时应重视这些特征（从而意识到加利福尼亚州的生活与美国中西部的生活实则大同小异）人们却在比较时过度聚焦而忽略了这些共同的特征。

影　响

对情境的误解及理解不充分会对自我洞察产生诸多影响。

※ 自信程度随着时间的变化而变化

首先，这解释了为何人们往往在自己的技能经受检验前会

第 8 章
个人之外：为何准确的自我预测需要洞悉情境状况？

过度自信，在关键时刻来临时却变得更加审慎。汤姆·吉洛维奇（Tom Gilovich）及其同事证明，人们在相关事件远在未来时会过度自信，而在相关事件临近时则相对不自信（Gilovich, Kerr, & Medvec, 1993）。在某门心理学入门课程的第一日，参与者预测在第一次课程考试时会取得百分比排名为82%的成绩，但到了考试当天，尽管他们仍然过度自信，但其信心程度已降低至更加合理的水平了（预测的百分比排名为67%）。

自信心的萎缩可能是由对相关情境的解释的变化所致。在距离考试还有很久的时候，参与者在预测时会依据该考试情境的一些抽象的重要特征（如"取得好成绩很重要，所以我一定会做到的！"）。然而，当考试临近时，学生变得更加了解重要的具体情境细节（"天哪，这本教科书里竟然有那么多内容需要阅读！"）。他们也更加了解会影响其表现的外部事件（"有机化学测试竟然就在明天？"）。随着时间越来越接近，人们会越来越了解该考试的情境，过度自信的程度也会因此逐渐降低。

※ 态度与行为的关系

对相关情境的解释的变化也导致心理学研究中出现了一个出乎意料的事实：人们的态度与其实际行为往往仅有极小的关联（Schuman & Johnson, 1976; Wicker, 1969）。在20世纪30年代的一项典型研究中，尽管接受调查的餐馆和酒店有超过

90% 的表示他们会拒绝服务有黄种人血统的人（别忘了，那个时代不同于现在），但总共 128 家机构中仅有 1 家真正拒绝了为研究者派去的黄种人夫妇提供服务（LaPiere，1934）。

如果人们根据对相关情境的某种错误或不够明确的解释来预测自己的态度，那他们预测错误的原因就很显然了：人们预测自己的态度时依据的是他们脑海中对相关情境的某种想象，而他们在现实生活中真正面临的情境可能大不相同。例如，你喜欢与某个以运输垃圾谋生的人共进晚餐吗？你很可能采取消极的看法，而且这可能是因为在你的想象中，垃圾运输员看上去（甚至闻起来）是某种不堪的形象。然而，真实的垃圾运输员的形象可能并非如此。假设我认识某个垃圾运输员，他已经读完了贾雷德·戴蒙德（Jared Diamond）和约翰·厄普代克（John Updike）的全部书籍；他最爱喝澳大利亚的红酒；他喜欢向人们分享他女儿就读于布林莫尔学院时的照片。如果这是我要介绍给你共进晚餐的垃圾运输员，你在这顿晚餐中的行为及你的享受程度可能会与你此前持有的态度迥然不同（Lord & Lepper，1999）。

例如，1984 年，洛德（Lord）、莱珀（Lepper）和麦凯问普林斯顿大学的学生有多乐意与学校某些饮食俱乐部的成员合作。在普林斯顿大学，饮食俱乐部是功能类似于其他大学的兄弟会和姐妹会的社团。调查对象描述了与某两个饮食俱乐部的成员交往的意愿，然后还描述了自己对每个俱乐部联想到的一

第8章
个人之外：为何准确的自我预测需要洞悉情境状况？

般成员的人格。随后，他们各自离去。

数月后，他们再次被带回实验室，并被告知他们将与另外某个学生搭档，共同完成一个项目（Lord, Lepper, & Mackie, 1984）。最终可能成为他们搭档的学生有三个，其中两个来自上面提到的饮食俱乐部。参与者翻阅了这三名潜在搭档的相关资料，并确定了他们更想与之合作的对象。在该研究的一组中，参与者接收到的关于饮食俱乐部成员人格的相关资料与其在该研究初期提供的描述一致。在这种情况下，参与者的合作者偏好与其早些时候表达的态度非常相符（$r = 0.69$）。然而，在另一组中，实验者将两个饮食俱乐部成员的人格部分地相互转换，以使饮食俱乐部成员的描述变得不同于平常。在这种情况下，参与者表达的合作者偏好与其最初的态度的相关性要低得多（$r = 0.32$）。

对态度与行为不一致的解释或许也可以解释态度与行为往往更加一致的情况。如果人们的态度源自某些情境经历，他们的态度则能更好地预测随后的行为（Fazio & Zanna, 1981）。例如，在一项实验室研究中，实验者向学生们展示了包括迷宫图、文字题及空间推理等各种各样的智力游戏，并要求他们评估对各类游戏的感兴趣程度。随后，实验者允许学生体验这些游戏。感兴趣程度的评估结果并未准确地预测出他们最先玩和玩的时间最长的游戏。然而，当参与者在评估其兴趣前被允许试玩每类智力游戏的一道题时，他们的评估则准确预测出了他们最先玩和玩的时间最长的游戏。可以推测，之所以体验游戏会带来更加准确的兴趣评估，是因为参与者对每类游戏的体验经历可以使其对相关游戏获得更加详细和准确的理解。参与者在理解上的任何错误都可能会由此被纠正，因此他们可以形成一种更加明智的态度。

情绪层面

人们错误预测情境还可能是因为情境的某些方面根本不可预测。尤其是，人们确实很难预测自己在未来将要面临的情境中的情绪。人们无法完全准确地预测出相关情境会使其产生怎样的情绪，以及那些情绪会歪曲他们的想法和影响他们的行为。

一项思想实验或许可以证明人们无法就相关情境的情绪层面做出预测这个事实。假设在某天清晨，你醒来后决定洗个澡。你走进浴室，但一拉开浴帘，你看到地上有一只四脚短吻鳄，露出牙齿，饥渴地望向你。在这种情境下，你会有怎样的感觉，会想到什么，以及会采取怎样的行动？

你对自己在这种情况下的反应很可能有某种看法。你可能认为自己大概会感到惊讶和恐惧，你甚至还可能会料想自己会大喊并设法离开浴室等。

尽管如此，你所预料的情绪感受很可能远不如发现一只

第8章
个人之外：为何准确的自我预测需要洞悉情境状况？

真正的短吻鳄懒洋洋地躺在浴缸里时所产生的情绪感受那么复杂。你在预料时不会像在真实情景中一样大量地分泌肾上腺素，因此所预料的恐惧感远不如看到短吻鳄时所感到的触目惊心、不知所措和毛骨悚然那么强烈。你可能预料不到你会很长时间目不转睛地盯着短吻鳄那似乎自鸣得意的露齿笑容看。

你无法预料到情绪反应的强度，因为许多情绪都是在你真正见到唤起情绪的刺激物时无意识的反应（LeDoux，1996）。在刺激物出现前，我们无法想象到其会唤起的情绪（除非是一些训练有素的演员）。这是一件有利的事情：如果每次**想到**某个唤起情绪的刺激物我们都会产生饱满的情绪反应，我们每天都会疲惫不堪甚至心力交瘁。

然而，由于无法充分预测情绪反应，我们也没有足够的能力准确预测出我们在唤起情绪的情境下的反应。这种能力的不足导致我们无法预测情绪的唤起会对我们的情境经历产生多么深刻和广泛的影响。

首先，人们需要与所有这些情绪做斗争，这导致人们倾向于专门采取行动来应付情绪（Fridja，1986）。

其次，情绪会改变人们对情境的认知，影响其对情境的显著特征的感知。例如，情绪唤起会导致人们更加关注刺激物大体上是积极的还是消极的，而不是略过情绪去关注描述性意义（Halberstadt & Niedenthal，1997；Niedenthal，Halberstadt，& Innes-Ker，1999）。情绪状态会降低人们对情境中与情绪无关的信息的关注度（Fox，Russo，& Bowles，2001）。实际上，有证据表明，焦虑和担忧会降低人们对情境中最重要方面的视觉关注度（Basso，Schefft，Ris，& Dember，1996；Derryberry & Tucker，1992）。此外，人们会为自己的感受寻找原因，因此会更加重视情境中那些唤起情绪的潜在具体特征（Barefoot & Straub，1971；Dutton & Aron，1974；Reisman，Insko，& Valins，1970；Valins，1966）。

再者，情绪还会导致人们对相关情境产生不同的看法，从而以可预测的方式改变他们的行为。例如，若感到恐惧，人们就更有可能认为该情境无法掌控，因而在整体上会比较悲观和厌恶风险；而如果人们感到愤怒，则会认为自己能掌控情境，因此更愿意冒险（Lerner & Keltner，2001）。在一项有说服力的全国性调查中，询问调查对象有关 2001 年 9 月 11 日的恐怖袭击事件的问题，部分调查对象被问到哪些方面使其感到担忧；另一些调查对象被问到哪些方面使其感到愤怒。相比那些谈到自己的愤怒的调查对象，那些谈到自己的担忧的调查对象更倾向于认为美国面临着再次遭遇恐怖袭击的风险（Lerner，Gonzalez，Small，& Fischhoff，2003）。

一些研究事例证明，人们无法预料到情绪的变化及相关的内在状态（如饥饿感）会使其偏好和行为发生怎样的变化。另一方面，他们当前的情绪或内心状态会误导他们对未来行为的预测，即便人们在某种理性层面上知道自己的内心状态会有所

第8章
个人之外：为何准确的自我预测需要洞悉情境状况？

变化。例如，里德和范莱文（Read & van Leeuwen，1998）在阿姆斯特丹一些职员可能感到饥饿的时候（如傍晚）或可能感到不饿的时候（刚吃完午餐时）问他们问题。调查对象被告知，实验者在一周后会再次来访并带一些零食，有些零食很健康（如苹果和香蕉），有些零食则不太健康（如玛氏棒或巧克力棒）；调查对象想吃哪种零食？需要强调的是，调查对象被告知，实验者将在刚吃完午餐时（不饿的情况）或傍晚（较饿的情况）再过来。

结果显示，调查对象在一定程度上意识到了他们在傍晚会比在刚吃完午餐时更饿，大约60%的人预测他们在傍晚想吃垃圾食品，而仅有41%的人预测他们在刚吃完午餐时想吃垃圾食品。尽管如此，他们的预测仍然受到了其当前饥饿状态的影响。在饥饿感最强烈的傍晚接受调查的对象中，67%的人预测自己将想吃不健康的零食。相反，在刚吃完午餐后进行预测的调查对象中，34%的人预测他们将想吃不健康的零食——即便他们知道零食将在通常充满饥饿感的傍晚分发时，仅有42%的人预测自己将想吃不健康的零食。

另有研究证实，人们当前的情绪或内心状态会影响对未来的预测。相比在健身房开始锻炼的前一刻接受调查，在刚结束严格锻炼后接受调查时，人们更有可能预测他们及其他人在登山时会口渴（Van Boven & Loewenstein，2003）。

恐惧、尴尬及社会抑制

利夫·范博文、乔治·勒文施泰因和我参与的一个研究项目证明，在社会情境中，无法预料情感的影响会导致错误的预测。人们通常认为在将来能坚定、自信，敢于积极冒险和直面社会中的所有挑战。人们认为将来一有机会就会向有魅力的女性或男性提出约会邀请，会主动在同事面前发言以及会指出某个混蛋的恶劣行为。然而，当需要行动的时刻来临时，他们就会失去勇气而毫无行动——不敢鼓起勇气提出约会；当上司要求主动发言时，他们只会置若罔闻；当某个混蛋当着我们的面欺负另一个人时，他们只会假装没注意到。

人们存在**勇气错觉**（an illusion of courage），认为自己会采取具有社会风险的行动，实际上却不然。人们之所以会持续产生勇气错觉，是因为无法预料当需要行动的时刻来临时，恐惧感和焦虑感会有多强烈，也未能意识到他们很有可能会感到尴尬。

尴尬是一个重大的问题。有观点认为，对尴尬的恐惧对人们的行为有着广泛而深刻的影响（Sabini, Cosmas, Siepmann, & Stein, 1999）。例如，它会使我们避免要求汽修工多解释一遍车子存在的问题。此外，对尴尬的恐惧还会带来更重要的影响。它会使人们避免插手紧急事件（Latane & Darley, 1970），使情侣双方不再坚持避孕（Herold, 1981），它甚至会导致副

第8章
个人之外：为何准确的自我预测需要洞悉情境状况？

驾驶员未能在驾驶员显然无法正常工作的情况下接替其掌控飞机（Harper, Kidera, & Cullen, 1971）。

我们已在若干研究中证明，人们会高估在社会情境中的勇气。在其中一个事例中，我们问大学生是否愿意为了2美元的报酬在周末当着研究方法课的全班同学的面讲一个笑话。当时距离进行这个讲笑话任务还有5天，该班有16%的学生自告奋勇。然而，等到了周末，尽管每个人都有可讲的笑话，但仅有5%的学生完成了任务。

在另一节大约有250名学生的课堂上，我们将该班的学生分为两组。我们向第一组提出了一个假设性问题：是否愿意为了5美元的报酬按照实验者的要求走到教室前面，面向全班同学跟随瑞克·詹姆斯[①]的《超级瘾君子》这首经典放克曲调跳舞。该组有31%的学生表示愿意。该组其余的学生当被问到我们须支付多少报酬才愿意走到教室前跳舞时，平均而言，该组的调查对象表示我们须支付略低于21美元。至于第二组，调查对象面临的不再是假设性问题，而是实际问题。在该组中，仅有8%的调查对象真正自告奋勇地上前跳舞，且平均而言，该组其余的调查对象表示我们须支付近53美元才愿意跳舞（Van Boven, Loewenstein, Welch, & Dunning, 2003）。

人们无法鼓起勇气的现象并不足为奇，其他心理学领域的研究也观察到了这个现象。以女性的困境为例，即便在当代社

---
① 瑞克·詹姆斯是20世纪七八十年代享有盛名的"放克大师"。——编者注

会，她们仍面临性别歧视言论、严重性骚扰等一系列问题。性别歧视的潜在受害者往往会过于乐观地认为能较为迅速、直接且有效地反抗性别歧视。斯温和海尔斯（Swim & Hyers，1999）让男大学生和女大学生合作完成一项小组任务，并确定最有可能在荒岛上生存下去的个体组合。其中一名男性小组成员一度提出歧视女性的意见，例如提议让更多女性留在岛上以"满足在岛上的男性的需求"。女性参与者并不知道这名成员其实是实验者安插的假扮学生的人。在女性小组成员中，有45%的人同意了他的全部意见，而仅有16%的人就他的言论直接与其对峙。尽管81%的女性在假设出现该情况时表示会反驳，事实上她们却不愿承担这种社会风险。

她们不愿意与同伴对峙的原因也许在另一项关于性骚扰的反应的实验中可以找到。伍兹卡和拉弗朗斯（Woodzicka & LaFrance，2001）访问年轻女性，如果某位30多岁的面试官在面试中提出不适宜的问题（如"有人说过你很性感吗？"），她们会做何反应。整整68%的人表示会拒绝回答至少一个不适宜的问题，16%的人表示会离开面试场所。然而，在另一组年轻女性参加真实的面试时（她们以为是在面试研究助理的职位），每个人均一题不落地回答了面试官的问题。不可否认，在面对不适宜的问题时，面试者有时确实会质疑面试官为何会提出这样的问题或让面试官阐明该问题，但她们通常不像在假设面对该情境时所表示的反应那么直接或抗拒。

第 8 章
个人之外:为何准确的自我预测需要洞悉情境状况?

人们在假设面对某情境时与真正面对该情境时反应的不同主要受到情绪的影响。当假设自己遭遇性骚扰时,调查对象往往会预测他们的愤怒感会胜过恐惧感。然而,在真正参加面试后,参与者的情绪反应截然相反。40%的参与者在面试后表示有些恐惧,而仅有16%的参与者表示有些愤怒。

关于人们不够了解其承担社会风险的能力,有必要指出两点。第一,人们在这方面洞察不足确实是因为设想经历某个情境时与实际经历该情境时的情绪存在差异。在人们设想可能要承担社会风险时唤起的情绪会促使其得出更加准确的预测。以人们预测是否会自告奋勇地在全班同学面前讲笑话为例:如果人们事先观看了如斯坦利·库布里克的《闪灵》的两分钟惊悚的片段,他们对自己是否愿意讲笑话的预测会更加准确。重要的是,似乎**任何**一种情绪的唤起都有助于促使人们做出更加准确的自我预测。相比人们的情绪未被唤起时,当人们观看了旨在让其感到愤怒或甚至愉悦的电影片段后,人们对是否愿意在同学们面前讲笑话的预测更加准确(Van Boven,Loewenstein,Welch,& Dunning,2003)。

第二,人们不仅会错误地预测自己在社会生活中的勇敢程度,还会错误地预测其他人在社会生活中的勇敢程度。还记得在前文提到的实验中,要求参与者设想是否愿意为了5美元的报酬在全班同学面前跟随《超级瘾君子》的曲调跳舞。他们认为同班同学中有30%的人愿意接受该提议,而当实际面对该提议时，仅有8%的参与者愿意这样做。平均而言，他们认为同班同学约要求得到13美元的报酬才愿意跳舞（在真实情况下，学生们要求得到约52美元的报酬）。显而易见，由于其自身未意识到尴尬的可能性，参与者便无法推断出其他人的行为会因害怕尴尬而受到极大的影响（Van Boven, Loewenstein, & Dunning, 2003b）。

一旦参与者了解到真实的情境，他们确实能洞悉其他人对该提议会做何反应。当面对真实的抉择时，参与者就会意识到其他同学极不愿意在同学们面前跳舞。此时，他们认为同学中仅有16%的人会自告奋勇（与实际数据8%接近多了）且认为平均而言，同学们需要约19美元才愿意做这件事。一旦体会到经历该事件时的情绪，参与者对其他同学在相同情境下的表现则有明显更加准确的洞察。

从长远来看情绪

当然，上述内容并非意味着人们对自己经历涉及情绪的情境时将感受到的情绪一无所知。在设想自己被解雇时，人们在一定程度上确实能意识到自己会产生悲伤、愤怒和尴尬的情绪。他们只是意识不到，当自己被赶出上司的办公室，回到办公桌收拾自己的个人物品时，那种感受是何其强烈。

不过，人们对情绪反应还存在另一误解。人们可能会低估被解雇等事件对情绪的短期影响，但矛盾的是，他们会高估此

第8章
个人之外：为何准确的自我预测需要洞悉情境状况？

类事件对情绪的长期影响。心理学很早就观察到，人们具有强大的适应能力。在经历改变一生的事件后，人们用不了多久就能恢复至正常的情绪健康水平（Helson，1964）。办公室职员用不了多久就能适应被解雇的现实；人们用不了多久就能接受爱人已经离世的事实；中了彩票的幸运儿会逐渐发现日常生活中伤脑筋的事并未因此减少。不可否认，这些事件确实会影响我们的情绪，但这种影响仅局限在短期之内。

关于人们会回归正常状态的典型例证来自布里克曼、科茨和吉诺夫·布尔曼（Brickman, Coates, & Janoff-Bulman, 1978），他们走访了在过去一年内瘫痪、中了彩票（奖金平均为50万美元）或未发生任何值得特别关注的事情的人。出乎研究者的意料，彩票中奖者不比未经历任何特殊事件的对照组调查对象认为自己更幸福。那些瘫痪患者对自己幸福程度的评价仅略低于对照组调查对象对自己幸福程度的评价，两者之间的差异远小于预期（类似结果，见 Schulz & Decker, 1985; Wortman & Silver, 1987）。

然而，人们似乎并未充分认识到关于适应的心理机制，而误以为情绪会比实际受到更持久的影响。大学生会高估结束当前恋情后悲痛的持续时长；年轻的大学老师会高估没有被授予终身教职后心烦意乱的持续时长；选民会高估支持的州长候选人落选后沮丧的持续时长（Gilbert, Pinel, Wilson, Blumberg, & Wheatley, 1998）；感染艾滋病病毒的患者会高估数周后自己的焦虑程度，而未感染该病毒的患者则会高估数周后自己的安心程度（Sieff, Dawes, & Loewenstein, 1999）。

对适应的认知不足还会导致人们对他人的情绪预测错误。人们大多会误以为其他人比实际上更易于受到情绪事件的影响。萨基特和托兰斯（Sackett & Torrance, 1978）询问调查对象，如果他们不得不每天进行肾透析，他们的生活质量会受到多大的影响。要求调查对象预测，按0（生不如死）到1（幸福圆满）分，其生活质量能评多少分。他们平均的预测分数为0.39，远低于实际经历肾透析的患者的评分0.56。在一项类似研究中，人们设想经历过结肠造口术，预测其生活质量的评分约为0.80，而实际经历过结肠造口术的患者对其生活质量的评分为0.92（Boyd, Sutherland, Heasman, Tritcher, & Cummings, 1990）。

低估物主身份的影响

人们对自我情绪的误解甚至体现在最简单的生活情境中。假设我来敲你家的门，向你推销一支很不错的纪念钢笔。出于公平的目的，我让你开个价。你愿意开出的最高价是多少？现在，我们再稍微改变情况形成第二种情境：我把纪念钢笔赠予你然后离去——但两分钟后，另一个人来到你的门前，问你是否愿意出售这支笔。你出售这支笔的最低价是多少？

第 8 章
个人之外：为何准确的自我预测需要洞悉情境状况？

这两种情境在其中一方面明显不同，即当你被要求开价时你是否拥有这支笔。从某种意义上说，这种差异不应导致你在两种情境下开出的价格存在天壤之别。毕竟，这支钢笔在两个情境中是一样的，具有同样的手感、等量的墨水以及同样美观的印字。总而言之，我可以有把握地说，这支钢笔在两种情境中具备同样的内在价值，而这应体现为它在两种情境中拥有基本一致的价格。

然而，许多研究表明，这两种情境从心理学的角度看极其不同。拥有某物品这一简单的事实会显著影响人们对该物品的价值判断。例如，卡尼曼、尼奇和塞勒（Kahneman，Knetsch，& Thaler，1991）走进一间房间，向聚集在那里的约一半的学生递了咖啡杯。他们问其余的学生，他们愿意花多少金额来购买自己的咖啡杯。平均而言，学生们表示愿意花费至多 2.25 美元。研究者又问收到咖啡杯的学生，他们愿意出售其咖啡杯的最低价，他们要求的平均最低价为 5.25 美元。

他们提出较高的售价并非出于策略的目的。大量研究表明，拥有某物品这一简单事实会导致人们发自内心地认为该物品更有价值，这一现象被称为**禀赋效应**（the endowment effect）。尼奇（Knetsch，1989）让三组参与者在咖啡杯和瑞士巧克力棒之间做选择。在其中一组，实验者向参与者展示了咖啡杯和瑞士巧克力棒，并问他们更想要哪个。在这种情况下做选择时，56% 的参与者表示更想要咖啡杯。在另一组中，实验者先将咖啡杯递给参与者，随后问他们是否愿意用咖啡杯换瑞士巧克力棒。在这种情况下做选择时，89%的参与者选择留着咖啡杯。在第三组，实验者先将瑞士巧克力棒递给参与者，然后再让他们在两者间做选择。在这种情况下，仅有10%的参与者愿意以瑞士巧克力棒换取咖啡杯。禀赋效应发生在从冷饮杯（Beggan，1992）到社会政策的观点（Hammond, Keeney, & Raiffa, 1999; Samuelson & Zackhauser, 1988）等各种各样的对象中，甚至连某人名字的字母都会引起禀赋效应（Nuttin, 1985, 1987）。事实上，人们似乎"本能地"更偏爱他们所拥有的事物。

为何会出现这种情况？有关行为经济学的研究提供了一个清晰易懂的答案。人们具有损失厌恶的心理。他们对潜在损失比潜在收益更加敏感（Kahneman & Tversky, 1979a）。例如，我让你抛硬币（你可以选"人头"或"字"），赢了我给你50美元，输了你给我50美元，想想这个赌约对你有多大的吸引力。极少人会对该赌约感兴趣，尽管从客观上来讲，损失50美元与赢得50美元是对等的，但人们对前一种预期更敏感。由于人们对损失极其敏感，当抛硬币改为若猜中硬币是正面或反面可以赢得200美元，若猜错则仅损失100美元时，仅有三分之一的人接受赌约（Tversky & Shafir, 1992）。从客观的角度看，人们当然应该接受该赌约（对经济学家来说，该赌约预期价值是50美元的收益），但损失厌恶心理导致人们对该赌约

第8章
个人之外：为何准确的自我预测需要洞悉情境状况？

极不感兴趣。

从损失厌恶到禀赋效应的转换逻辑非常简单。虽然获得某物品（如咖啡杯或钢笔）的预期会带来正面的心理感受，但作为收获，这并不会向我们的快乐机制注入极大的动力。然而，一旦我们拥有该物品，而某人想要从我们手中买走它，放弃该物品就会带来快乐机制所厌恶的损失。因此，为了甘愿交出该物品及让我们的损失得到补偿，我们必须获得可观的收益。

禀赋效应被视为心理学文献中记载的最简单和基本的现象之一。该现象是我们本能地追求快乐以及更加本能地避免不悦的一种自然结果。一旦意识到该现象，人们就能看到禀赋效应是如何影响人们在各行各业中的行为。例如，禀赋效应解释了为何谈判往往如此困难，为何卖房者对其房屋的标价如此"不合理"——若你不信，可查阅泰森（Tyson）和布朗（Brown）于1996出版的《傻瓜也能看得懂的房屋购买指南》（*Home buying for dummies*，第210—211页）——乃至为何小丹尼很难会让小哈里玩他的玩具。

尽管禀赋效应普遍存在，人们却似乎对其了解得不够充分。人们对物品所有者会比非物品所有者对相关物品开出更高的价格有着模糊的认识，却往往会低估物主身份的影响。人们似乎也未能充分预料到禀赋效应对其偏好和行为的影响。勒文施泰因和阿德勒（Loewenstein & Adler，1995）向卡内基梅隆大学和匹兹堡大学的学生展示了一个带有精美浮雕的杯子，并告诉他们数日后将收到一个这样的杯子，然后问他们愿意以怎样的价格将杯子回售给实验者。平均而言，学生们预测到时愿意以 3.27—3.73 美元之间的价格出售他们的杯子。然而，当收到杯子时，这些学生要求杯子的售价平均达 4.56—5.40 美元。

人们也低估了禀赋效应对其他人的影响。在范博文、我和勒文施泰因（Van Boven, Dunning, & Loewenstei, 2000）的研究中，我们重复了产生禀赋效应的典型过程，随机向教室里一半的学生赠予了杯子。当被问及时，平均而言，学生表示愿意以 5.40 美元以上的价格售出杯子。未获得杯子的学生却表示至多愿意支付 1.56 美元来获得一个杯子。

不过，最有意思的是杯子的拥有者与非拥有者对彼此出价的预测。杯子拥有者在一定程度上知道非拥有者对杯子的估价会低于他们，但他们的这种认知还远不够充分。杯子拥有者认为非拥有者愿意支付 2.93 美元来获得杯子，该预测金额几乎是非拥有者实际愿意支付金额的两倍。非拥有者同样未能充分认识到禀赋效应，认为拥有者愿意以 3.96 美元的价格售出杯子，该预测金额确实高于非拥有者所认为的杯子价值，但也远低于杯子拥有者实际愿意接受的价格（Van Boven 等，2000）。后续研究证实，即便杯子拥有者与非拥有者得出准确的预测可以获得金钱奖励，两者仍然会错误预测彼此对杯子价值的判断。

第 8 章
个人之外：为何准确的自我预测需要洞悉情境状况？

即便低估禀赋效应的影响会带来金钱损失，我们的参与者仍然会出现这种错误。在一项实验中，我们同样向一半的参与者赠予了杯子，但向另一半参与者提出了一项交易。我们委任其作为"买方代理人"，职责是为我们买回杯子。我们告知买方代理人，我们将给他们 10 美元从其中一个杯子拥有者手中买回杯子。他们要给杯子拥有者的杯子一次性出个价。如果杯子拥有者接受出价，代理人将用 10 美元来支付，剩余的金额则可由其拥有。如果杯子拥有者拒绝以代理人出的价出售杯子，代理人则将 10 美元悉数还给我们。显然，在这种设定下，代理人必须要推定出杯子拥有者愿意接受的最低金额。若出价过低，代理人最后便一无所获；若出价过高，杯子拥有者会接受出价，但代理人获得的剩余金额会少于其原本可获得的剩余金额。

即便在金钱激励下，买方代理人仍然未能准确地预测出杯子拥有者可接受的价格。在一项研究中，平均而言，买方代理人出价 4.93 美元，但杯子拥有者要价 6.83 美元。仅有 25% 的代理人的出价足够高，成功地从杯子拥有者手上购入了杯子，并为自己赚得一些钱。一项针对买方代理人行为的严格经济分析揭示，如果买方代理人的出价实现最优化，他们可以平均赚得 2.15 美元。而实际上，他们仅平均赚得 0.75 美元。在第二项实验中，买方代理人购买杯子的成功率更低，仅有 19%（Van Boven, Dunning, & Loewenstein, 2000）。

对禀赋效应缺乏了解

在某种程度上,买方代理人未能预见禀赋效应的影响这件事是不可思议的。禀赋效应对拥有者偏好的影响极易于理解,且人们从拥有、购进、售出及讨价还价的人生经历中也应当了解到拥有者与非拥有者的区别。然而,在我们的实验中,人们对禀赋效应的理解远不够充分。为何人们未能了解禀赋效应?

人们未能了解禀赋效应的现象由诸多原因导致。首先,我们可从第 4 章的全部内容中得知,人们极难从生活给予的不完整、杂乱无章及不明确的反馈中学到什么。其次,我们还知道人们并非对禀赋效应一无所知。非拥有者在一定程度上确实能意识到拥有者对其所有物价值的评价较高,他们只是不了解拥有者对所有物价值的评价究竟有多**高**。拥有者也在一定程度上了解非拥有者对其未拥有的事物价值的评价较低。他们只是未能充分了解非拥有者对那些物品价值的评价究竟低多少。

尽管如此,在研究中,我们发现大量证据表明,人们极难增强对禀赋效应的理解。例如,在一项研究中(Van Boven, Dunning, & Loewenstein, 2000, 第 2 项研究),我们遇到数周前在心理学课堂上听过禀赋效应的一些学生。事实上,他们的老师恰好讲到了那些启发我们研究的最早的咖啡杯研究(Kahneman, Knetsch, & Thaler, 1991)。当这些学生在估计

第 8 章
个人之外：为何准确的自我预测需要洞悉情境状况？

咖啡杯拥有者与非拥有者对咖啡杯价值的评价时，他们是否会对禀赋效应有更深刻的理解？我可以直截了当地说，答案是"否"。在课堂上听过禀赋效应的学生并不比此前从未听过该现象的学生的估计更准确。

即便有过直接和重复的相关经历，人们仍然无法洞悉禀赋效应（Van Boven, Loewenstein, & Dunning, 2003a）。在一系列研究中，我们向买方代理人提供 5 次机会从不同的杯子拥有者手中购买杯子。这一重复的经历确实使代理人获得了一些洞察。在他们第一次购买杯子时，代理人的出价往往仅为杯子拥有者要价的 75%。但在他们第 5 次购买杯子时，他们的出价已提高至杯子拥有者要价的 88% 左右。

到此为止进展还算顺利，可当我们随后让买方代理人向一些学生出价购买我们给予的钢笔时，情况却发生了变化。他们在对钢笔出价时会体现出洞悉禀赋效应的智慧，从而能更快地出价及出更高的价格吗？答案是"否"。买方代理人第一次购买钢笔的出价是钢笔拥有者要价的 75%，与买方代理人开始购买杯子时的出价情况基本一致。买方代理人后续出价的增长率与其在购买杯子时后续出价的增长率几乎完全相等。总之，他们从购买杯子的经历中获得的洞察并未转化到他们出价购买钢笔的行为中（Van Boven, Loewenstein, & Dunning, 2003a）。

不过，买方代理人无法获得洞察也不足为奇，因为在其所处的情况中，存在着诸多在现实生活中会阻碍人们获得洞察的特征。假设你出价 5 美元购买一个杯子，但你发现杯子拥有者要价 8 美元。你会怎样理解这个情况？是因为禀赋效应在发挥影响吗，是因为杯子拥有者确实很喜欢这个杯子，是因为杯子拥有者很贪婪吗，是因为他需要钱吗，还是因为杯子拥有者被欺骗了？

洞悉禀赋效应的困难之处在于，每次人们遇到禀赋效应引起的情况时，均有很多其他原因可以解释拥有者令人迷惑的行为。事实上，有一个简单易懂的可能原因比其他原因更加重要——拥有者要价如此之高与非拥有者出价如此之低的原因就是他们很贪婪。甚至在我们的一项研究中，当一名年轻女性发现杯子拥有者对其所有物的普遍定价后，她脱口而出："那些该死的杯子拥有者是我见过的最贪婪的人了！"（Dunning, Van Boven, & Loewenstein, 2001, p. 86）。这句话出乎我们的意料，同样出乎意料的还有房间内点头赞同的人数。

关于买方代理人的研究中有一份较为正式的数据证实，参与者极倾向于将交易失败归咎于贪婪（Van Boven, Dunning, & Loewenstein, 2000, 第 4 项研究）。在买方代理人出价过低的事例中，让拥有者与代理人分析交易失败的原因，要求他们评价一些可能解释的合理性，包括一个围绕贪婪展开的解释和一个描述禀赋效应的解释。拥有者与代理人双方都认为贪婪是比禀赋效应更加合理的原因。

在所有这些旨在使人们"洞悉"禀赋效应的研究中，仅

第 8 章
个人之外：为何准确的自我预测需要洞悉情境状况？

有一个研究"奏效"了。人们也许很难意识到禀赋效应，但如果能"体会"拥有某物品时的感觉，他们可能就会理解其他人拥有该物品时的感觉。这是一项实验的逻辑思路（Van Boven 等，2000，第 5 项研究），其中我们再一次让一半的参与者扮演买方代理人的角色。然而，在对杯子出价前，这一半的参与者有自己的杯子，并被问到会以怎样的价格出售杯子。此时，这些参与者能站在杯子拥有者的立场考虑问题，因此我们猜测他们对杯子拥有者将对杯子开价多少大致心中有数。与我们的预测一致，相比对照组，未获得杯子但被要求从杯子拥有者的角度考虑问题的参与者，这些参与者对杯子开出了明显更高的价格。

小 结

在本书的开头，我回顾了大量研究，它们表明人们对其技能和人格的映象往往会与事实偏离。在后续的内容中，我谈到了人们在评价自己时可能会遗漏的信息。而在本章中，我论述了更为重要的内容。人们有时可能非常了解自己，但如果人们误判了将要面对的情境，即便是极其准确的自我认知也可能导致对自己的错误预测。珠穆朗玛峰的登山者可能会发现珠穆朗玛峰比想象的更高，空气比想象的更寒冷，斜坡比想象的要陡峭，以及疲惫感比想象的更难以忍受。

倘若对自我的认识未能延伸至对个人之外的事物的认识，人们便会对可能的行为和生活结果得出错误的预测。自我洞察方面最具有讽刺意味的是，认识自我最重要的不在于认识我们的内在本质，而在于认识我们之外的某些事物。

第 9 章

有关自我映象的思考：
神秘莫测的自我洞察及其他

在希腊神话中，纳西索斯（Narcissus）是河神克菲索斯（Cephissus）和仙女莱里奥普（Leiriope）的儿子。在纳西索斯出生时，他的母亲曾找到盲人预言者忒瑞西阿斯（Tiresias）询问儿子能否长寿。忒瑞西阿斯说，如果他能永远都不认识自己，他就能长寿。

纳西索斯长大后成了一名俊美的青年，甚至可以说是全希腊最俊美的男子，一路上有许多女子对其心生爱慕，但他都拒绝了。一天，走在树林中，他瞥见了他在池塘中的倒影。他对这张俊美的面孔惊讶不已，疯狂地爱上了自己在水中的影象。令其痛苦的是，他无法触摸这个影象而不毁灭它，但由于他这般神魂颠倒，他也无法让自己离开池塘。结果，他日渐消瘦，最终印证了忒瑞西阿斯的预言——英年早逝。

在本书中，我曾问过人们在审视自我映象时所看到的是什么。当人们在心灵的镜子前驻足反思时，他们看到的自己是美丽的还是丑陋的？即便不像纳西索斯那样欣喜若狂，他们是否尚且满意所看到的自我映象？他们看到的自我映象是复杂的还是简单的？最重要的是，他们看到的自我映象与其他人对他们的印象是否相似？

人们在心灵的镜子中所看到的自我映象至关重要。人的一生中不计其数的决策均依据人们的自我认知。青少年依据对自己运动能力的认知而决定是否参加运动队选拔；员工依据对自己工作表现的认知而决定是否向上司争取涨薪水；学生依据自

第9章
有关自我映象的思考：神秘莫测的自我洞察及其他

我人格评价来选择加入哪个社团。人们在选择汽车、餐馆乃至心理疗法的类型时均在一定程度上依据自我映象（Niedenthal & Mordkoff，1991；Setterlund & Niedenthal，1993）。在校大学生根据对自我智力优劣势的看法来挑选专业，而根据对自我才能的评价来决定是否从事科学、艺术或写作事业（Fouad，Smith，& Zao，2002）。

我在本书中探讨的一些论据表明，人们在心灵的镜子中看到的自我映象与世界上其他人对其的印象至多略微相似。本章作为本书的最后一章，将聚焦两个任务：其一，本章将主要探讨一些将本书各个章节的不同论述串联起来的主题。其二，本书将解答至此一直萦绕在读者脑海中的一些问题。

主题与变化

前8章可当作一系列短篇文章来阅读，每篇文章都在某种程度上与日常生活中人们自我评价的正确性这个主题相关，但并未通过统领性概念框架或理论联系起来。在某种程度上，我是有意省略统领性理论结构的。自我评价是一件复杂的事情，在研究者更全面地理解导致正确或错误自我评价的心理过程之前，提出统领性理论可能为时过早。

尽管如此，敏锐的读者可能已察觉到有一些普遍的主题贯穿于各个章节之中，尽管这些主题在各个章节中通常有略不相同的阐释。其他的一些主题同样贯穿其中，只不过那些主题更加含蓄地隐藏在所论述的内容之中。尤其是，我认为可以从本书前面的内容中概括出两个关于自我评价的普遍主题，尽管细致的读者可能还会发现其他主题。一个普遍的主题直接聚焦获得准确的自我评价的固有困难，以及质疑有无可能获得准确的自我评价；另一个普遍的主题则关于人们可用于自我评价但往往忽略的工具。

自我评价的固有困难

就各方面来说，本书论述了在缺乏外部动因或外援而需要凭自己的力量获得准确的自我认知时，人们如何评价自己的技能和人格。如果在我们做出一些与自己相关的决策后，某个神忽然从天上拨开云雾，伸手递给我们一份显示决策是明智或愚蠢的报告，那获得准确的自我评价就简单多了。然而，生活并不会给予我们这样明确或可靠的答案。人们必须收集所能获取的全部信息和利用所掌握的所有知识来做出对自己的评价。这就是困难所在。

本书的内容揭示了凭自己的力量获得准确的自我评价是一件极其困难、复杂和棘手的事情。人们必须跨过诸多巨大的障碍才能稍微获得一些自我洞察。毕竟，本书的书名强调了"障

第 9 章
有关自我映象的思考：神秘莫测的自我洞察及其他

碍与弯路"[①]，而这并非随意选用的。

信息环境

首先，思考一下人们在评价自己时所处的**信息环境**（information environment）。我所说的信息环境指的是，人们在评估其决策、技能水平或预测未来行为时可利用的所有资料和知识。人们所处的信息环境通常根本不足以使人们获得准确的自我洞察，人们并不具备需要的所有资料和学识。

本书列举了若干关于信息环境不充分的例子。首先，如第 2 章所述，由于缺乏适当的技能和知识，能力不足者并不具备评价自己或他人的表现所需的所有必要知识（Kruger & Dunning，1999）。更重要的是，他们的能力极其不足也意味着他们没有能力认知到自己的表现有多差劲。

我们还在第 2 章讨论到，一般人（无论是无能力者还是有能力者）均意识不到他们的遗漏过错这个重要事实（Caputo & Dunning，2005）。他们知道自己对某个问题采取的解决方案，但显然对他们本可采取或遗漏的解决方案一无所知。例如，一名军队将领知道在作战前考虑过的战术，却并不知道本可采取的可能更优越的战术。鉴于此，我们无法指望这名将领以及一般人能十分准确地评估其决策和表现。

[①] "障碍与弯路"出现在原书副标题 *Roadblocks and Detours on the Path to Knowing Thyself* 中。——编者注

就人们判断其决策的适当性所依据的线索而言，信息环境同样不够充分。如第 3 章所述，依据这些线索来判断正确性并不完全可靠。准确的决策背后通常有条理清晰和合乎逻辑的理由，但错误的决策亦是如此。人们依据做出决策的速度来判定其决策是否正确，可外部力量同样会促使人们迅速想到一些错误的结论。此外，人们还会依据其对自我技能和学识的事先看法来评估其决策，但那些事先看法与其客观表现往往只有微弱的相关性。

人们在预测其未来行为时同样面临着信息环境不充分的问题。人们生活在一个复杂多变的世界中，从来不会面临与过去完全相同的情境。售货员遇到的每个顾客的行为均不同于以往的顾客。每个家长都清楚管教方法对第二个孩子产生的效果不同于第一个孩子。因此，如第 8 章所述，除非身临其境，否则我们是无法了解具体情境的。由于未能准确了解情境的特征，人们对在相关情境中的反应的预测则很可能出现错误。

我们在第 8 章还讨论到，我们极难预测在情绪被唤起时偏好和行为会发生怎样的变化，除非我们在预测时情绪恰好被唤起（Van Boven, Loewenstein, Welch, & Dunning, 2003）。由于缺乏有关情境细节和影响的重要信息，我们极易对未来行为做出错误预测以及对预测抱有不应有的信心。

信息环境不充分的问题并不会随着岁月和经验的累积而消失，生活经验的累积并不能保证人们最终会充分认识自我。如

第9章
有关自我映象的思考:神秘莫测的自我洞察及其他

第4章所述,生活往往不会提供有关我们行为的重要反馈,或者说会向我们提供具有误导性或模糊不清的反馈。因此,尽管拥有可据以评价我们的技能水平、人格及预测未来的直接经验,但我们从那些经验中获得的洞察可能会为个人错误以外的因素所误导。

此外,即便拥有得出正确自我评价的所有必要信息,人们仍然面临着另一个障碍;即便掌握了关于其具体优劣势的准确和具体的信息,他们仍无法保证可以得出完全准确的自我评价。如第2章所述,就现实生活中的许多任务而言,成功的定义并不明确。我们极难甚至绝无可能定义何为最佳表现,以及人们需要采取怎样的步骤和具备怎样的能力才能实现最佳表现。没有算法可以定义何为一款新漱口水最有效的广告宣传方案或怎样做才能最好地安慰到朋友。

事实上,第6章的内容也提到了这个难题,其中讲到**聪明**或**领导力**等常见特质的定义并无规定,而且不同人可以有不同的解释。由此可见,既然聪明的定义描述并不明确,人们又怎能知道自己是否比其他人更加聪明呢?由于何为最佳表现并无明确的标准,我们很难指望人们可以十分准确地评价其表现。

开门见山:是自我评价太难,而非人们太愚蠢

鉴于获得正确自我评价的道路上有如此多的障碍,我想讨论一下我们能从书中得出的重要信息以及不能从中得出的信

息。我们不能从本书中得出的信息是人们很愚蠢——读者在阅读本书时可能断定我在长篇大论地描述人们是多么的渺小、无能和不理性。我们可以认为，人们不具备判断或接受其真正优劣势所必要的"有效工具"。

诚然，人们确实会犯下一些原本可以避免的错误，本书也有提及这类错误，但本书传达的更明确的信息是，人们无法获得准确的自我认知的原因往往不全在自身。其实，远非如此，让我揭开本书的主题：获得足够而远非完美的自我认知就已是一项极其棘手的任务，外部因素使人们自我认知的道路上充满了障碍；人们之所以无法认识自我，只是因为获得自我认知实在是太难了。

因此，若要将人们无法获得自我洞察归咎于某个原因，那也应该归咎于这项任务本身的固有困难。并非人们太迟钝了，而是他们在获得自我洞察的道路上面临着诸多艰巨的挑战。面对认识自我的任务，即便是最真诚、最勤勉的人也可能会被外部因素挫败。因此，相比人们自己，我更愿意将失败归咎于他们在设法充分认识真正的自己时所面临的艰巨挑战。

自我评价即傲慢行为？

因此，纵然在比较人们的自我评价与客观事实时往往显得人们较为自负，但读者同样不应将自我评价偏差归咎于人们的傲慢。这只是因为人们所处的信息环境无法使其最终消除过度

第9章
有关自我映象的思考：神秘莫测的自我洞察及其他

自信的自我观。

不过，如果读者仍想从人们的自我评价中找到其傲慢的证据，这也并非不可能。有人会合理地认为，人们就任何方面均能得出自我评价这点体现了人们的傲慢。在信息环境如此不充分的条件下，人们怎么能肯定地得出自我评价？例如，当他们明显缺乏得出相关结论的所有必要证据时，他们怎么能如此自信地断定自己擅长或不擅长某种技能？

因此，有人可能认为对自己得出某种看法本身就是一种傲慢的行为，但这种说法也许有点言过其实了。人们确实需要对自己做出判断。人们需要得出自我评价以指导日常生活及对不可避免的重大事件（如事业、婚姻）做出决策。责备人们对自己做出判断就类似于指责陪审团针对某刑事案件投票做出判决的做法是傲慢的。陪审团在刑事案件中经常面对不确定和矛盾的证据，且他们的决策最终有可能被证明是错误的，但无论有多难，他们仍然得按照法律制度的要求做出判决。生活常常像一个严肃的命令一样迫使我们对自己做出判决。如果未能对自己做出判断，我们会无助地倚在扶手椅上，不知该如何度过余下的生命。

话虽如此，或许人们在进行自我评价时仍可以稍微减轻傲慢的程度。正如本书所指出的，人们在得出自我评价时应注意到有许多未知因素，或许人们在评价自我时应考虑这些未知因素。

本书已明确指出若干未知因素。关于能力不足者的自我评价的内容表明，人们应注意他们可能并非其自我表现的最佳评判人，因此应寻求反馈或其他信息以检验其自我映象。关于情境洞察的内容表明，人们在预测自己的未来行为时应意识到自己并不知道相关情境的确切细节，因此他们应降低对预测的自信程度或至少考虑到他们的行为可能与料想的不同。

此外，人们常见的错误（至少就北美洲人而言）就是过度自信（Heine, Lehman, Markus, & Kitayama, 1999）。因此，人们可以设想他们的技能或成就不如直觉中的那样卓越，从而得出更加准确的评价。人们在自己的直觉中可能是厨艺高超的厨师或出色的演讲者，但他们应想到事实往往会与自己的看法相去甚远。在这样做时，他们无须纠正自己的直觉。相反，他们也不应改变自己的看法，但应预测实际结果不会符合其直觉。

最后一种策略可以采用成功的企业在规划未来项目时通常采用的一种方法。这类企业通常采用**认知修正**（cognitive repairs）的方法，即让专家做出预测，然后通过预设的修正系数来调整预测以使其更接近事实（Heath, Larrick, & Klayman, 1998）。修建大坝的公司一般会询问工程师，需要多少混凝土才能确保大坝结构的完整性。为防止过于乐观，这些公司便会准备3倍，有时甚至8倍于工程师预估的混凝土量。同样，微软公司会自动将程序员预估开发一款新软件所需的时间提高30%—50%。

第9章
有关自我映象的思考：神秘莫测的自我洞察及其他

被忽略的智慧之源

本书中另一个反复出现的重要主题与人们所掌握的有价值信息有关，我们本可以利用这些信息来获得更加准确的自我评价，却往往将它们忽略了。通往正确自我洞察的道路可以变得畅通无阻（人们已经掌握了一些宝贵的工具），他们只是需要意识到这些工具并将其加以利用。

历史数据

例如，人们通常拥有关于过去事件的结果的信息，可以从中得出对现在或将来的预期。如第7章所述，人们出现计划谬误的原因之一是忽略了过去的经历，包括刚好赶在截止日期前完成项目及超过截止日期仍在赶项目的经历。人们并不关注外部信息，而是从内部视角出发，几乎仅关注关于他们将如何在截止日期前完成当前任务的情境。

如果人们能从偏"外部"、信息导向的视角出发，或至少通过注意过去的信息来调整其从内部、情境导向的视角出发，就能得出更加准确的预测。例如，洛瓦洛和卡尼曼（Lovallo & Kahneman, 2003）曾讲过一个关于一组大学老师在当地高中开设新课程的故事。项目开启一年后，这组大学老师被问到要用多久时间完成这项任务，他们给出的最消极的预测结果是30

个月。然而，当被问到类似的小组花了多长时间来完成该项目时，其中一个大学老师主动告知，他从未见过哪个类似的小组在 7 年内完成项目，而大约有 40% 的类似小组根本完成不了这样的项目。最终，开设该课程的小组延迟了 8 年才完成该项目。

来自他人的数据

同样重要的是，本书屡次指出，人们还会忽略另一个信息来源：其他人。对来自他人的数据的忽略体现在多个方面，对自我评价的正确性有着广泛的影响。

※ 认为自己与众不同

自我评价的一个问题是，人们认为自己从本质上不同于其他人，因此所有适用于他人的规则都不适用于自己。这种观念不利于人们获得自我洞察。如第 7 章所揭示，在道德行为方面，人们似乎对其他人会如何应对与道德相关的情况有着相当准确的看法。然而，在进行自我预测时，人们却会抛开这些对他人的宝贵洞察，在预测自己的未来行为时仿佛自己是规则中的例外，拥有不同于其他人的心理特征。因此，尽管他们对他人的行为能得出虽非完美但大体上准确的预测，但他们对自我行为的预测往往与事实相去甚远。本书其他地方也揭示了人们认为自己不同于他人的观点。如第 5 章所揭示，人们往往认为自己

第 9 章
有关自我映象的思考：神秘莫测的自我洞察及其他

的内心世界比其他人的内心世界更加活跃和复杂，因此认为自己特别感性、压抑和复杂。

如果人们承认自己的心理特征与其他人的心理特征别无二致，承认自己的行为在很大程度上同样受到那些支配他人行为的情境力量的影响，那他们就能获得更加准确的自我认知。这样一来，他们便能更轻而易举地从他人的经历中获得洞察，并利用与他人的结果相关的信息来预测自己的行为。

他们还可以通过预测他人可能的行为来预测自己的行为，只要他们能"哄骗"自己那样做。例如，如果我想预测我何时能完成纳税申报，我无须预测自己的行为，而是去预测一般人何时能完成纳税申报，并将该预测结果当作自我预测的结果。这个观点使我想到一个据我所知还未经彻底讨论的有趣假设。或许研究者可以利用这个技巧：当他们想估计人们会为某慈善机构捐赠多少钱时，倘若问调查对象认为其他人会捐多少钱，也许他们能得出更加准确的预测结果。这种办法能否奏效？迄今为止，我们并不清楚，但第 7 章的内容表明存在这种可能性。

※ 完全忽视其他人

人们对其他人的忽视还体现在其他方面。如第 5 章所述，许多自我评价的问题不在于人们对其他人持有错误的看法，而在于他们完全忽视了其他人。受自我中心主义影响，人们目光狭隘地只关注到自己的特质和境况，而忽视其他人的特质和境况。因此，他们未能想到其他人与其一样渴望掌控事件的发展。他们未能想到其他人可能拥有与其一样丰富的内心世界。还有第6章所讲到的，人们未能想到，其他人可能对某些特质采用不同于自己对那些特质采用的定义，或其他人可能通过不同于自己采用的方法来取得成功。

人们对其他人的忽视实在太令人费解了，因为人们得出的许多最重要的自我评价均涉及与他人的比较。因此，如果人们在进行这种比较时未能考虑到其他人，那比较得出的结论必然是错误的。对其他人的忽视会导致明显错误的自我信念。回顾前文提到的学生在实验室玩扑克的例子。当实验者增加牌组中百搭牌的数量时，学生们认为自己获胜的概率增加，因此相应地加大了赌注。但实际上增加百搭牌的数量并未使他们获胜的概率增加，因为实验室里所有人均获得了同等的优势（Windshitl, Kruger, & Simms, 2003）。

因此，从有些矛盾的角度来讲，人们在通往自我洞察的道路上应更加关注其他人，利用其他人的经历来指导自己；我们对其他人的行为的直觉也可以为认识自己提供线索。只需认真考虑其他人，我们就有可能更加准确地评价自己相对他们而言的水平。

※ **把他人作为重要的信息源**

从另一个角度看，其他人同样有可能帮助我们迅速获得

第 9 章
有关自我映象的思考：神秘莫测的自我洞察及其他

自我洞察。如本书所表明的，仅凭我们自己的力量是极难形成准确的自我认知的。我们需要外部的帮助，而其他人能帮助我们。如第 1 章所述，周围的人有时比我们自己还更加洞悉我们的能力和行为，因此直言不讳地让其他人提供反馈是消除自我错觉的明智方法。

诚然，寻求反馈也有其问题（见第 4 章），但相比另一选择——毫无反馈，从其他人那里寻求线索更有可能带来自我提升。有资料可以证明这一断论。在组织机构的情境中，积极寻求反馈（尤其是负面反馈）的经理能较准确地把握其作为上司、下属及同事的称职程度。他们在组织机构中也更受尊重（Ashford & Tsui，1991）。

另有现实生活中的例子表明，从其他人那里获得有效反馈有助于人们更准确地评估自己的观点和行为。在商界，首席执行官经常出现的一个问题就是他们在收购其他企业时往往过于乐观。他们花费重金收购其他公司，但这类决策通常不会促使自己所在公司的股价上涨，从而在股市获得回报。相反，一旦这类收购公开，两家公司的股价均会**下跌**，这表明首席执行官的判断未必可靠（Hayward & Hambrick，1997；Malmendier & Tate，2003）。

当首席执行官的身边有其他人就收购决策提供外部观点时，这种在收购时过于乐观的现象就能在某种程度上得到缓解（Hayward & Hambrick，1997）。当首席执行官必须在独立董事长及与该公司完全无关的董事会（即由大多数非该公司供应商、采购商或员工的成员组成的董事会）面前证明其决策的合理性时，他们往往会更加小心谨慎地做出收购决策。

一般来说，尽管将决策呈交给他人评估有时会引发焦虑，但这种做法是评估该决策的可行性的有效方法。一项关于微生物实验室的研究揭示，成功的实验室通常会召开这类实验室会议：会议中，研究者必须向同事提出其想法以得到他们的评论（Dunbar，1995）。美国国防部的政策是将军事作战计划呈交给"纠错委员会"，目的是提前找出计划不周的军事行动，避免其在战役中被采纳（Heath 等，1998）。

总 结

尽管我们可以通过若干种方式将本书各个部分联系起来，但所有信息可汇成一个观点，即人们很难凭自己的力量获得准确的自我洞察。人们通常无法从环境中接收到指导其获得正确自我认知所必要的决定性线索，因此我们不能拿获得自我洞察的固有困难来指责人们。

尽管如此，人们确实没有充分利用其掌握的所有信息。他们可以依据资料，而不是猜测情境。他们可以参考历史信息，而不是假设性地预测未来；他们也可以利用周围的信息源——其他人；他们可以参考其他人的行为和结果，通过这些信息来

第9章
有关自我映象的思考：神秘莫测的自我洞察及其他

获得自我洞察。更重要的是，人们可以直接询问其他人的看法。这样做的话，其他人或许会分享一些观察结果，而这些结果能使人们避免形成严重偏误的自我观。

贯穿本书的问题

除阐明这些普遍的主题外，本书到此为止的内容显然留下了许多悬而未决的问题。其中有三个问题明显至关重要，因此需在本书结束之前加以探讨。第一个问题是，人们的自我认知是否仅能极低程度地预测出他们的表现和成就。第二个问题是，错误的自我观有何潜在的代价和好处。第三个问题是，怎样才能提高人们自我评价的准确性。

自我评价总是错误的吗？

本书将自我评价者描述为即便在可能导致严重后果的情境中仍易于产生错误和偏见的人。然而，在日常生活中，人们的映象是，自己是能做出极其准确和公正的判断的个体，以及能客观地看待事物及其自身，这种映象来源于他们在多年的人生经历中所积累的大量证据。为何本书对人们的描述与日常生活中人们对其自身的映象截然不同？

我们在本书讨论过为何尽管人们的自我认知普遍是有偏差

的，但人们仍认为自己的自我认知是准确的，有没有可能人们非常良好的自我映象是基于事实的，即基于前面章节中未考虑到的证据？简单来说，人们有可能经常出错，但也有可能更经常得出准确的自我评价，只是这些相关的事例并未被记录在心理学文献中罢了。毕竟，关注人类境况的记者写下的报道往往都会涉及出人意料和引起争议的事件，而非平淡无奇和引起自满的境况。在我们所生活的世界中，**人咬狗**的事件仍然比**狗咬人**的事件更有可能会被报道，即便本书大部分内容所引用的严肃和学术性的心理学文献也是如此。

这种报道倾向很可能存在，但确定其是否存在可谓舍本逐末。我敢肯定，如果我们能不厌其烦地去问，必定能发现人们对生活中的某些方面能做出十分准确的预测。我想，若是我问你明天是否会在下午 3 点前起床，是否会在接下来的 6 个小时里与家人长谈，在上午启动你的车子或在两天内只喝瓶装水，你肯定能做出极其准确的预测。我们能对大量重复、平常和惯常的行为做出准确的预测。真正的问题在于我们能否在情况更加重大、复杂或不寻常时对自己的行为做出足够准确的预测。

不过，也许这仍然不算是真正的问题。毋庸置疑，在某些情况下，人们是能极其准确地评价自我的。有资料已表明了这一点。尽管梅布和韦斯特发现人们的自我认知与其实际表现平均仅有微弱的相关性（相关系数约为 0.29），但在一些研究中，两者的相关性远远更高（如相关系数约为 0.70）。促使人们得

第9章
有关自我映象的思考：神秘莫测的自我洞察及其他

出正确自我评价的情况与导致其得出错误自我评价的情况有何不同？这是一个尚未充分讨论的问题，值得我们在未来进行研究。

正确评价自我的案例

为表诚意，我们可以先讨论其中一类心理学文献，它们有时可以表明自我认知与客观行为之间存在显著的相关性。这类文献主要针对**自我效能**（self-efficacy），研究个体对成功的信念能在多大程度上预见和影响其表现水平（Bandura，1977，1997）。

在关于自我效能最早的一项研究中，班杜拉、亚当斯和拜尔（Bandura, Adams, & Beyer, 1977）找到患有严重恐蛇症的人，这些人深受噩梦折磨，无法参加有可能（无论概率有多低）出现蛇的社交休闲活动。班杜拉及其同事将这些恐蛇症患者带到实验室，让他们完成一些涉及红尾蚺的任务。例如，他们让这些恐蛇症患者进入一间有红尾蚺的房间，走近它的玻璃笼子，戴上手套触摸它，赤手触摸它，最后让它在他们的大腿上爬行。显然，参与者未必能完成所有这些活动。

随后，实验者引导参与者进行旨在缓解其对蛇的恐惧感的治疗性活动，并向他们展示了一份活动清单，然后让他们预测自己能完成哪些活动。参与者的预测与实际行为的相关系数超过 0.80。事实上，超过 85% 的具体预测在后来均被证明是完全正确的（Bandura 等，1977）。

仔细思考为何该研究中的恐蛇症患者的预测如此准确，其余人在本书提到的其他情况下却容易得出错误预测，这也许能为我们带来启发。详细说明班杜拉等人（1977）的研究中是什么导致了准确的预测，也许能为我们提供一些线索，以了解人们在何种情况下能获得更加准确的自我认知。

关于班杜拉等人（1977）研究中的情况，有几个方面值得关注。首先，对参与者来说，相关情况和任务是十分明确的。进入一间有蛇的房间、走近关在玻璃笼子里的蛇或赤手触摸蛇，这些活动均很明确。由于参与者在进行预测前有过相关任务的直接经验，他们进一步明确了解到相关情况，知道相关情况的具体细节（哎呀，原来蛇不是那么经常蠕动）以及他们的情绪反应（天哪，我触摸蛇竟然不会晕倒）。

其次，要求参与者完成的动作在某种意义上是他们完全能掌控的。每个参与者均具备走向蛇、伸手触摸蛇的表皮及足够用力地抓住蛇以将其从笼子里取出的身体能力。他们固然可能无法控制自己的情绪，但如果他们预测自己能完成某项任务，依照他们的身体能力而言该任务确实是能完成的。

最后，参与者所预测的事件是专门根据眼前任务提出的具体事件。他们被问到的是有关具体行为的确切问题，如他们能否赤手触摸蛇。他们被问到的并非模糊和拐弯抹角的问题，如他们是否擅长驯养蛇。

第9章
有关自我映象的思考：神秘莫测的自我洞察及其他

询问人们问题时，问题的明确性具有重要意义。大量研究发现表明，相比被问到对眼前特定任务的针对性较低的更加整体和抽象的问题时，当人们被问到关于确切行为的具体问题时，其回答往往更加准确（Bandura，1986）。例如，如果研究者想知道某人在发生性关系时是否会采取避孕措施，较佳的做法是问他们是否打算与性伴侣采取避孕措施，而非问他们对节育是持积极态度还是消极态度这种模糊的问题。不过，若是问到他们具体采取的避孕方法就更好不过了（Fishbein & Ajzen，1980）。所提的问题越是精准地针对眼前的情况，就越有助于预测个体随后的行为。

抛开有利条件

考虑到这些观察结果，不难看出为何在班杜拉等人（1977）研究的情况下参与者的自我预测非常准确，而在其他情况下人们的自我预测却无法同样准确地预测其行为。事实上，同样在关于自我效能的文献中，当我们将目光从班杜拉的恐蛇症患者所面临的情况转移到现实生活中复杂、不明确和不寻常的情况时，我们发现，人们的自我效能判断照样难以预测其行为和表现。大学生在大学第一学年的学业自我效能与来自其老师评价的相关系数仅为0.35（Chemers，Hu，& Garcia，2001）。在职场情境中，自我效能判断与实际表现的相关系数为0.38。然而，如果某人从实验室情境完全进入职场情境，然后主要从事复杂的工作，这种相关系数就会下降至0.20（Stajkovic & Luchins，1998）。

事实上，如果我们仔细比较现实生活中的情况与班杜拉等人（1977）研究的情况，我们感到震惊的就不是人们在评价自己的技能水平和预测行为时准确性极低，而是他们根本完全错误。

错误的自我评价真的如此不利吗？

读者可能想到的另一个问题是，错误的自我观是否值得担忧。虽然人们可能对自己的能力持错误的看法，但大部分人仍然能顺利地度过一生。他们能保住工作，养家糊口以及至少以某种方式度过日复一日的生活。人们错误地评价自我，更确切地说是往往高估自己潜在成就，也许并非真正需要担忧的事情。

查阅近期的心理学文献，我们就会发现，关于这种错误是否事关重大这个问题的答案十分复杂。尤其是，如果我们只着眼于一个特定的错误——高估自己的技能水平和人格优越程度，我们就会发现，这种错误有利也有弊。

关于乐观精神的定律

在仔细研究自我评价过高的影响之前，我必须指出一个

第9章
有关自我映象的思考：神秘莫测的自我洞察及其他

定律。持有积极和乐观的自我看法具有诸多好处，至少对北美洲人而言是如此（对亚洲人，情况则可能不同；见 Lehman, Markus, & Kitayama, 1999）。对个人能力保持自信的人在面对艰难任务时会坚持更长的时间（Jacobs, Prentice-Dunn, & Rogers, 1984），因此通常会表现更佳（Cervone & Peake, 1986）；对自己的数学能力怀有自信的孩子在解答数学问题时会坚持更长的时间（Bouffard-Bouchard, Parent, & Larivee, 1991）；乐观看待自己的体力的成年人会展示出更强的毅力，在失败后会重新努力争取成功（Weinberg, Gould, Yudelson, & Jackson, 1981）；当两名摔跤选手进入加时赛时，自我评价更高的摔跤选手往往会赢得比赛（Kane, Marks, Zaccaro, & Blair, 1996）；减肥的人只有在相信自己能减肥成功时才能成功（Chambliss & Murray, 1979）；积极看待自己学习能力的孩子往往能取得更高的分数并对其成绩设有更高的目标（Zimmerman, Bandura, & Martinez-Pons, 1992）；工作自我效能较高的成年人往往在工作中表现更佳（Eden & Zuk, 1995；Wood, Bandura, & Bailey, 1990）；充满乐观精神的人更不易患抑郁症（Aspinwall & Taylor, 1992）；乐观看待自己未来的艾滋病病毒感染者往往能积极地面对其境况，同时能避免抑郁和自我否定（Taylor, Kemeny, Aspinwall, Schneider, Rodriguez, & Herbert, 1992）；乐观的人往往更健康（Peterson, 1988）；他们拥有更顽强的免疫系统（Kamen-Siegel, Rodin, Seligman,

& Dwyer, 1991；Segerstrom, Taylor, Kemeny, & Fahey, 1998），更倾向于采取有利于健康的行为（Schwarzer, 1999）。

对自己持乐观看法比对自己持悲观看法更有益,这一点无可争议。弗吉尼亚·伍尔夫（Virginia Woolf）评论说：没有自信，我们就像摇篮中的孩子。她的观点是正确的。然而，脱离实际的过于乐观是有利或有弊仍备受争议。人们可以过度自信吗？当人们对其技能水平和人格持过度自信和有失偏颇的看法，他们的境况会因此更好还是更糟？关于是否应培养过度的乐观态度和过高的自信，既有**肯定**的理由，亦有**否定**的理由，简要了解这两类理由将会为我们带来启发。

※ "肯定"理由

若干有数据支撑的论证表明高估自己是有益的。首先，人们因此避免的错误往往比因此犯下的错误更多。虽然人们高估自己可能会陷入麻烦，但他们在高估自己的同时也避免了低估自己时会导致的严重问题。如果乐观带来的是成就、毅力、心理调适和健康，那乐观的对立面往往带来的就是失败、脆弱、抑郁和疾病。许多研究表明了这种联系：悲观者在生活中的心理、社交和身体方面均会付出沉重的代价（Armor & Taylor, 1998；Taylor & Brown, 1988）。也许乐观会产生代价，但因避免悲观而获得的好处远抵过那些代价。

除乐观以外，近期有学者表示，过度自信也会产生一些直

第 9 章
有关自我映象的思考：神秘莫测的自我洞察及其他

接的好处。首先，高估自己的人会给他人留下良好的第一印象。保卢斯（Paulhus，1998）将大学生带到实验室参加 20 分钟的小组讨论。在小组成员的眼中，那些高估自己（相较其朋友的评价而言）的学生比其他小组成员更加自信、有趣和聪明。

其次，有证据表明，高估自己的人能获得更大的成就。赖特（Wright，2000）找到相较其实际学业成绩而言高估了自己学习能力的学生，并追踪他们在下一学期中的表现。与更容易自我怀疑的同学相比，自我高估的学生取得了更高的分数。

有迹象表明，过度自信的个体还拥有更加健康的心理素质。在各种评估个人成长、人生目标、抑郁、焦虑和与他人的积极关系的心理健康测试中，对自我持过高评价的人往往表现出更加强大的心理调适能力（Taylor, Lerner, Sherman, Sage, & McDowell, 2003b）。他们亦往往比周围人感到更幸福（Taylor & Brown，1988）。

自我高估者还更容易适应逆境。对其乳腺癌的潜在病程持乐观看法的女性患者，即使其看法过于乐观，仍往往会在后来展示出更强的心理调适能力（Taylor, Lichtman, & Wood, 1984）。在士兵应对波斯尼亚和黑塞哥维那内战创伤的实例中，认为自己的状态比战友们更佳的士兵确实被诊断出更少心理和身体问题。他们所报告的社交和适应问题也更少，负责治疗他们的心理健康专家也确认了这一点（Bonanno, Field, Kovacevic, & Kaltman, 2002）。心理健康专家表示，在近期经历过爱人突然去世的人当中，那些在有关自我欺骗的测试中得分较高的人在失去爱人 14 和 25 个月后，所患的创伤后应激障碍症状相对较轻（Bonanno 等，2002）。

尽管具有启发性，这些表明自信与心理健康之间存在联系的研究却引起了争议。一个主要的问题就是，对心理健康和幸福的评估往往基于自述，这就导致存在这种可能性：自我高估者同样高估了他们的幸福程度、调适能力、个人成就和与他人关系的友好度。他们对自己较强调适能力的看法很可能同样产生于自己的妄想。事实上，当临床医师正式鉴别自我高估者后，研究者发现，乐观和心理健康的相关性大大降低（Shedler，Mayman，& Manis，1993，尽管 Taylor 等，2003b 得出了不同的结果）。

不过，更有意思的是，有关数据表明自我高估与身体健康的客观指标存在相关性。泰勒及其同事邀请大学生来到他们的实验室，让其完成一些压力任务，包括在 7 分钟内从 9095 倒数至 0 及找出含有威胁和性色彩的短语之间的关联（Taylor，Lerner，Sherman，Sage，& McDowell，2003b）。通过测量心率、血压和皮质醇分泌量，实验者发现，自我高估的学生比实事求是的学生产生的心理压力更小。在更贴近现实生活的情境中，在艾滋病病毒感染者群体中，那些对自己的未来过于乐观的感染者往往病情恶化更慢（Reed，Kemeny，Taylor，& Visscher，1999），因此最终比那些更为悲观的感染者活得更长（Reed，

第9章
有关自我映象的思考：神秘莫测的自我洞察及其他

Kemeny, Taylor, Wang, & Visscher, 1994）。

※ 但是……

然而，关于忽视事实和接受妄想是有利之事这个观点，有一点值得说明。如果高估自我是有利的，那也仅在高估的程度很低时才最能体现这一点（Baumeister, 1990; Taylor & Brown, 1994）。人们不应铆足了劲地过于纵容和高估自己。相反，人们应仅在极低的程度上高估自己。证明自我膨胀的适度性非常重要的最有力证据是，伴随躁狂症产生的过度自大和自尊仍是需要治疗的症状，而非值得庆幸的事情。如果自我高估总是有利的，那人们就不会用碳酸锂来治疗狂躁症了。相反，医药行业就会开发治疗狂躁症的心理效应的药品，以供负担得起这类药品的人群使用。因此，心理健康领域里的普遍经验表明，对个人价值和能力持过高评价可能导致严重的风险。

一些资料也表明，适度地高估自我是有利的。适度高估自我掌控能力与极大高估自我掌控能力的妈妈相比，适度高估自己对5个月大的婴儿的掌控能力的妈妈使孩子在18个月时更加乖顺（Donovan, Leavitt, & Walsh, 2000）。在戒烟群体中，对戒烟持悲观态度与极大高估其戒烟能力的人相比，适度高估其戒烟的自我效能的人通常更容易成功（Haaga & Stewart, 1992）。

※ "否定"理由

然而，已提到的研究中同时发现了自我高估的一些代价。例如，人们开始可能喜欢过度自信的个体，但随着时间的推移，人们与过度自信的个体的交往逐渐减少。大学生们经过若干轮小组讨论后，自我高估的小组成员尽管在起初受到大家的喜欢，但最后都被视为较其他谦虚的成员更加傲慢、爱吹嘘、不友善、戒备心强和心理失调（Paulhus，1998；John & Robins，1994）。

自我高估者的心理健康亦受到人们的质疑。自我高估者相比比较谦虚的人而言更缺乏社交技能、不友善、脸皮薄、焦虑、胆怯及更明显具备心理失调的其他特质（Colvin, Block, & Funder，1995）。自我高估者更容易自恋（John & Robins，1994），且自我高估与注意力缺陷障碍有关（Owens & Hoza，2003）。

此外，虽然乐观者可能更坚持，但他们的坚持有可能适得其反。他们可能不够有悟性而没有遵循"宁静祷文"，其中说到人们应勇敢地改变他们可以改变的事情，从容地接受他们无法改变的事情，以及智慧地分辨两者的差异，而过于乐观者会执着于无法解决的问题（Feather，1961）。在经济形势发生改变时，自视甚高的企业老板会在远比合理期限更长的时间里坚持实行特定商业战略（Audia, Locke, & Smith，2000）。接收

第 9 章
有关自我映象的思考：神秘莫测的自我洞察及其他

到不切实际的反馈的学生会更执着于不擅长的任务，因此相比那些不会过高评估自己的学生，他们更难发挥自己真正的实力（Forsterling & Morgenstern，2002）。

过高的预期还会导致失望和失去兴趣。相比较谦虚的学生，高估自己学习能力的学生在进入大学后会对学习失去兴趣且幸福感更低，尽管他们的表现水平和顺利毕业的概率均与其他同学无异（Robins & Beer，2001）。A 型人格个体体现出高成就需求、好竞争和充满敌意的典型特征，往往会制订不切实际的目标。当未能实现目标时，他们就会更加消极地评价自己的表现，并产生更严重的心理困扰（Ward & Eisler，1987）。

过度自信还会导致自满。低估日常摄入的脂肪含量的人认为自己相对不易患癌症，且不必改变饮食习惯（O'Brien，Fries, & Bowen，2000）。对自己的分析能力持过于积极看法的人会变得过度自信，于是会因粗心而犯下逻辑错误，以致拉低其整体表现水平（Vancouver, Thompson, Tischner, & Putka，2002；Vancouver, Thompson, & Williams，2001）。相比悲观的人，过度自信的人相对不够努力，也不重视其遵循的策略，因此表现得更差劲（Stone，1994；Bandura & Jourden，1991）。

自满和过于乐观可能导致人们陷入危险。对心脏病发作风险过于乐观的人，也许是因为对所获得的有关心脏病发作风险的资料具有抗拒心理，往往只会记住更少的材料内容

（Radcliffe & Klein，2002）。百病不侵的感觉导致人们更少关注表明其具有患病风险的信息，以及低估该类信息的重要性（Menon，Block，& Ramanathan，2002）。由于对辨别道路风险的能力过度自信，年轻的驾驶员经常冒险，因此该群体的事故率更高（Deery，1999）。在地震区，过于乐观的人往往不会对不可避免的危险事件采取预防措施（Lehman & Taylor，1987）。同样，对风险过于乐观的人即便住在高风险地区，也往往不会检测家里的氡气含量（Weinstein & Lydon，1999）。

有时，过于乐观危害的并非人们的身体，而是其职业生涯。根据所赚金额和上司的评价，相比谨慎的同事，易产生控制错觉的金融经纪人的表现水平往往更低（Fenton-O'Creevy，Nicholson，Soane，& Willman，2003），过度自信的首席执行官往往会推出不利于公司股价的合并项目（Malmendier & Tate，2003）。在面临"脱轨"（被解雇或不得不辞职的委婉表达）风险的经理中，自我高估者脱轨的概率远远高于非自我高估者（Shipper & Dillard，2000）。

利 弊 共 存

总之，对自我评价过于乐观有利有弊。鉴于此，我们到底该对此得出怎样的结论？我们应培养这种心态还是抑制它？显然，鉴于已有的复杂结论，我们还须进一步研究才能就错误自我评价对生活结果的影响得出更加完善和全面的结论。正如

第9章
有关自我映象的思考：神秘莫测的自我洞察及其他

一些优秀的研究者指出，针对错误自我映象的影响的研究仅仅处于初期阶段，有待进行大量研究（Armor & Taylor, 1998; Weinstein & Klein, 1996）。

尽管如此，从目前已有的发现中，我们可以得出一些笼统和初步的观点与定律。首先，当人们面对巨大挑战时，过度自信是有利的。过度自信与自我效能感十分相似，例如，当人们面临感染艾滋病病毒（Taylor, Kemeny, Aspinwall, Schneider, Rodriguez, & Herbert, 1992）、患乳腺癌（Taylor, Lichtman, & Wood, 1984）或在战后恢复正常生活（Bonanno, Field, Kovacevic, & Kaltman, 2002）等艰巨挑战时，有助于人们的心理调适。当过度自信促使人们采取改善其境况的有效行为时，过度自信就是有利的。在某种意义上，当无法确定人们是否真的过度自信时（即"事实"还未发生，尚未获确认时）过度自信同样是有益的（Schneider, 2001）。当然，人们应适度地过度自信（Baumeister, 1990）。

除上述情况外，过度自信是有利还是有弊则取决于两个因素的共同作用。其一，过度自信是推动人们努力和坚持，还是导致其不采取行动或自满。其二，以上两种影响中，哪种相对来说更为有利。在一些情境下，努力是更有利的，而在另一些情境下，不采取行动才是更有利的。

以行动与不行动的回报机制迥然相异的两种情境为例。第一种情境是婚姻。人们往往对维持幸福和稳定的婚姻的能力过度自信（Weinstein，1980），这种信念会推动他们立下婚姻誓言。一旦蜜月结束，他们就会发现，婚姻比想象的需要更多牺牲、努力、协商、耐心和包容。不过，尽管他们过度自信，尽管显然并非所有婚姻都能圆满，但婚姻往往会为他们的健康和幸福带来显著的积极影响。婚姻可以促进心理健康（Marks & Lambert，1998），还往往能促使人们摆脱贫穷（McLanahan & Sandefur，1994）。已婚人士患长期疾病的概率更低（Murphy, Glaser, & Grundy，1997），还会更长寿（Lillard & Waite，1995）。总而言之，如果过度自信推动人们采取行动，而相关行动又有利于人们的健康和幸福，那么过度自信的效果就是积极的。

然而，其他情境的回报机制则大不相同。婚姻大多是有益的，而赌博从长期来看则是无益的。和婚姻的例子一样，对自己的赌术过度自信会推动人们采取行动，但这种行动会使赌徒付出损失金钱、社会关系破裂等沉重的代价。对赌术过度自信会导致人们长期赌博，遭受损失（Gibson & Sanbonmatsu, 2004）。因此，在赌博的情境中，过度自信推动的行动从长期来看是无益的，因为输的概率更高。在另一情境中，对完成节食这项艰难任务过度自信会导致人们减肥成功，随后却立即反弹，然后再次试图减肥，导致体重在减轻和增重之间剧烈变动，从而有害健康（Polivy & Herman，2002）。

总之，为了充分阐明过度自信的利弊，未来的研究者必须密切关注特定情境相关的回报机制。过度自信对治疗中的患

第9章
有关自我映象的思考：神秘莫测的自我洞察及其他

者也许是有益的，因为他们的努力有助于治疗。但对医生、投资银行家、军官和空中交通管制员来说，过度自信可能导致悲剧。如果研究者想充分阐明过度自信的结果，就必须关注在各种情境下可能发生的事件。

纠正错误的自我观

在本章前文的内容中，我建议人们多留意他人对自己的评价，因为从他人那里获得的反馈尽管存在问题，但至少会促使人们提升自己。反过来也是如此。如果我们能向周围人提供反馈，我们就能帮他们对其技能水平和人格形成准确的自我映象，或许还能推动他们提升自己。

然而，正如曾试过真诚地向他人提出意见的人所知道的那样，提供反馈是一件非常棘手和冒险的事情，可能会产生与本意背道而驰的效果。即便在接收正式反馈的情境中，人们接收到的反馈也未必有益。在全面评估组织机构的反馈方案时，克卢格和德尼西（Kluger & DeNisi，1996）发现，将近40%的反馈方案导致员工的表现更差，而非更佳。

可外界提供反馈的最佳方式是什么？这个问题很难用一个简单的答案来回答。对某个情境而言的最佳反馈方式未必适用于另一情景（DeNisi & Kluger，2000）。尽管如此，人们在向他人提供反馈时应注意一个普遍现象。

自我肯定

这个现象就是，接受反馈（尤其是负面反馈）会威胁到人的自尊。得知期末考试的分数、被上司叫到办公室或让治疗师说明诊断结果均可能会对某人的价值感带来积极或消极影响。尤其是，当反馈中包含坏消息时，人们可能会十分强硬地否定或轻视相关评论，甚至产生更强烈的反应（Kunda，1990）。因此，我们该如何避免让负面反馈引起抗拒、愤怒或带来违背初衷的结果？

提供反馈的人可以通过几种举措来避免遭到对方的抗拒。其中一种举措就是增加肯定内容，以在向某人传达坏消息前增强其自我价值感（Steele，1988）。例如，舍曼、纳尔逊和斯蒂尔（Sherman, Nelson, & Steele, 2000）向大学生们播放了旨在让其进一步意识到一般人有多么易于感染艾滋病病毒的艾滋病宣传视频。随后，研究者要求学生评估自身感染艾滋病病毒风险的概率，然后在他们离开实验室时有机会购买到避孕套。在观看视频前，研究者引导大约一半的参与者进行了自我肯定活动，他们从中察觉了自己的一些重要价值（如自己对家人和朋友的重要价值），研究者要求他们写下使他们为自己感到骄傲的经历。相比对照组，这组参与者在观看完视频后认为自己更易于感染艾滋病病毒，因此购买了更多避孕套。

另有研究证实，自我肯定有利于人们接受令人不安的消

第 9 章
有关自我映象的思考：神秘莫测的自我洞察及其他

息。相比对照组的学生，认为自己通常友好待人的学生更容易接受关于潜在的重大健康风险的消息。他们更相信证实潜在风险的信息，且在一周后对这些信息的记忆较少产生偏误（Reed & Aspinwall，1998）。进行了自我肯定活动的人更有可能会考虑与其政治立场不同的人的论点，而且更有可能批判与其政治立场相同的人的论点（Cohen，Aronson，& Steele，2000）。相比刚经历过失败的人，刚取得成功的人更有可能关注在实现成功方面的潜在不足之处（Trope & Pomerantz，1998）。

反馈的具体性

关注反馈的具体性也可以避免挫败自尊的问题。反馈可以是具体的，即强调某人的具体行为及其应该实现的具体目标（你的小组每小时才产出 35 件产品，应该想办法将产量提高到 40 件）；反馈也可以是笼统和抽象的。（你真算不上是最优秀的生产小组长，不是吗？）猜猜哪种反馈方式更有效？

针对反馈干预的全面元分析发现，具体的反馈比笼统的反馈更有用（Kluger & DeNisi，1996）。具体的反馈指的是聚焦有关某项任务的具体行为和目标的反馈。笼统的反馈指的是直接或间接针对某人的价值、人格、整体能力或未来工作前景的反馈，其可能导致积极性和表现水平降低——无论是对未成年人（Mueller & Dweck，1998）还是成年人（Kluger & DeNisi，1996）而言。类似地，任何威胁到自尊和消极评价个人天资及人格的反馈也会带来同样的后果（Kluger & DeNisi，1996）。

由于笼统的反馈会使人们的注意力分散到与完成相关任务无关的事情上，提供笼统的反馈会降低人们的动力和成就感。也就是说，人们会到头来会设法提升其形象而非技能。人们会花费更多精力来维持积极的自我感并努力强化这种自我映象，而非将这些精力用于提升自我表现（DeNisi & Kluger，2000）。此外，人们会不再担忧自我提升的问题，而是转向去证明自己已具备所涉及的相关技能。他们在临近失败时会迅速退下阵来，或在一开始就放弃挑战自我（Dweck & Leggett，1988）。

当反馈针对具体任务层面而非整体和个人层面，人们会进行更加有益的自我批评。库曼（Kurman，2003）让大学生解答一些深奥的几何学问题。她告诉一部分学生该测试评估的是形状知觉这项具体能力，而告诉其余学生该测试评估的是他们的整体智力。由于这些问题很深奥，而且实验者说，他们的分数排名在倒数30%内，后者大多认为自己表现得很失败。然而，前者面对失败产生了较少的负面情绪，他们也更倾向于练习相关题目，并在题目相似的第二轮测试中提高了成绩。而被告知该测试是为了评估智力的学生在第二轮测试中实际上退步了。

关于提供任务层面的反馈，必须注意几点。第一，人们有可能提供太过具体的反馈，以致反馈聚焦的是目标的实现机制而非目标本身。设想一名银行经理想让出纳员以更友好的态度来服务客户。如果该银行经理过于强调出纳员应多一些微笑，

第9章
有关自我映象的思考:神秘莫测的自我洞察及其他

可能导致员工只专注于这项小的子任务,而忽视其应采取的能让客户感到更加舒心和满意的所有其他举动(DeNisi & Kluger, 2000)。

第二,我们不仅要制订具体任务层面的目标,还应提供实现该目标的具体方法。当获得关于如何提升其行为的提示后,人们显然会表现得更好。此外,在提供反馈后还应追踪评价,以确认相关个体是否真的有所进步。倘若没有追踪评价,相关个体可能永远也不会知道自己的技能和表现水平是否得到了提升。

关注技能的可塑性

要让人们接受反馈,还要告诉他们表现水平是可以改变的。如果人们认为表现水平和能力是稳定和无法改变的,他们在面临对能力要求高的情境时往往会表现出抗拒和自利的特征(Dunning, 1995)。15年来,许多学者证明,如果人们认为技能是由基因决定或具有造物主赋予的不可改变的特性,而无法通过努力改变和提升的话,他们对挑战和失败会产生截然不同的反应。认为技能水平绝对不变的人,在面对失败时会打退堂鼓并进行心理上的自我保护;认为技能水平可以提高的人,在经受质疑后更倾向于付出加倍的努力(Dweck, 1999; Dweck, Chiu, & Hong, 1995; Dweck & Leggett, 1988)。

一项研究表明,人们对技能可塑性的看法会显著影响应对挫折的态度。实验者让大学生们快速完成了一项智力测试，而后告诉他们有的表现令人满意，有的远低于合格水平。他们可以选择完成辅导练习或其他不相关的任务。接着，问他们想进行刚刚完成的智力测试的简单版测试还是困难版测试（Hong, Chiu, Dweck, Lin, & Wan, 1999）。

重要的是，在进行以上所有步骤前，实验者从《今日心理学》杂志中摘选了几篇文章，要求参与者阅读内容涉及有关智力的最新研究。在某些学生阅读的文章中，智力被描述为88%是不可变的遗传性的，而在另一些学生阅读的文章中，智力则被描述为通常是可变的且会受到环境的影响。这个阅读活动对人们在失败后的选择产生了显著影响。在表现不合格的学生中，阅读了描述智力可改变而非稳定不变的文章的学生更想进行辅导练习。事实上，这类学生中与取得令人满意的表现的学生中要求进行辅导练习的比重相等。后来，他们也比被诱导认为智力是先天决定的学生更倾向于选择困难版的智力测试（Hong 等, 1999）。

小　结

总之，简要概括本章内容的话，必须指出，心理学研究者对自我洞察的认识还远远不够。人们有时可能会洞悉其优劣势，但研究者至今未能明确人们在何种情境下才会具备这种

第9章
有关自我映象的思考：神秘莫测的自我洞察及其他

洞察力，自我意识的缺乏究竟值得肯定或否定也有待商榷。有时，自我欺骗是有益的；而其他时候，自我欺骗则是极其不利的，而研究尚未找出前一种情况与后一种情况的明确界限。最后，关于如何成功地向人们提供反馈，向其提供有关其优缺点的更加真实的看法，仍待进行大量研究。因此，对心理学家来说，自我洞察的理论研究与经验研究仍然任重道远。

小 珠 峰

不过，在蜿蜒曲折的人生道路上前行的我们也担负着相似的重任，因为我们每天都会获得大量有助于自我认知的信息。本书的内容表明，自我认知之旅是艰难曲折的。自我洞察既不是能轻易买到的商品，也不是轻松就能抵达的终点。准确的自我认知要求长期的经验与自我反思，而长期的经验与自我反思未必能成功、全面地获得自我洞察。

或许自我认知的过程就是目标本身。生活给我们带来诸多挑战，如同散布在人生道路上的重峦叠嶂。获得自我洞察可能就是其中一个高峰，远比从远处看到的要崎岖和陡峭得多。也许征服这个高峰不如征服珠穆朗玛峰那样艰险，但它的斜坡和山岩同样难以攀登。尽管这个挑战令人畏惧，但迎接挑战很可能是明智之举。虽然在顶峰我们无法看清地面上的景象，但我想大多数人都一定十分好奇并想一睹顶峰上的风景。

参考文献

Alicke, M.D. (1985). Global self-evaluation as determined by the desirability and controllability of trait adjectives. *Journal of Personality and Social Psychology, 49,* 1621–1630.

Alicke, M.D. (1993). Egocentric standards of conduct evaluation. *Basic and Applied Social Psychology, 14,* 171–192.

Alicke, M.D., LoSchiavo, F.M., Zerbst, J., & Zhang, S. (1997). The person who outperforms me is a genius: Maintaining perceived competence in upward social comparison. *Journal of Personality and Social Psychology, 72,* 781–789.

Allison, S.T., Messick, D.M., & Goethals, G.R. (1989). On being better but not smarter than others: The Muhammad Ali effect. *Social Cognition, 7,* 275–295.

Allport, F.H. (1924). *Social psychology.* Boston: Houghton Mifflin.

Anderson, C.A., & Sechler, E.S. (1986). Effects of explanation and counter-explanation on the development and use of social theories. *Journal of Personality and Social Psychology, 50,* 24–34.

Anderson, N.H. (1968). Likableness ratings of 555 personality-trait words. *Journal of Personality and Social Psychology, 9,* 272–279

Arkes, H.R. (1993). Some practical judgment and decision-making research. In N.J.Castellan, Jr. (Ed.), *Individual and group decision making: Current issues* (pp. 3–18). Hillsdale, NJ: Erlbaum.

Arkes, H.R., Boehm, L.E., & Xu, G. (1991). Determinants of judged validity. *Journal of Experimental Social Psychology, 27,* 576–605.

Armor, D.A., & Taylor, S.E. (1998). Situated optimism: Specific outcome expectancies and self-regulation. In M.Zanna (Ed.), *Advances in experimental social psychology* (vol. 30, pp. 309–379). San Diego: Academic Press.

Arnold, L., Willoughby, T.L., & Calkins, E.V. (1985). Self-evaluation in undergraduate medical education: A longitudinal perspective. *Journal of Medical Education, 60,* 21–28.

Ashford, S.J. (1989). Self-assessment in organizations: A literature review and integrative model. In L.L.Cummings & B.M.Staw (Eds.), *Research in Organizational Behavior* (vol. 11, pp. 133–174). Greenwich, CT: JAI Press.

Ashford, S.J., & Tsui, A.S. (1991). Self-regulation for managerial effectiveness: The role of active feedback-seeking. *Academy of Management Journal, 34,* 251–280.

Aspinwall, L.G., & Taylor, S.E. (1992). Modeling cognitive adaptation: A longitudinal investigation of the impact of individual differences and coping on college adjustment and performance. *Journal of Personality and Social Psychology, 63,* 989–1003.

Audia, P.G., Locke, E.A., & Smith, K.G. (2000). The paradox of success: An archival and a laboratory study of strategic persistence following radical environmental change. *Academy of Management Journal, 43,* 837–853.

Babcock, L., & Loewenstein, G. (1997). Explaining bargaining impasse: The role of self- serving biases. *Journal of Economic Perspectives, 11,* 109–126.

Babinski, M.J. (1914). Contribution a l'etude dés troubles mentaux dans l'hémiplégie organique cérébrale (anosognosie) [Contribution to the study of mental disturbance in organic hemiplegia (anosognosias)]. *Revue Neurologique (Paris), 12,* 845–848.

Bacon, F.T. (1979). Credibility of repeated statements: Memory for trivia. *Journal of Experimental Psychology: Human Learning and Memory, 5,* 241–252.

Baddeley, A.D., & Longman, D.J.A. (1978). The influence of length and frequency of training session on the rate of learning to type. *Ergonomics, 21,* 627–635.

Baillargeon, J., & Danis, C. (1984). Barnum meets the computer. *Journal of Personality Assessment, 48,* 415–419.

Balcetis, E. (2003). *Feeling "holier than thou" produces extreme and erroneous inferences about others.* Unpublished manuscript, Cornell University.

Bandura, A. (1977). Self-efficacy: Toward a unifying theory of behavioral change. *Psychological Review, 84,* 191–215.

Bandura, A. (1986). *Social foundations of thought and action: A social cognitive theory.* Englewood Cliffs, NJ: Prentice Hall.

Bandura, A. (1997). *Self-efficacy: The exercise of control.* New York: Freeman.

Bandura, A., Adams, N.E., & Beyer, J. (1977). Cognitive processes mediating behavioral change. *Journal of Personality and Social Psychology, 35,* 125–139.

Bandura, A., & Jourden, F.J. (1991). Self-regulatory mechanisms governing the impact of social comparison on complex decision making. *Journal of Personality and Social Psychology, 60,* 941–951.

Barefoot, J.C., & Straub, R.B. (1971). Opportunity for information search and the effect of false heart-rate feedback. *Journal of Personality and Social*

Psychology, 17, 154–157.

Bass, B.M., & Yammarino, F.J. (1991). Congruence of self and others' leadership ratings of Naval officers for understanding successful performance. *Applied Psychology, 40,* 437–454.

Basso, M., Schefft, B.K., Ris, M.D., & Dember, W.N. (1996). Mood and global-local visual processing. *Journal of the International Neuropsychological Society, 2,* 249–255.

Baumeister, R.F. (1990). The optimal margin of illusion. *Journal of Social and Clinical Psychology, 8,* 176–189.

Baumeister, R.F., & Newman, L.S. (1994). Self-regulation of cognitive inference and decision processes. *Personality and Social Psychology Bulletin, 20,* 3–19.

Baumeister, R.F., Stillwell, A.M., & Wotman, S.R. (1990). Victim and perpetrator accounts of interpersonal conflict: Autobiographical narratives about anger. *Journal of Personality and Social Psychology, 90,* 994–1005.

Bazinska, R., & Wojciszke, B. (1996). Drawing inferences on moral and competence- related traits from the same behavioural information. *Polish Psychological Bulletin, 27,* 293–299.

Beauregard, K.S., & Dunning, D. (1998). Turning up the contrast: Self-enhancement motives prompt egocentric contrast effects in social judgments. *Journal of Personality and Social Psychology, 74,* 606–621.

Beauregard, K.S., & Dunning, D. (2001). Defining self worth: Trait self-esteem moderates the use of self-serving trait definitions in social judgment. *Motivation and Emotion, 25,* 135–162.

Beggan, J.K. (1992). On the social nature of non-social perception: The mere ownership effect. *Journal of Personality and Social Psychology, 62,* 229–237.

Ben-Zeev, T. (1998). Rational errors and the mathematical mind. *Review of General Psychology, 2,* 366–383.

Benjamin, A.S., & Bjork, R.A. (1996). Retrieval fluency as a metacognitive index. In

L.M. Reder (Ed.), *Implicit memory and metacognition: The twenty-seventh Carnegie symposium on cognition* (pp. 309–338). Hillsdale, NJ: Erlbaum.

Benjamin, A.S., Bjork, R.A., & Schwartz, B.L. (1998). The mismeasure of memory: When retrieval fluency is misleading as a metamnemonic index. *Journal of Experimental Psychology: General, 127,* 55–68.

Berkowitz, A. (1997). From reactive to proactive prevention: Promoting an ecology of health on campus. In P.C.Rivers & E.R.Shore (Eds.) *Substance abuse on campus: A handbook for college and university personnel* (pp. 119–139). Westport, CT: Greenwood Press.

Berkowitz, A.D. (2003). Application of social norms theory to other health and social justice issues. In H.W.Perkins (Ed.), *The social norms approach to preventing school and college age substance abuse: A handbook for educators, counselors, and clinicians* (pp. 259–279). San Francisco, CA: Jossey-Bass.

Beyer, S. (1990). Gender differences in the accuracy of self-evaluations of performance. *Journal of Personality and Social Psychology, 59,* 960–970.

Beyer, S., & Bowden, E.M. (1997). Gender differences in self-perceptions: Convergent evidence from three measures of accuracy and bias. *Personality and Social Psychology Bulletin, 23,* 157–172.

Bjork, R.A. (1999). Assessing our own competence: Heuristics and illusions. In D.Gopher and A.Koriat (Eds.), *Attention and peformance XVII. Cognitive regulation of performance: Interaction of theory and application* (pp. 435–459). Cambridge, MA: MIT Press.

Blalock, S.J., DeVellis, B.M., & Afifi, R.A. (1990). Risk perceptions and participation in colorectal cancer screening. *Health Psychology, 9,* 792–806.

Blanton, H., Pelham, B.W., DeHart, T., & Carvallo, M. (2001). Overconfidence as dissonance reduction. *Journal of Experimental Social Psychology, 37,* 373–385.

Boehm, L.E. (1994). The validity effect: A search for mediating variables. *Personality and Social Psychology, 20,* 285–293.

Bonanno, G.A., Field, N.P., Kovacevic, A., & Kaltman, S. (2002). Self-enhancement as a buffer against extreme adversity: Civil war in Bosnia and traumatic loss in the United States. *Personality and Social Psychology Bulletin, 28,* 184–196.

Borkenau, P., & Liebler, A. (1993). Convergence of stranger ratings of personality and intelligence with self-ratings, partner ratings, and measured intelligence. *Journal of Personality and Social Psychology, 65,* 546–553.

Bouffard-Bouchard, T., Parent, S., & Larivee, S. (1991). Influence of self-efficacy on self-regulation and performance among junior and senior high-school age students. *International Journal of Behavioral Development, 14,* 153–164.

Boyd, N., Sutherland, H.J., Heasman, K.Z., Tritcher, D.L., & Cummings, B. (1990). Whose utilities for decision analysis? *Medical Decision Making, 10,* 58–67.

Boyer-Pennington, M.E., Pennington, J., & Spink, C. (2001). Students' expectations and optimism toward marriage as a function of parental divorce. *Journal of Divorce and Remarriage, 34,* 71–87.

Bradley, M.J. (1981). Overconfidence in ignorant experts. *Bulletin of the Psychonomic Society, 17,* 82–84.

Brehm, J.W. (1956). Post-decision changes in desirability of alternatives. *Journal of Abnormal and Social Psychology, 52,* 384–389.

Brenner, L. (2000). Should observed overconfidence be dismissed as a statistical artifact? Critique of Erev, Wallsten, & Budescu (1994). *Psychological Review, 107,* 943–946.

Brickman, P., Coates, D., & Janoff-Bulman, R. (1978). Lottery winners and accident victims: Is happiness relative? *Journal of Personality and Social Psychology, 36,* 917–927.

Brown, I.D., Groeger, J.A., & Biehl, B. (1988). Is driver training contributing enough towards road safety? In J.A.Rothengatter & R.A.de Bruin (Eds.), *Road users and traffic safety* (pp. 135–156). Wolfeboro, NH: Van Gorcum.

Brownstein, A.L. (2003). Biased predecision processing. *Psychological Bulletin, 129,* 545–568.

Brunner, B. (2002). Everest Trivia. Factmonster.com. Retrieved February 21, 2004 at http:// factmonster.com/spot/everest-facts1.html

Budescu, D.V., & Bruderman, M. (1995). The relationship between the illusion of control and the desirability bias. *Journal of Behavioral Decision Making, 8,* 109–125.

Buehler, R., Griffin, D., & MacDonald, H. (1997). The role of motivated reasoning in optimistic time predictions. *Personality and Social Psychology Bulletin, 23,* 238–247.

Buehler, R., Griffin, D., & Ross, M. (1994). Exploring the "planning fallacy": Why people underestimate their task completion times. *Journal of Personality and Social Psychology, 67,* 366–381.

Caputo, D., & Dunning, D. (in press). What you do not know: The role played by errors of omission in imperfect self-assessment. *Journal of Experimental*

Social Psychology.

Carlson, K.A., & Russo, J.E. (2001). Biased interpretation of evidence by mock jurors. *Journal of Experimental Psychology: Applied, 7,* 91–103.

Carroll, D., & Huxley, J.A.A. (1994). Cognitive, dispositional, and psychophysiological correlates of dependent slot machine gambling in young people. *Journal of Applied Social Psychology, 24,* 1070–1083.

Carpenter, W.T., Strauss, J.S., & Bartko, J.J. (1973). Flexible system for the diagnosis of schizophrenia: Report from the WHO International pilot study of schizophrenia. *Science, 182,* 1275–1278.

Ceci, S.J., & Liker, J. (1986). A day at the races: IQ, expertise, and cognitive complexity. *Journal of Experimental Psychology: General, 115,* 255–266.

Cervone, D., & Peake, P.K. (1986). Anchoring, efficacy, and action: The influence of judgmental heuristics on self-efficacy judgments and behavior. *Journal of Personality and Social Psychology, 50,* 492–501.

Chambliss, C.A., & Murray, E.J. (1979). Efficacy attribution, locus of control, and weight loss. *Cognitive Therapy and Research, 3,* 349–353

Chapman, L.J., & Chapman, J.P. (1967). The genesis of popular but erroneous psychodiagnostic observations. *Journal of Abnormal Psychology, 72,* 193–204.

Chapman, L.J., & Chapman, J.P. (1969). Illusory correlation as an obstacle to the use of valid psychodiagnostic signs. *Journal of Abnormal Psychology, 27,* 271–280.

Chemers, M.M., Hu, L., & Garcia, B.F. (2001). Academic self-efficacy and first-year college student performance and adjustment. *Journal of Educational Psychology, 93,* 55–64.

Chi, M.T.H. (1978). Knowledge structures and memory development. In R.Siegler (Ed.), *Children's thinking: What develops?* (pp. 73–96). Hillsdale, NJ: Erlbaum.

Chi, M.T.H., Glaser, R., & Rees, E. (1982). Expertise in problem solving. In R.Sternberg (Ed.), *Advances in the psychological of human intelligence* (vol. 1, pp. 17–76). Hillsdale, NJ: Erlbaum.

Christensen, P., & Glad, A. (1996). Mandatory course of driving on slippery roads does not reduce the accident risk. *Nordic Road and Transport Research, 8,* 22–23.

Christensen-Szalanski, J.J.J., & Bushyhead, J.B. (1981). Physicians' use of probablistic information in a real clinical setting. *Journal of Experimental Psychology: Human Perception and Performance, 7,* 928–935.

Christensen-Szalanski, J.J.J., Willham, F.C. (1991). The hindsight bias: A meta-analysis. *Organizational Behavior and Human Decision Processes, 48,* 147–158.

Christie, R. (2001) *The effectiveness of driver training as a road safety measure: A review of the literature.* Noble Park, Victoria, Australia: Royal Automobile Club of Victoria.

Cialdini, R.B., Reno, R.R., & Kallgren, C.A. (1990). A focus theory of normative conduct: Recycling the concept of norms to reduce littering in public places. *Journal of Personality and Social Psychology, 58,* 1015–1026.

Clotfelter, C.T., & Cook, P.J. (1989). *Selling hope: State lotteries in America.* Cambridge, MA: Harvard University Press.

Cohen, G.L., Aronson, J., & Steele, C.M. (2000). When beliefs yield to evidence: Reducing biased evaluation by affirming the self. *Personality and Social Psychology Bulletin, 26,* 1151–1164.

Cohen, M.D., & March, J.G. (1974). *Leadership and ambiguity: The American college president.* New York: McGraw-Hill.

College Board. (1976–1977). *Student descriptive qustionnaire.* Princeton, NJ: Educational Testing Service.

Colvin, C.R., & Block, J. (1994). Do positive illusions foster mental health? An examination of the Taylor and Brown formulation. *Psychological Bulletin, 116,* 3–20.

Colvin, C.R., Block, J., & Funder, D. (1995). Overly positive self-evaluations and personality: Negative implications for mental health. *Journal of Personality and Social Psychology, 68,* 1152–1162.

Cooper, A.C., Woo, C.Y., & Dunkelberg, W.C. (1988). Entrepreneurs' perceived chances for success. *Journal of Business Venturing, 3,* 97–108.

Costermans, J., Lories, G., & Ansay, C. (1992). Confidence level and feeling of knowing in question answering: The weight of inferential processes. *Journal of Experimental Psychology: Learning, Memory, and Cognition, 18,* 142–150.

Crosby, R.A., & Yarber, W.L. (2001). Perceived versus actual knowledge about correct condom use among U.S. adolescents. *Journal of Adolescent Health,*

28, 415–420.

Cross, P. (1977). Not can but *will* college teaching be improved? *New Directions for Higher Education, 17,* 1–15.

D'Amasio, A.R. (1994). *Descartes' error: Emotion, reason, and the human brain.* New York: Putnam.

Dawes, R.M. (1988). *Rational choice in an uncertain world.* San Diego, CA: Harcourt Brace Jovanovich.

Dawes, R.M., & Mulford, M. (1996). The false consensus effect and overconfidence: Flaws in judgment, or flaws in how we study judgment? *Organizational Behavior and Human Decision Processes, 65,* 201–211.

Dawson, E., Gilovich, T., & Regan, D.T. (2002). Motivated reasoning and performance on the Wason selection task. *Personality and Social Psychology Bulletin, 28,* 1379–1387.

Deery, H.A. (1999). Hazard and risk perception among young novice drivers. *Journal of Safety Research, 30,* 225–236.

DeJong, W., & Langford, L.A. (2002). Typology for campus-based alcohol prevention: Moving toward environmental management strategies. *Journal of Studies on Alcohol Supplement, 14,* 140–147.

DeJong, W., & Linkenbach, J. (1999). Telling it like it is: Using social norms marketing campaigns to reduce student drinking. *American Association for Higher Education Bulletin, 32,* 11–16.

DeJoy, D.M. (1989). The optimism bias and traffic accident risk perception. *Accident Analysis and Prevention, 21,* 333–340.

Dempster, F.N. (1990). The spacing effect: A case study in the failure to apply the results of psychological research. *American Psychologist, 43,* 627–634.

Dempster, F.N. (1996). Distributing and managing the conditions of encoding and practice. In E.L.Bjork & R.A.Bjork (Eds.), *Handbook of Perception and Cognition* (vol. 10; pp. 317–344). New York: Academic Press.

DeNisi, A.S., & Kluger, A.N. (2000). Feedback effectiveness: Can 360-degree appraisals be improved? *Academy of Management Executive, 14,* 129–139.

DePaulo, B.M. (1994). Spotting lies: Can humans learn to do better? *Current Directions in Psychological Science, 3,* 83–86.

DePaulo, B.M., & Bell, K.L. (1996). Truth and investment: Lies are told to those who care. *Journal of Personality and Social Psychology, 71,* 703–716.

DePaulo, B.M., Charlton, K., Cooper, H., Lindsay, J.J., & Muhlenbruck, L. (1997). The accuracy-confidence correlation in the detection of deception. *Personality and Social Psychology Review, 1,* 346–357.

DePaulo, B.M., Stone, J.I., & Lassiter, G.D. (1985). Deceiving and detecting deceit. In B.R. Schlenker (Ed.), *The self in social life* (pp. 323–370). New York: McGraw-Hill.

Derryberry, D., and Tucker, D. (1992). Neural mechanisms of emotion. *Journal of Consulting and Clinical Psychology, 60,* 329–337.

Dickson, D.H., & Kelly, I.W. (1985). The "Barnum effect" in personality assessment: A review of the literature. *Psychological Reports, 57,* 367–382.

Dies, R.R. (1972). Personal gullibility of pseudodiagnosis: A further test of the "fallacy of personal validation." *Journal of Clinical Psychology, 28,* 47–50.

Ditto, P.H., & Lopez, D.F. (1992). Motivated skepticism: Use of differential decision criteria for preferred and nonpreferred conclusions. *Journal of Personality and Social Psychology, 63,* 568–584.

Ditto, P.H., Scepansky, J.A., Munro, G.D., Apanovitch, A.M., & Lockhart, L.K. (1998). Motivated sensitivity to preference-inconsistent information. *Journal of Personality and Social Psychology, 75,* 53–69.

Donovan, W.L., Leavitt, L.A., & Walsh, R.O. (2000). Maternal illusory control predicts socialization strategies and toddler compliance. *Developmental Psychology, 36,* 402–411.

Drew, P. (1987). Po-faced receipts of teases. *Linguistics, 25,* 219–253.

Duffin, J.M., & Simpson, A.P. (1993). Natural, conflicting, and alien. *Journal of Mathematical Behavior, 12,* 313–328.

Dun & Bradstreet. (1967). *Patterns of success in managing a business.* New York: Dun & Bradstreet.

Dunbar, K. (1995). How scientists really reason: Scientific reasoning in real-world laboratories. In R.J.Sternberg & J.Davidson (Eds.), *Mechanisms of insight* (pp. 365–395). Cambridge, MA: MIT Press.

Dunlosky, J., & Nelson, T.O. (1992). Importance of the kind of cue for judgments of learning (JOL) and the delayed-JOL effect. *Memory and Cognition, 20,* 374–380.

Dunning, D. (1995). Trait importance and modifiability as factors influencing self- assessment and self-enhancement motives. *Personality and Social*

Psychology Bulletin, 21, 1297–1306.

Dunning, D. (1999). A newer look: Motivated social cognition and the schematic representation of social concepts. *Psychological Inquiry, 10,* 1–11.

Dunning, D. (2000). Social judgment as implicit social comparison. In J.Suls & L.Wheeler (Eds.), *Handbook of social comparison: Theory and research* (pp. 353–378). New York: Kluwer Academic/Plenum.

Dunning, D. (2001). On the motives underlying social cognition. In N.Schwarz & A.Tesser (Eds.), *Blackwell handbook of social psychology: Volume 1: Intraindividual processes* (pp. 348–374). New York: Blackwell.

Dunning, D. (2003). Self-perceived versus actual knowledge about sexually transmitted diseases. Unpublished data, Cornell University.

Dunning, D., & Beauregard, K.S. (2000). Regulating impressions of others to affirm images of the self. *Social Cognition, 18,* 198–222.

Dunning, D., & Cohen, G.L. (1992). Egocentric definitions of traits and abilities in social judgment. *Journal of Personality and Social Psychology, 63,* 341–355.

Dunning, D., Griffin, D.W., Milojkovic, J.H., & Ross, L. (1990). The overconfidence effect in social prediction. *Journal of Personality and Social Psychology, 58,* 568–592.

Dunning, D., & Hayes, A.F. (1996). Evidence for egocentric comparison in social judgment. *Journal of Personality and Social Psychology, 71,* 213–229.

Dunning, D., Johnson, K., Ehrlinger, J., & Kruger, J. (2003). Why people fail to recognize their own incompetence. *Current Directions in Psychological Science, 12,* 83–86.

Dunning, D., Leuenberger, A., & Sherman, D.A. (1995). A new look at motivated inference: Are self-serving theories of success a product of motivational forces? *Journal of Personality and Social Psychology, 59,* 58–68.

Dunning, D., & McElwee, R.O. (1995). Idiosyncratic trait definitions: Implications for self-description and social judgment. *Journal of Personality and Social Psychology, 68,* 936–946.

Dunning, D., Meyerowitz, J.A., & Holzberg, A.D. (1989). Ambiguity and self-evaluation: The role of idiosyncratic trait definitions in self-serving assessments of ability. *Journal of Personality and Social Psychology, 57,* 1082–1090.

Dunning, D., & Parpal, M. (1989). Mental addition and subtraction in counterfactual reasoning: On assessing the impact of actions and life events. *Journal of Personality and Social Psychology, 57,* 5–15.

Dunning, D., Perie, M., & Story, A.L. (1991). Self-serving prototypes of social categories. *Journal of Personality and Social Psychology, 61,* 957–968.

Dunning, D., & Perretta, S. (2002). Automaticity and eyewitness accuracy: A 10-to 12-second rule for distinguishing accurate from inaccurate positive identifications. *Journal of Applied Psychology, 87,* 951–962.

Dunning, D., & Sherman, D.A. (1997). Stereotypes and tacit inference. *Journal of Personality and Social Psychology, 73,* 459–471.

Dunning, D., & Stern, L.B. (1994). Distinguishing accurate from inaccurate identifications via inquiries about decision processes. *Journal of Personality and Social Psychology, 67,* 818–835.

Dunning, D., & Story, A.L. (1991). Depression, realism, and the overconfidence effect: Are the sadder wiser when predicting future actions and events? *Journal of Personality and Social Psychology, 61,* 521–532.

Dunning, D., Van Boven, L., Loewenstein, G. (2001). Egocentric empathy gaps in social interaction and exchange. In S.Thye, E.J.Lawler, M.Macy, & H.Walker (Eds.), *Advances in Group Processes* (vol. 18; pp. 65–98), Stamford, CT: JAI.

Dutton, D.G., & Aron, A.P. (1974). Some evidence for heightened sexual attraction under conditions of high anxiety. *Journal of Personality and Social Psychology, 30,* 510–517.

Dweck, C.S. (1999). *Self-theories: Their role in motivation, personality and development.* Philadelphia, PA: Psychology Press.

Dweck, C.S., Chiu, C.Y., & Hong, Y.Y. (1995). Implicit theories and their role in judgments and reactions: A world from two perspectives. *Psychological Inquiry, 6,* 267–285.

Dweck, C.S., & Leggett, E.L. (1988). A social-cognitive approach to motivation and personality. *Psychological Review, 95,* 256–273.

Eccles, J.S. (1987). Gender roles and women's achievement-related decisions. *Psychology of Women Quarterly, 11,* 135–172.

Eden, D., & Zuk, Y. (1995). Seasickness as a self-fulfilling prophecy: Raising self-efficacy to boost performance at sea. *Journal of Applied Psychology, 80,* 628–635.

Ehrlinger, J., & Dunning, D. (2003). How chronic self-views influence (and potentially mislead) estimates of performance. *Journal of Personality and Social Psychology, 84,* 5–17.

Ehrlinger, J., Johnson, K., Banner, M., Dunning, D., & Kruger, D. (2004). *Why the unskilled are unaware: Further explorations of (absent) self-insight among the incompetent.* Unpublished manuscript, Cornell University.

Ekman, P., & O'Sullivan, M. (1991). Who can catch a liar? *American Psychologist, 46,* 913–920.

Epley, N., & Dunning, D. (2000). Feeling "holier than thou": Are self-serving assessments produced by errors in self or social prediction? *Journal of Personality and Social Psychology, 79,* 861–875.

Epley, N., & Dunning, D. (2004). *The mixed blessings of self-knowledge in behavioral prediction.* Unpublished manuscript, Harvard University.

Erev, I., Wallsten, T.S., & Budescu, D.V. (1994). Simultaneous over- and underconfidence: The role of error in judgment processes. *Psychological Review, 101,* 519–527.

Evans, J.B.T., & Wason, P.C. (1976). Rationalization in a reasoning task. *British Journal of Psychology, 67,* 479–486.

Falchikov, J.N., & Boud, D. (1989). Student self-assessment in higher education: A meta-analysis. *Review of Educational Research, 59,* 395–430.

Fatsis, S. (2001). *Word freak.* New York: Penguin Putnam.

Fazio, R.H., & Zanna, M.P. (1981). Direct experience and attitude-behavior consistency. In L.Berkowitz (Ed.), *Advances in experimental social psychology* (vol. 14, pp. 161–202). New York: Academic Press.

Feather, N.T. (1961). The relationship of persistence at a task to expectation of success and achievement related motives. *Journal of Abnormal and Social Psychology, 63,* 552–561.

Feather, N.T. (1968). Change in confidence following success or failure as a predictor of subsequent performance. *Journal of Personality and Social Psychology, 9,* 38–46.

Felson, R.B. (1981). Ambiguity and bias in the self-concept. *Social Psychology Quarterly, 44,* 64–69.

Fenton-O'Creevy, M., Nicholson, N., Soane, E., & Willman, P. (2003). Trading on illusions: Unrealistic perceptions of control and trading performance.

Journal of Occupational and Organisational Psychology, 76, 53–68.

Fischhoff, B. (1975). Hindsight•foresight: The effect of outcome knowledge on judgment under uncertainty. *Journal of Experimental Psychology: Human Perception and Performance, 1,* 288–299.

Fischhoff, B. (1977). Perceived informativeness of facts. *Journal of Experimental Psychology: Human Perception and Performance, 3,* 349–358.

Fischhoff, B., Slovic, P., & Lichtenstein, S. (1977). Knowing with certainty: The appropriateness of extreme confidence. *Journal of Experimental Psychology: Human Perception and Performance, 3,* 552–564.

Fishbein, M., & Ajzen, I. (1980). *Understanding attitudes and predicting social behavior.* New Jersey: Prentice Hall.

Fisher, C.D. (1979). Transmission of positive and negative feedback to subordinates: A laboratory investigation. *Journal of Applied Psychology, 64,* 533–540.

Forer, B.R. (1949) The fallacy of personal validation: A classroom demonstration of gullibility. *Journal of Abnormal Psychology, 44,* 118–121.

Forsterling, F., & Morgenstern, M. (2002). Accuracy of self-assessment and task performance: Does it pay to know the truth? *Journal of Educational Psychology, 94,* 576–585.

Fouad, N.A., Smith, P.L., & Zao, K.E. (2002). Across academic domains: Extensions of the social-cognitive career model. *Journal of Counseling Psychology, 49,* 164–171.

Fox, L.H., Benbow, C.P., & Perkins, S. (1983). An accelerated mathematics program for girls: A longitudinal evaluation. In C.P.Benbow & J.C.Stanley (Eds.), *Academic precocity: Aspects of its development* (pp. 133–139). Baltimore, MD: Johns Hopkins University Press.

Fox, E., Russo, R., & Bowles, R. (2001). Do threatening stimuli draw or hold visual attention in subclinical anxiety? *Journal of Experimental Psychology: General, 130,* 681–700.

Fridja, N.H. (1986). *The emotions.* Cambridge, England: Cambridge University Press. Friedrich, J. (1996). On seeing oneself as less self-serving than others: The ultimate self-serving bias? *Teaching of Psychology, 23,* 107–109.

Frieze, I.H., Hymer, S., & Greenberg, M.S. (1987). Describing the crime victim: Psychological reactions to victimization. *Professional Psychology: Research*

& *Practice, 18,* 299–315.

Fussell, S.R., & Krauss, R.M. (1991). Accuracy and bias in estimates of others' knowledge. *European Journal of Social Psychology, 21,* 445–454.

Fussell, S.R., & Krauss, R.M. (1992). Coordination of knowledge in communication: Effects of speakers' assumptions about what others know. *Journal of Personality and Social Psychology, 62,* 378–391.

Garb, H.N. (1989). Clinical judgment, clinical training, and professional experience. *Psychological Bulletin, 105,* 387–396.

Gibbs, N. (2001). The day of the attack. *Time.com.* Retrieved February 19, 2004 at http:// www.time.com/time/world/article/0,8599,174655,00.html.

Gibson, B., & Sanbonmatsu, D.M. (2004). Optimism, pessimism, and gambling: The downside of optimism. *Personality and Social Psychology Bulletin, 30,* 149–160.

Gigerenzer, G. (1984). External validity of laboratory experiments: The frequency- validity relationship. *American Journal of Psychology, 97,* 185–195.

Gilbert, D.T., Gill, M.J., & Wilson, T.D. (2002). The future is now: Temporal correction in affective forecasting. *Organizational Behavior and Human Decision Processes, 88,* 430–444.

Gilbert, D.T., Pinel, E.C., Wilson, T.D., Blumberg, S.J., & Wheatley, T.P. (1998). Immune neglect: A source of durability bias in affective forecasting. *Journal of Personality and Social Psychology, 75,* 617–638.

Gill, M.J., Swann, W.B., Jr., & Silvera, D.H. (1998). On the genesis of confidence. *Journal of Personality and Social Psychology, 75,* 1101–1114.

Gilovich, T. (1983). Biased evaluation and persistance in gambling. *Journal of Personality and Social Psychology, 44,* 1110–1126.

Gilovich, T. (1991). *How we know what isn't so: The fallibility of human reason in everyday life.* New York: Free Press.

Gilovich, T., Kerr, M., & Medvec, V.H. (1993). The effect of temporal perspective on subjective confidence. *Journal of Personality and Social Psychology, 64,* 552–560.

Glenberg, A.M. (1992). Distributed practice effects. In L.R.Squire (Eds.), *Encyclopedia of learning and memory* (pp. 138–142). New York: Macmillan.

Glenberg, A.M., & Epstein, W. (1987). Inexpert calibration of comprehension.

Memory & Cognition, 15, 84–93.

Goethals, G.R. (1986). Fabricating and ignoring social reality: Self-serving estimates of consensus. In J.Olson, C.P.Herman, & M.P.Zanna (Eds.), *Relative deprivation and social comparison: The Ontario symposium on social cognition* (vol. 4, pp. 135–157). Hillsdale, NJ: Erlbaum.

Goethals, G.R., Messick, D., & Allison, S. (1991). The uniqueness bias: Studies of constructive social comparison. In J.Suls & T.A.Wills (Eds.), *Social comparison: Contemporary theory and research* (pp. 149–176). Hillsdale, NJ: Erlbaum.

Greene, R.L. (1977). Student acceptance of generalized personality interpretations: A reexamination. *Journal of Consulting and Clinical Psychology, 45,* 965–966.

Greenwald, A.G., Carnot, C.G., Beach, R., & Young, B. (1987). Increasing voting behavior by asking people if they expect to vote. *Journal of Applied Psychology, 72,* 315–318.

Gregerson, N.P. (1996). What should be taught? Basic vehicle control skills or higher order skills? In H.Simpson (Ed.), *New to the road: Reducing the risks for young motorists* (pp. 103–114). Los Angeles, CA: Youth Enhancement Service, Brain Information Service.

Greve, W., & Wentura, D. (2003). Immunizing the self: Self-concept stabilization through reality-adaptive self-definitions. *Personality and Social Psychology Bulletin, 29,* 39–50.

Griffin, D.W., Dunning, D., & Ross, L. (1990). The role of construal processes in overconfident predictions about the self and others. *Journal of Personality and Social Psychology, 59,* 1128–1139.

Griffin, D.W., & Ross, L. (1991). Subjective construal, social inference, and human misunderstanding. In L.Berkowitz (Ed.), *Advances in experimental social psychology* (vol. 24, pp. 319–359). San Diego, CA: Academic Press.

Haaga, D.A., & Stewart, B.L. (1992). Self-efficacy for recovery from a lapse after smoking cessation. *Journal of Consulting and Clinical Psychology, 60,* 24–28.

Hacker, D.J., Bol, L., Horgan, D.D., & Rakow, E.A. (2000). Test prediction and performance in a classroom context. *Journal of Educational Psychology, 92,* 160–170.

Haines, M.P. (1996). *A social norms approach to preventing binge drinking at colleges and universities*. Newton, MA: The Higher Education Center for Alcohol and Other Drug Prevention.

Haines, M.P. (1998). Social norms in a wellness model for health promotion in higher education. *Wellness Management, 14*, 1–10.

Haines, M.P., & Spear S.F. (1996). Changing the perception of the norm: A strategy to decrease binge drinking among college students. *Journal of American College Health, 24*, 134–140.

Halberstadt, J.B., & Niedenthal, P.M. (1997). Emotional state and the use of stimulus dimensions in judgment. *Journal of Personality and Social Psychology, 72*, 1017–1033.

Hammond, J.S., Keeney, R.L., & Raiffa, H. (1999). *Smart choice: A practical guide to making better decisions.* New York: Random House.

Hampson, S.E., Gilmour, R., & Harris, P.L. (1978). Accuracy in self-perception: The "fallacy of personal validation." *British Journal of Social and Clinical Psychology, 17*, 231–325.

Hansen, G.L. (1987). Extradyadic relations during courtship. *Journal of Sex Research, 23*,382–390.

Hansford, B.C., & Hattie, J.A. (1982). The relationship between self and achievement/ performance measures. *Review of Educational Research, 52*, 123–142.

Harper, C.R., Kidera, C.J., & Cullen, J.F. (1971). Study of simulated airplane pilot incapacitation. *Aerospace Medicine, 42*,946–948.

Harris, M.E., & Greene, R.L. (1984). Students' perception of actual, trivial, and inaccurate personality feedback. *Journal of Personality Assessment, 48*, 179–184.

Harris, M.M., & Schaubroeck, J. (1988). A meta-analysis of self-supervisor, self-peer, and peer-supervisor ratings. *Personnel Psychology, 41*, 43–62.

Harris, P., & Middleton, W. (1994). The illusion of control and optimism about health: On being less at risk but no more in control than others. *British Journal of Social Psychology, 33*, 369–386.

Harris, P.R. (1996). Sufficient grounds for optimism? The relationship between perceived controllabilitiy and optimistic bias. *Journal of Social and Clinical Psychology, 15*, 9–52.

Harrison, D.A., & Shaffer, M.A. (1994). Comparative examinations of self-reports and perceived absenteeism norms: Wading through Lake Wobegone. *Journal of Applied Psychology, 79,* 240–251.

Harvey, N., Garwood, J., & Palencia, M. (1987). Vocal matching of pitch intervals: Learning and transfer effects. *Psychology of Music, 15,* 90–106.

Hasher, L., & Chromiak, W. (1977). The processing of frequency information: An automatic mechanism? *Journal of Verbal Learning and Verbal Behavior, 16,* 173–184.

Hasher, L., Goldstein, D., & Toppino, T. (1977). Frequency and the conference of referential validity. *Journal of Verbal learning and Verbal Behavior, 16,* 107–112.

Hasher, L., & Zacks, R.T. (1984). Automatic processing of fundamental information: The case of frequency of occurrence. *American Psychologist, 39,* 1372–1388.

Hasher, L., Zacks, R.T., Rose, K.C., & Sanft, H. (1987). Truly incidental encoding of frequency information. *American Journal of Psychology, 100,* 69–91.

Haun, D.E., Zeringue, A., Leach, A., & Foley, A. (2000). Assessing the competence of specimen-processing personnel. *Laboratory Medicine, 31,* 633–637.

Hawkins, S.A., & Hastie, R. (1990). Hindsight-biased judgments of past events after the outcomes are known. *Psychological Bulletin, 107,* 311–327.

Hayes, A.E, & Dunning, D. (1997). Construal processes and trait ambiguity: Implications for self-peer agreement in personality judgment. *Journal of Personality and Social Psychology, 72,* 664–677.

Hayward, M.L.A., & Hambrick, D.C. (1997). Explaining the premiums paid for large acquisitions: Evidence of CEO hubris. *Administrative Science Quarterly, 42,* 103–127.

Heath, C., Larrick, R.P., & Klayman, J. (1998). Cognitive repairs: How organized practices can compensate for individual shortcomings. In B.M.Staw & L.L.Cummings (Eds.), *Research in Organizational Behavior, 20,* 1–37.

Heine, S.J., Lehman, D.R., Markus, H.R., & Kitayama, S. (1999). Is there a universal need for positive self-regard? *Psychological Review, 106,* 766–794.

Helson, H. (1964). *Adaptation-level theory: An experimental and systematic approach to behavior.* New York: Harper and Row.

Helweg-Larsen, M. (1999). (The lack of) optimistic biases in response to the

Northridge earthquake: The role of personal experience. *Basic and Applied Social Psychology, 21,* 119–129.

Helweg-Larsen, M., & Shepperd, J.A. (2001). Do moderators of the optimistic bias affect personal or target risk estimates? A review of the literature. *Personality and Social Psychology Review, 5,* 74–95.

Henslin, J.M. (1967). Craps and magic. *American Journal of Sociology, 73,* 316–333.

Herold, E.S. (1981). Contraceptive embarrassment and contraceptive behavior among young single women. *Journal of Youth and Adolescence, 10,* 233–242.

Hertwig, R., Gigerenzer, G., & Hoffrage, U. (1997). The reiteration effect in hindsight bias. *Psychological Review, 104,* 194–202.

Hines, D., Saris, R.N., & Throckmorton-Belzer, L. (2002). Pluralistic ignorance and health risk behaviors: Do college students misperceive social approval for risky behaviors on campus and in media. *Journal of Applied Social Psychology, 32,* 2621–2640.

Hirschi, T. (1969). *Causes of delinquency.* Stanford, CA: University of California Press.

Hoch, S.J. (1985). Counterfactual reasoning and accuracy in predicting personal events. *Journal of Experimental Psychology: Learning, Memory, and Cognition, 11,* 719–731.

Hodges, B., Regehr, G., & Martin, D. (2001). Difficulties in recognizing one's own incompetence: Novice physicians who are unskilled and unaware of it. *Academic Medicine, 76,* S87-S89.

Holte, C.S., Jamruszka, V., Gustafson, J., Beaman, A.L., & Camp, G.C. (1984). Influence of children's positive self-perceptions on donating behavior in a naturalistic setting. *Journal of School Psychology, 22,* 145–153.

Hong, Y.Y., Chiu, C.Y., Dweck, C.S, Lin, D.M.S., & Wan, W. (1999). Implicit theories, attributions, and coping: A meaning system approach. *Journal of Personality and Social Psychology, 77,* 588–599.

Hoorens, V., & Buunk, B.P. (1993). Social comparison of health risks: Locus of control, the person-positivity bias, and unrealistic optimism. *Journal of Applied Social Psychology, 24,* 291–302.

Hoza, B., Pelham, W.E., Jr., Dobbs, J., Owens, J.S., & Pillow, D.R. (2002). Do boys with attention-deficit/hyperactivity disorder have positive illusory self-concepts? *Journal of Abnormal Psychology, 111,* 268–278.

Hsee, C.K. (1995). Elastic justification: How tempting but task-irrelevant factors influence decisions. *Organizational Behavior and Human Decision Processes, 62,* 330–337.

Hsee, C.K. (1996). Elastic justification: How unjustifiable factors influence judgments.
Organizational Behavior and Human Decision Processes, 62, 330–337.

Ilgen, D.R. (1971). Satisfaction with performance as a function of initial level of expected performance and deviation from expectations. *Organizational Behavior and Human Performance, 6,* 345–361.

Ilgen, D.R., & Hamstra, B.W. (1972). Performance satisfaction as a function of difference between expected and reported performance and five levels of reported performance. *Organizational Behavior and Human Performance, 7,* 359–370.

Ilgen, D.R., & Knowlton, W.A., Jr. (1980). Performance attributional effects on feedback from supervisors. *Organizational Behavior and Human Performance, 25,* 441–456.

Jacobs, B., Prentice-Dunn, S., & Rogers, R.W. (1984). Understanding persistence: An interface of control theory and self-efficacy theory. *Basic and Applied Social Psychology, 5,* 333–347.

John, O.P., & . R.W. (1994). Accuracy and bias in self-perception: Individual differences in self-enhancement and role of narcissism. *Journal of Personality and Social Psychology, 66,* 206–219.

Kahneman, D., Knetsch, J.L., & Thaler, R.H. (1991). The endowment effect, loss aversion, and status quo bias: Anomalies. *Journal of Economic Perspectives, 5,* 193–206.

Kahneman, D., & Lovallo, D. (1991). Bold forecasting and timid decisions: A cognitive perspective on risk taking. In R.Rumelt, P.Schendel, & D.Teece (Eds.), *Fundamental issues in strategy.* Cambridge, England: Cambridge University Press.

Kahneman, D., & Tversky, A. (1973). On the psychology of prediction. *Psychological Review, 80,* 313–327.

Kahneman, D., & Tversky, A. (1979a). Intuitive prediction: Biases and corrective procedures. *TIMS Studies in Management Science, 12,* 313–327.

Kahneman, D., & Tversky, A. (1979b). Prospect theory: An analysis of decision under risk. *Econometrica, 47,* 263–291.

Kahneman, D., & Tversky, A. (1982). The simulation heuristic. In D.Kahneman, P.Slovic, & A.Tversky (Eds.), *Judgment under uncertainty: Heuristics and biases* (pp. 509–520). Cambridge, England: Cambridge University Press.

Kamen, A. (2002, June 7). Tent rent: $10 a day. *Washington Post,* p. A25.

Kamen-Siegel, L., Rodin, J., & Seligman, M.E.P., & Dwyer, J. (1991). Explanatory style and cell-mediated immunity. *Health Psychology, 10,* 229–235.

Kane, T.D., Marks, M.A., Zaccaro, S.J., & Blair, V. (1996). Self-efficacy, personal goals, and wrestlers' self-regulation. *Journal of Sport and Exercise Psychology, 18,* 36–48.

Kaufman, M. (2003, October 11). Athletes, women a dangerous mix: Despite rookie initiation sessions conducted by all major pro sports, the scandals continue. *Ottawa Citizen,* F1.

Kelley, C.M., & Lindsay, D.S. (1993). Remembering mistaken for knowing: Ease of retrieval as a basis for confidence in answers to general knowledge questions. *Journal of Memory and Language, 32,* 1–24.

Keltner, D., Capps, L., Kring, A.M., Young, R.C., & Heerey, E.A. (2001). Just teasing: A conceptual analysis and empirical review. *Psychological Bulletin, 127,* 229–248.

Keltner, D., & Robinson, R.J. (1996). Extremism, power, and the imagined basis of social conflict. *Current Directions in Psychological Science, 5,* 101–105.

Keltner, D., Young, R.C., Heerey, E.A., Oemig, C., & Monarch, N.D. (1998). Teasing in hierarchical and intimate relations. *Journal of Personality and Social Psychology, 75,* 1231–1247.

Keren, G.B. (1987). Facing uncertainty in the game of bridge: A calibration study. *Organizational Behavior and Human Decision Processes, 139,* 98–114.

Keren, G.B. (1994). The rationality of gambling: Gamblers' conceptions of probability, chance and luck. In G.Wright & P.Ayton (Eds.), *Subjective probability* (pp. 485–499). New York: Wiley.

Keren, G.B., & Wagenaar, W.A. (1985). On the psychology of playing blackjack: Normative and descriptive considerations with implications for decision theory. *Journal of Experimental Psychology: General, 114,* 133–158.

Klar, Y., & Giladi, E.E. (1999). Are most people happier than their peers, or are they just happy? *Personality and Social Psychology Bulletin, 25,* 585–594.

Klayman, J., & Schoemaker, P.J.H. (1993). Thinking about the future: A cognitive perspective. *Journal of Forecasting, 12,* 161–168.

Klein, C.T.F., & Helweg-Larsen, M. (2002). Perceived control and the optimistic bias: A meta-analytic review. *Psychology and Health, 17,* 437–446.

Klein, W.M., & Kunda, Z. (1994). Exaggerated self-assessments and the preferences for controllable risks. *Organizational Behavior and Human Decision Processes, 59,* 410–427.

Kluger, A.N., & DeNisi, A. (1996). The effects of feedback interventions on performance: A historical review, a meta-analysis, and a preliminary feedback intervention theory. *Psychological Bulletin, 119,* 254–284.

Knetsch, J.L. (1989). The endowment effect and evidence of nonreversible indifference curves. *American Economic Review, 79,* 1277–1284.

Knox, R.E., & Inkster, J.A. (1968). Postdecision dissonance at post time. *Journal of Personality and Social Psychology, 8,* 319–323.

Koriat, A. (1976). Another look at the relationship between phonetic symbolism and the feeling of knowing. *Memory and Cognition, 4,* 244–248.

Koriat, A. (1993). How do we know that we know? The accessibility model of the feeling of knowing. *Psychological Review, 100,* 609–639.

Koriat, A. (1995). Dissociating knowing and the feeling of knowing: Further evidence for the accessibility model. *Journal of Experimental Psychology, 124,* 311–333.

Koriat, A., Lichtenstein, S., & Fischhoff, B. (1980). Reasons for confidence. *Journal of Experimental Psychology: Human Learning and Memory, 6,* 107–118.

Krueger, J., & Mueller, R.A. (2002). Unskilled, unaware, or both? The contribution of social-perceptual skills and statistical regression to self-enhancement biases. *Journal of Per-sonality and Social Psychology, 82,* 180–188.

Kruger, J. (1999). Lake Wobegone be gone! The "below-average effect" and the egocentric nature of comparative ability judgments. *Journal of Personality and Social Psychology, 77,* 221–232.

Kruger, J.M., & Dunning, D. (1999). Unskilled and unaware of it: How difficulties in recognizing one's own incompetence lead to inflated self-assessments. *Journal of Personality and Social Psychology, 77,* 1121–1134.

Kruger, J., & Dunning, D. (2002). Unskilled and unaware—But why? A reply to Krueger and Mueller. *Journal of Personality and Social Psychology, 82,* 189–192.

Kruger, J., & Gilovich, T. (2004). Actions and intentions in self-assessment: The road to self-enhancement is paved with good intentions. *Personality and Social Psychology Bulletin, 30,* 328–339.

Kruger, J., Gordon, C., & Kuban, J. (in press). Intentions in teasing: When "just kidding" just isn't good enough. *Journal of Personality and Social Psychology.*

Kunda, Z. (1987). Motivated inference: Self-serving generation and evaluation of causal theories. *Journal of Personality and Social Psychology, 53,* 37–54.

Kunda, Z. (1990). The case for motivated reasoning. *Psychological Bulletin, 108,* 480–498.

Kunda, Z., Fong, G.T., Sanitioso, R., & Reber, E. (1993). Directional questions direct self-perceptions. *Journal of Experimental Social Psychology, 29,* 63–86.

Kurman, J. (2003). The role of perceived specificity level of failure events in self- enhancement and in constructive self-criticism. *Personality and Social Psychology Bulletin, 29,* 285–294.

Lambert, T.A., Kahn, A.S., & Apple, K.J. (2003). Pluralistic ignorance and hooking up. *Journal of Sex Research, 40,* 129–133.

Langenderfer, J. (1996). Lotteries and education: The mediating effect of illusion of control. In R.P.Hill & C.R.Taylor (Eds.), *Marketing and public policy conference proceedings* (vol. 6, pp. 190–198). Chicago: American Marketing Association.

Langer, E.J. (1975). The illusion of control. *Journal of Personality and Social Psychology, 32,* 311–328.

Langer, E.J., & Roth, J. (1975). Heads I win, tails it's chance: The effects of sequence of outcomes in a chance task on the illusion of control. *Journal of Personality and Social Psychology, 32,* 951–955.

LaPiere, R.T. (1934). Attitudes vs. action. *Social Forces, 13,* 230–237.

Larson, J.R., Jr. (1986). Supervisors' performance feedback to subordinates: The impact of subordinate performance valence and outcome dependence.

Organizational Behavior and Human Decision Processes, 37, 391–408.

Larwood, L. (1978). Swine flu: A field study of self-serving biases. *Journal of Applied Social Psychology, 8,* 283–289.

Larwood, L., & Whittaker, W. (1977). Managerial myopia: Self-serving biases in organizational planning. *Journal of Applied Psychology, 62,* 194–198.

Latané, B., & Darley, J.M. (1970). *The unresponsive bystander: Why doesn't he help?* Englewood Cliffs, NJ: Prentice Hall.

Lau, R.R., & Russell, D. (1980). Attributions in the sports pages. *Journal of Personality and Social Psychology, 39,* 29–38.

Laumann, E.O., Gagnon, J.H., Michael, R.T., & Michaels, S. (1994). *The social organization of sexuality: Sexual practices in the United States.* Chicago: University of Chicago Press.

LeDoux, J. (1996). *The emotional brain.* New York: Simon & Schuster.

Lehman, D.R., & Taylor, S.E. (1987). Date with an earthquake: Coping with a probable, unpredictable disaster. *Personality and Social Psychology Bulletin, 23,* 546–555.

Lent, R.W., Brown, S.D., & Hackett, G. (1994). Toward a unifying social cognitive theory of career and academic interest, choice, and performance. *Journal of Vocational Behavior, 45,* 79–122.

Lerner, J.S., Gonzalez, R.M., Small, D.A., & Fischhoff, B. (2003). Effects of fear and anger on perceived risks of terrorism: A national field experiment. *Psychological Science, 14,* 144–150.

Lerner, J.S., & Keltner, D. (2001). Fear, anger, and risk. *Journal of Personality and Social Psychology, 81,* 146–159.

Levenberg, S.B. (1975). Professional training, psychodiagnostic skill, and kinetic family drawings. *Journal of Personality Assessment, 39,* 389–393.

Libby, R., Trotman, K.T., & Zimmer, I. (1987). Member variation, recognition of expertise, and group performance. *Journal of Applied Psychology, 72,* 81–87.

Liberman, N., & Trope, Y. (1998). The role of feasibility and desirability considerations in near and distant future decisions: A test of temporal construal theory. *Journal of Personality & Social Psychology, 75,* 5–18.

Lichtenstein, S., & Fischhoff, B. (1980). Training for calibration. *Organizational Behavior and Human Performance, 26,* 149–171.

Liebrand, W.B.G., Messick, D.M., & Wolters, F.J.M. (1986). Why we are fairer than others: A cross-cultural replication and extension. *Journal of Experimental Social Psychology, 22,* 590–604.

Lifton, R.J. (1986). *The Nazi doctors: Medical killing and the psychology of genocide.* New York: Basic Books.

Lillard, L.A., & Waite, L.J. (1995). Till death do us part: Marital disruption and mortality. *American Journal of Sociology, 100,* 1131–1156.

Lin, I.F., Spiga, R., & Fortsch, W. (1979). Insight and adherence to medication in chronic schizophrenics. *Journal of Clinical Psychology, 40,* 430–432.

Linkenbach, J., & Perkins, H.W. (2003). Most of us are tobacco free: An eight-month social norms campaign reducing youth initiation of smoking in Montana. In H.W.Perkins (Ed.), *The social norms approach to preventing school and college age substance abuse: A handbook for educators, counselors, and clinicians* (pp. 224–234), San Francisco: JosseyBass.

Littlepage, G.E., Robison, W., & Reddington, K., (1997). Effects of task experience and group experience on group performance, member ability, and recognition of expertise. *Organizational Behavior and Human Decision Processes, 69,* 133–147.

Loewenstein, G., & Adler, D. (1995). A bias in the prediction of tastes. *The Economic Journal, 105,* 929–937.

Loewenstein, G., Nagin, D., & Paternoster, R. (1997). The effect of sexual arousal on predictions of sexual forcefulness. *Journal of Crime and Delinquency, 32,* 443–473.

Loftus, E.F. (1979). *Eyewitness testimony.* Cambridge, MA: Harvard University Press. Loftus, E.F., & Wagenaar, W.A. (1988). Lawyers' predictions of success. *Jurimetrics Journal, 29,* 437–453.

Longenecker, C.L., Sims, J.P., Jr., & Gioia, D.A. (1987). Behind the mask: The politics of employee appraisal. *Academy of Management Executive, 1,* 183–193.

Lord, C.G., & Lepper, M.R. (1999). Attitude representation theory. In M.P.Zanna (Ed.), *Advances in Experimental Social Psychology* (vol. 31, pp. 265–343). San Diego, CA: Academic Press.

Lord, C.G., Lepper, M.R., & Mackie, D. (1984). Attitude prototypes as determinants of attitude-behavior consistency. *Journal of Personality and Social Psychology, 46,* 1254–1266.

Lovallo, D., and Kahneman, D. (2003). Delusions of success: How optimism undermines executives' decision. *Harvard Business Review, 81,* 56–63.

Maass, A., Milesi, A., Zabbini, S., & Stahlberg, D. (1995). Linguistic intergroup bias: Differential expectancies or in-group protection. *Journal of Personality and Social Psychology, 68,* 116–126.

Maass, A., Salvi, D., Arcuri, L., & Semin, G. (1989). Language use in intergroup contexts: The linguistic intergroup bias. *Journal of Personality and Social Psychology, 57,* 981–993.

Mabe, P.A., III, & West, S.G. (1982). Validity of self-evaluation of ability: A review and meta-analysis. *Journal of Applied Psychology, 67,* 280–286.

MacDonald, T.K., & Ross, M. (1999). Assessing the accuracy of predictions about dating relationships: How and why do lovers' predictions differ from those made by observers? *Personality and Social Psychology Bulletin, 25,* 1417–1429.

Maki, R.H., & Berry, S.L. (1984). Metacomprehension of text material. *Journal of Experimental Psychology: Learning, Memory, & Cognition, 10,* 663–679.

Maki, R.H., Jonas, D., & Kallod, M. (1994). The relationship between comprehension and metacomprehension ability. *Psychonomic Bulletin and Review, 1,* 126–129.

Malmendier, U., & Tate, G. (2003). *Who makes acquisitions? CEO overconfidence and the market's reaction.* Unpublished manuscript, Stanford University.

Marks, G., & Miller, N. (1987). Ten years of research on the false consensus effect: An empirical and theoretical review. *Psychological Bulletin, 102,* 72–90.

Marks, N., & Lambert, J. (1998). Marital status continuity and change among young and midlife adults: Longitudinal effects on psychological well-being. *Journal of Family Issues, 19,* 652–686.

Marottoli, R.A., & Richardson, E.D. (1998). Confidence in, and self-rating of, driving ability among older drivers. *Accident Analysis and Prevention, 30,* 331–336.

Marteau, T.M., Johnston, M., Wynne, G., & Evans, T.R. (1989). Cognitive factors in the explanation of the mismatch between confidence and competence in performing basic life support. *Psychology and Health, 3,* 173–182.

Marteau, T.M., Wynne, G., Kaye, W., & Evans, T.R. (1990). Resuscitation: Experience without feedback increases confidence but not skill. *British Medical Journal, 300,* 849–850.

Matza, D. (1964). *Delinquency and drift.* New York: Wiley.

May, E.R. (1973). *"Lessons" of the past: The use and misuse of history in American foreign policy.* New York: Oxford University Press.

Mayhew, D.R., & Simpson, H.M. (1996). *Effectiveness and role of driver education and training in a graduated licensing system.* Ottawa, Ontario: Traffic Injury Research Foundation.

McCall, M., & Nattrass, K. (2001). Carding for the purchase of alcohol: I'm tougher than other clerks are! *Journal of Applied Social Psychology, 31,* 2184–2194.

McCloskey, M., & Kohl, D. (1983). Naïve physics: The curvilinear impetus principles and its role in interactions with moving objects. *Journal of Experimental Psychology: Learning, Memory, and Cognition, 9,* 146–156.

McElwee, R.O., Dunning, D., Tan, P.L., & Hollmann, S. (2001). Evaluating others: The role of who we are versus what we think traits mean. *Basic and Applied Social Psychology, 23,* 123–136.

McFarland, C., & Miller, D.T. (1990). Judgments of self-other similarity: Just like other people, only more so. *Personality and Social Psychology Bulletin, 16,* 475–484.

McGlynn, S.M. (1994). Impaired awareness of deficits in a psychiatric context: Implications for rehabilitation. In J.Metcalfe & A.P.Shimamura (Eds.), *Metacognition: Knowing about knowing* (pp. 221–248). Cambridge, MA: MIT Press.

McGlynn, S.M., & Kaszniak, A.W. (1991). Unawareness of deficits in dementia and schizophrenia. In G.P.Prigatano & D.L.Schacter (Eds.), *Awareness of deficit after brain injury: Clincal and theoretical issue* (pp. 63–83). New York: Oxford University Press.

McKenna, F.P. (1993). It won't happen to me: Unrealistic optimism or illusion of control? *British Journal of Psychology, 84,* 39–50.

McLanahan, S., & Sandefur, G. (1994). *Growing up with a single parent: What hurts, what helps.* Cambridge, MA: Harvard University Press.

McPherson, S.L., & Thomas, J.R. (1989). Relation of knowledge and performance in boys' tennis: Age and expertise. *Journal of Experimental Child Psychology, 48,* 190–211.

Menon, G., Block, L.G., & Ramanathan, S. (2002). We're at as much risk as we are led to believe: Effects of message cues on judgments of health. *Journal of Consumer Research, 28,* 533–549.

Merrens, M.R., & Richards, W.S. (1973). Length of personality inventory and the evaluation of a generalized personality interpretation. *Journal of Personality Assessment, 37,* 83–85.

Messick, D.M., Bloom, S., Boldizar, J.P., & Samuelson, C.D. (1985). Why we are fairer than others. *Journal of Experimental Social Psychology, 21,* 480–500.

Metcalfe, J. (1998). Cognitive optimism: Self-deception or memory-based processing heuristics. *Personality and Social Psychology Review, 2,* 100–110.

Metcalfe, J., Schwartz, B.L., & Joaquim. S.G. (1993). The cue-familiarity heuristic in meta-cognition. *Journal of Experimental Psychology: Learning, Memory, and Cognition, 19,* 851–861.

Middleton, W., Harris, P., & Surman, M. (1996). Give 'em enough rope: Perception of health and safety risks in bungee jumpers. *Journal of Social and Clinical Psychology, 15,* 68–79.

Miller, D.T., & McFarland, C. (1987). Pluralistic ignorance: When similarity is interpreted as dissimilarity. *Journal of Personality and Social Psychology, 53,* 298–305.

Miller, D.T., & Nelson, L. (2002). Seeing approach motivation in the avoidance behavior of others: Implications for an understanding of pluralistic ignorance. *Journal of Personality and Social Psychology, 83,* 1066–1075.

Miller, R.L., Brickman, P., & Bolen, D. (1975). Attribution versus persuasion as a means for modifying behavior. *Journal of Personality and Social Psychology, 31,* 430–441.

Miner, C.F. (1984). Group versus individual decision making: An investigation of performance measures, decision strategies, and process losses/gains. *Organizational Behavior and Human Performance, 33,* 112–124.

Miyazaki, A.D., Brumbaugh, A.M., & Sprott, D.E. (2001). Promoting and countering consumer misconceptions of random events: The case of perceived control and statesponsored lotteries. *Journal of Public Policy & Marketing, 20,* 254–267.

Moore, D.A., & Kim, T.G. (2003). Myopic social prediction and the solo comparison effect. *Journal of Personality and Social Psychology, 85,* 1121–1135.

Mueller, C.M., & Dweck, C.S. (1998). Praise for intelligence can undermine children's motivation and performance. *Journal of Personality and Social Psychology, 75,* 33–52.

Murphy, M., Glaser, K., & Grundy, E. (1997). Marital status and long term illness in Great Britain. *Journal of Marriage and the Family, 59,* 156–164.

National Research Council: Committee on Women in Science and Engineering. (1991). *Women in science and engineering: Increasing their numbers in the 1990s.* Washington, DC: National Academy Press.

National Science Foundation (2000). *Women, minorities, and persons with disabilities in science and engineering.* Arlington, VA: National Science Foundation.

National Science Foundation (2002). *Science and engineering indicators— 2002.* Arlington, VA: National Science Foundation.

Neale, M.A., & Bazerman, M.H. (1983). The role of perspective-taking ability in negotiating under different forms of arbitration. *Industrial and Labor Relations Review, 36,* 378–88.

Nelson, T.O., & Dunlosky, J. (1991). When people's judgments of learning (JOLs) are extremely accurate at predicting subsequent recall: The delayed-JOL effect. *Psychological Science, 2,* 267–270.

Newby-Clark, I.R., Ross, M., Buehler, R., Koehler, D.J., & Griffin, D. (2000). People focus on optimistic and disregard pessimistic scenarios while predicting their task completion times. *Journal of Experimental Psychology: Applied, 6,* 171–182

Newell, A. (1969). Heuristic programming: Ill-structured problems. In J.Aronofsky (Ed.), *Progress in operations research* (vol. 3; pp. 360–414). New York: Wiley.

Nickerson, R.S., Baddeley, A., & Freeman, B. (1987). Are people's estimates of what other people know influenced by what they themselves know? *Acta Psychologica, 64,* 245–259.

Niedenthal, P.M., Cantor, N., & Kihlstrom, J.F. (1985). Prototype matching: A strategy for social decision-making. *Journal of Personality and Social*

Psychology 48, 575–584.

Niedenthal, P.M., Halberstadt, & Innes-Ker, A.H. (1999). Emotional response categorization. *Psychological Review, 106,* 337–361.

Niedenthal, P.M., & Mordkoff, J.T. (1991). Prototype distancing: A strategy for choosing among threatening situations. *Personality and Social Psychology Bulletin, 17,* 483–493.

Nisbett, R.E., & Kunda, Z. (1985). Perceptions of social distributions. *Journal of Personality and Social Pyschololgy, 48,* 297–311.

Nisbett, R.E., & Ross, L. (1980). *Human inference: Strategies and shortcomings of social judgment.* Englewood Cliffs, NJ: Prentice-Hall.

Nuttin, J.M. (1985). Narcissism beyond Gestalt and awareness: The name letter effect. *European Journal of Social Psychology, 15,* 353–361.

Nuttin, J.M. (1987). Affective consequences of mere ownership: The name letter effect in twelve European languages. *European Journal of Social Psychology, 17,* 381–402.

Obermiller, C., & Spangenberg, E.R. (2000). Improving telephone fund-raising by use of self-prophecy. *International Journal of Non-Profit and Voluntary Sector Marketing, 5,* 365–372.

O'Brien, A., Fries, E., & Bowen, D. (2000). The effect of accuracy of perceptions of dietary-fat intake on perceived risk and intentions to change. *Journal of Behavioral Medicine, 23,* 465–473.

Odean, T. (1998). Volume, volatility, price, and profit when all traders are above average. *Journal of Finance, 8,* 1887–1934.

O'Dell, J.W. (1972). P.T.Barnum explores the computer. *Journal of Consulting and Clinical Psychology, 38,* 270–273.

O'Gorman, H.J., & Garry, S.L. (1977). Pluralistic ignorance: Replication and extension. *Public Opinion Quarterly, 40,* 449–458.

Oksam, J., Kingma, J., & Klasen, H.J. (2000). Clinicians' recognition of 10 different types of distal radial fractures. *Perceptual and Motor Skills, 91,* 917–924.

Ono, K. (1987). Superstitious behavior in humans. *Journal of the Experimental Analysis of Behavior, 47,* 261–271.

Oskamp, S. (1965). Overconfidence in case-study judgments. *Journal of Clinical Psychology, 29,* 261–265.

Owens, J.S., & Hoza, B. (2003). The role of inattention and hyperactivity/impulsivity in the positive illusory bias. *Journal of Consulting and Clinical Psychology, 71,* 680–691.

Paulhus, D.L. (1998). Interpersonal and intrapsychic adaptiveness of trait self- enhancement: A mixed blessing. *Journal of Personality and Social Psychology, 74,* 1197–1208.

Perkins, H.W. (2002). Social norms and the prevention of alcohol misuse in college contexts. *Journal of Studies on Alcohol,* supplement no. 14.

Peterson, C. (1988). Explanatory style as a risk factor for illness. *Cognitive Therapy and Research, 12* 119–132.

Petty, R.E., Fleming, M.A., & Fabrigar, L.R. (1999). The review process at PSPB: Correlates of interreviewer agreement and manuscript acceptance. *Personality and Social Psychology Bulletin, 25,* 188–203.

Polivy, J., & Herman, C.P. (2002). If at first you don't succeed: False hopes of self- change. *American Psychologist, 57,* 677–689.

Prentice, D.A., & Miller, D.T. (1993). Pluralistic ignorance and alcohol use on campus: Some consequences of misperceiving the social norm. *Journal of Personality and Social Psychology, 64,* 243–356.

Pronin, E., Lin, D.Y., & Ross, L. (2002). The bias blind spot: Perceptions of bias in self versus others. *Personality and Social Psychology Bulletin, 28,* 369–381.

Pyszczynski, T., & Greenberg J. (1987). Toward an integration of cognitive and motivational perspectives on social inference: a biased hypothesis-testing model. *Advances in Experimental Social Psychology, 20,* 297–340.

Radcliffe, N.M., & Klein, W.M.P. (2002). Dispositional, unrealistic, and comparative optimism: Differential relations with the knowledge and processing of risk information and beliefs about personal risk. *Personality and Social Psychology Bulletin, 28,* 836–846.

Read, D., & van Leeuwen, B. (1998). Time and desire: The effects of anticipated and experienced hunger and delay to consumption on the choice between healthy and unhealthy snack food. *Organizational Behavior and Human Decision Processes, 76,* 189–205.

Read, S.J. (1987). Constructing causal scenarios: A knowledge structure approach to causal reasoning. *Journal of Personality and Social Psychology, 52,* 288–302.

Reckless, W.C. (1961). A new theory of delinquency and crime. *Federal Probation, 25,* 42–46.

Reder, L.M. (1987). Strategy selection in question answering. *Cognitive Psychology, 19,* 111–138.

Reder, L.M., & Ritter, F.E. (1992). What determines initial feeling of knowing? Familiarity with question terms, not with the answer. *Journal of Experimental Psychology: Learning, Memory, and Cognition, 13,* 435–451.

Redlich, F.C., & Dorsey, J.F. (1945). Denial of blindness by patients with cerebral disease. *Archives of Neurology and Psychiatry, 53,* 407–417.

Reed, G.M., Kemeny, M.E., Taylor, S.E., & Visscher, B.R. (1999). Negative HIV-specific expectancies and AIDS-related bereavement as predictors of symptom onset in asymptomatic HIV-positive gay men. *Health Psychology, 18,* 354–363.

Reed, G.M., Kemeny, M.E., Taylor, S.E., Wang, H.-Y.J., & Visscher, B.R. (1994). Realistic acceptance: as a predictor of decreased survival time in gay men with AIDS. *Health Psychology, 13,* 299–307.

Reed, M.B., & Aspinwall, L.G. (1998). Self-affirmation reduces biased processing of health risk information. *Motivation & Emotion, 22,* 99–132.

Regan, D.R., & Fazio, R. (1977). On the consistency between attitudes and behavior: Look to the method of attitude formation. *Journal of Experimental Social Psychology, 13,* 28–45.

Reisman, S., Insko, C.A., & Valins, S. (1970). Triadic consistency and false heart-rate feedback. *Journal of Personality, 38,* 629–640.

Reitman, W.R. (1964). Heuristic decision procedures, open constraints, and the structure of ill-defined problems. In M.W.Shelley & G.L.Bryan (Eds.), *Human judgments and optimality* (pp. 282–315). New York: Wiley.

Riggio, R. & Friedman, H.S. (1983). Individual differences and cues to deception. *Journal of Personality and Social Psychology, 45,* 899–915.

Riggio, R.E., Widaman, K.F., & Friedman, H.S. (1985). Actual and perceived emotional sending and personality correlates. *Journal of Nonverbal Behavior, 9,* 69–83.

Risucci, D.A., Tortolani, A.J., & Ward, R.J. (1989). Ratings of surgical residents by self, supervisors and peers. *Surgical Gynecology and Obstetrics, 169,* 519–526.

Robins, R.W., & Beer, J.S. (2001). Positive illusions about the self: Short-term benefits and long-term costs. *Journal of Personality and Social Psychology, 80,* 340–352.

Robinson, R.J., Keltner, D., Ward, A., & Ross, L. (1995). Actual versus assumed differences in construal: "Naïve realism" in intergroup perception and conflict. *Journal of Personality and Social Psychology, 68,* 404–417.

Rolfhus, E.L., & Ackerman, P.L. (1999). Assessing individual differences in knowledge: Knowledge, intelligence, and related traits. *Journal of Educational Psychology, 91,* 511–526.

Rosenthal, R., & Fode, K.L. (1963). The effect of experimenter bias on the performance of the albino rat. *Behavioral Science, 8,* 183–189.

Rosenthal, R., & Jacobsen, L. (1968). *Pygmalian in the classroom: Teacher expectation and pupil's intellectual development.* Holt, Rinehart & Winston.

Ross, L.D., Greene, D., and House, P. (1977). The "false consensus effect": An egocentric bias in social perception and attribution processes. *Journal of Experimental Social Psychology, 13,* 279–301.

Rothbart, M., & Snyder, M. (1970). Confidence in prediction and postdiction of an uncertain outcome. *Canadian Journal of Behavioral Science, 2,* 38–43.

Rotter, J. (1966). Generalized expectancies for internal versus external control of reinforcement. *Psychological Monographs: General and Applied, 80,* whole no. 609.

Russo, J.E., Medvec, V.H., & Meloy, M.G. (1996). The distortion of information during decisions. *Organizational Behavior and Human Decision Processes, 66,* 102–110.

Russo, J.E., Meloy, M.G., & Medvec, V.H. (1998). Predecisional distortion of product information. *Journal of Marketing Research, 35,* 438–452.

Russo, J.E., Meloy, M.G., & Wilks, T.J. (2000). Predecisional distortion of information by auditors and salespersons. *Management Science, 46,* 13–26.

Rutter, D.R., Quine, L., & Albery, I.P. (1998). Perceptions of risk in motor-cyclists: Unrealistic optimism, relative realism and predictions of behaviour. *British Journal of Psychology, 89,* 681–696.

Sabini, J., Cosmas, K., Siepmann, M., & Stein, J. (1999). Underestimates and truly false consensus effects in estimates of embarrassment and other emotions. *Basic and Applied Social Psychology, 21,* 233–241.

Sackett, D.L., & Torrance, G.W. (1978). The utility of different health states as perceived by the general public. *Journal of Chronic Diseases, 31,* 697–704.

Samuelson, W., & Zackhauser, R. (1988). Status quo bias in decision making. *Journal of Risk and Uncertainty, 1,* 7–59.

Sanderson, C.A., Darley, J.M., & Messinger, C.S. (2002). "I'm not as thin as you think I am": The development and consequences of feeling discrepant from the thinness norm. *Personality and Social Psychology Bulletin, 28,* 172–183.

Schacter, D.L., McLachlan, D.R., Moscovitch, M., & Tulving, E. (1986). Monitoring of recall performance by memory-disordered patients. *Journal of Clinical and Experimental Neuropsychology Abstracts, 8,* 130.

Schanck, R.L. (1932). A study of community and its group institutions conceived of as behavior of individuals. *Psychological Monographs, 43,* 1–133.

Schkade, D.A., & Kahneman, D. (1998). Does living in California make people happy? A focusing illusion in judgments of life satisfaction. *Psychological Science, 9,* 340–346.

Schneider, S.L. (2001). In search of realistic optimism: Meaning, knowledge, and warm fuzziness. *American Psychologist, 56,* 250–263.

Schneider, W. (1985). Training high-performance skills: Fallacies and guidelines. *Human Factors, 27,* 285–300.

Schoenfeld, A.H. (1988). When good teaching leads to bad results: The disasters of "well-taught" mathematics courses. *Educational Psychologist, 23,* 145–166.

Schulz, R., & Decker, S. (1985). Long-term adjustment to physical disability: The role of social support, perceived control, and self-blame. *Journal of Personality and Social Psychology, 48,* 1162–1172.

Schuman, H., & Johnson, M.P. (1976). Attitudes and behavior. *Annual Review of Sociology, 2,* 161–207.

Schwartz, B.L., & Metcalfe, J. (1992). Cue familiarity but not target retrievability enhances feeling-of-knowing judgments. *Journal of Experimental Psychology: Learning, Memory, and Cognition, 18,* 1074–1083.

Schwarzer, R. (1999). Self-regulatory processes in the adoption and maintenance of health behaviors: The role of optimism, goals, and threats. *Journal of Health Psychology, 4,* 115–127

Sclabassi, S.E., & Woelfel, S.K. (1984). Development of self-assessment skills in medical students. *Medical Education, 84,* 226–231.

Segerstrom, S.C., Taylor, S.E., Kemeny, M.E., & Fahey, J.L. (1998). Optimism is associated with mood, coping, immune change in response to stress. *Journal of Personality and Social Psychology, 74,* 1646–1655.

Setterlund, M.B., & Niedenthal, P.M. (1993). "Who am I? Why am I here?": Self-esteem, self-clarity, and prototype matching. *Journal of Personality and Social Psychology, 65,* 769–780.

Seymour, E. (1992). "The problem iceberg" in science, mathematics, and engineering education: Student explanations for high attrition rates. *Journal of College Science Teaching, 21,* 230–232.

Shapiro, J.P., Baumeister, R.E, & Kessler, J.W. (1991). A three-component model of children's teasing: Aggression, humor, and ambiguity. *Journal of Social and Clinical Psychology, 10,* 459–472.

Shaughnessy, J.J. (1979). Confidence judgment accuracy as a predictor of test performance. *Journal of Research in Personality, 13,* 505–514.

Shaw, J. (1996). Increases in eyewitness confidence resulting from postevent questioning. *Journal of Experimental Psychology: Applied, 2,* 126–146.

Shedler, J., Mayman, M., & Manis, M. (1993). The illusion of mental health. *American Psychologist, 48,* 1117–1131.

Shepherd, J.A., Carroll, P., Grace, J., & Terry, M. (2002). Exploring the cause of comparative optimism. *Psychologica Belgica, 42,* 65–98.

Sherman, D.A.K., Nelson, L.D., & Steele, C.M. (2000). Do messages about health risks threaten the self? Increasing the acceptance of threatening health messages via self- affirmation. *Personality and Social Psychology Bulletin, 26,* 1046–1058.

Sherman, D.K., Nelson, L.D., & Ross, L. (2003). Naïve realism and affirmative action: Adversaries are more similar than they think. *Basic and Applied Social Psychology, 25,* 275–289.

Sherman, S.J. (1980). On the self-erasing nature of errors of prediction. *Journal of Personality and Social Psychology, 39,* 211–221.

Shimamura, A.P., & Squire, L.R. (1986). Memory and metamemory: A study of the feeling-of-knowing phenomenon in amnesic patients. *American Journal of Psychiatry, 136,* 918–922.

Shipper, F., & Dillard, J.E., Jr. (2000). A study of impending derailment and recovery of middle managers across career stages. *Human Resource*

Management, 39, 331–345.

Shrauger, J.S., & Rosenberg, S.E. (1970). Self-esteem and the effects of success and failure feedback on performance. *Journal of Personality, 38,* 404–417.

Shrauger, J.S., & Terbovic, M.L. (1976). Self-evaluation and assessments of performance by self and others. *Journal of Consulting and Clinical Psychology, 44,* 564–572.

Sieff, E.M., Dawes, R.M., & Loewenstein, G. (1999). Anticipated versus actual reaction to HIV test results. *American Journal of Psychology, 112,* 297–311.

Simon, D.A., & Bjork, R.A. (2001). Metacognition in motor learning. *Journal of Experimental Psychology: Learning, Memory, and Cognition, 27,* 907–912.

Simon, H.A. (1973). The structure of ill-structured problems. *Artificial Intelligence, 4,* 181–201.

Sinkavich, F.J. (1995). Performance and metamemory: Do students know what they don't know? *Instructional Psychology, 22,* 77–87.

Skinner, B.F. (1948). "Superstition" in the pigeon. *Journal of Experimental Psychology, 38,* 168–172.

Smedlund, J. (1963). The concept of correlation in adults. *Scandinavian Journal of Psychology, 4,* 165–173.

Snyder, C.R., Shenkel, R.J., & Lowery, C.R. (1977). Acceptance of personality interpretations: The "Barnum effect" and beyond. *Journal of Consulting and Clinical Psychology, 45,* 104–114.

Snyder, M., & Cantor, N. (1979). Testing hypotheses about other people: The use of historical knowledge. *Journal of Experimental Social Psychology, 15,* 330–342.

Spangenberg, E.R. (1997). Increasing health club attendance through self-prophecy. *Marketing Letters, 8,* 23–31.

Spangenberg, E.R., & Obermiller, C. (1996). To cheat or not to cheat: Reducing cheating by requesting self-prophecy. *Marketing Education Review, 6,* 95–103.

Sparks, P., & Shepherd, R. (1994). Public perceptions of the potential hazards associated with food production and food consumption: An empirical study. *Risk Analysis, 14,* 799–806.

Sporer, S.L. (1992). Post-dicting eyewitness accuracy: Confidence, decision times and person descriptions of choosers and non-choosers. *European Journal of Social Psychology, 22,* 157–180.

Sporer, S.L. (1993). Eyewitness identification accuracy, confidence, and decision times in simultaneous and sequential lineups. *Journal of Applied Psychology, 78,* 22–33.

Sprott, D.E., Brumbaugh, A.M., & Miyazaki, A.D. (2001). Motivation and ability as predictors of play behavior in state-sponsored lotteries: An empirical assessment of psychological control. *Psychology & Marketing, 18,* 973–983.

Sprott, D.E., Spangenberg, E.R., & Fisher, R. (2003). The importance of normative beliefs to the self-prophecy effect. *Journal of Applied Psychology, 88,* 423–431.

Sprott, D.E., Spangenberg, E.R., & Perkins, A.W. (1999). Two more self-prophecy experiments. In L.Scott & E.J.Arnould (Eds.), *Advances in consumer research* (vol. 25, pp. 621–626). Provo, UT: Association for Consumer Research.

Stajkovic, A.D., & Luchins, F. (1998). Self-efficacy and work-related performance: A meta-analysis. *Psychological Bulletin, 124,* 240–261.

Steele, C.M. (1988). The psychology of self-affirmation: Sustaining the integrity of the self. In L.Berkowitz (Ed.), *Advances in Experimental Social Psychology* (vol. 21, pp. 261–302), San Diego, CA: Academic Press.

Stone, D.N. (1994). Overconfidence in initial self-efficacy judgments: Effects on decision processes and performance. *Organizational Behavior and Human Decision Processes, 59,* 452–474.

Story, A.L. (1998). Self-esteem and memory for favorable and unfavorable personality feedback. *Personality and Social Psychology Bulletin, 24,* 51–64.

Story, A.L. (2003). Similarity of trait and construal and consensus in interpersonal perception. *Journal of Experimental Social Psychology, 39,* 364–370.

Story, A.L., & Dunning, D. (1998). The more rational side of self-serving prototypes: The effects of success and failure performance feedback. *Journal of Experimental Social Psychology, 34,* 513–529.

Strecher, V.J., Kreuter, M.W., & Kobrin, S.C. (1995). Do cigarette smokers have unrealistic perceptions of their heart attack, cancer, and stroke risks? *Journal of Behavioral Medicine, 18,* 45–54.

Strenta, A., & DeJong, W. (1981). The effect of a pro-social label on helping behavior. *Social Psychology Quarterly, 44,* 142–147.

Stuart, M.R., Goldstein, H.S., & Snope, F.C. (1980). Self-evaluation by residents in family medicine. *Journal of Family Practice, 10,* 639–642.

Suls, J., Lemos, K., & Stewart, H.L. (2002). Self-esteem, construal, and comparisons with the self, friends, and peers. *Journal of Personality and Social Psychology, 82,* 252–261.

Suls, J., & Wan, C.K. (1987). In search of the false-uniqueness phenomenon: Fear and estimates of social consensus. *Journal of Personality and Social Psychology, 52,* 211–217.

Swann, W.B., Jr., & Gill, M.J. (1997). Confidence and accuracy in person perception: Do we know what we think we know about our relationship partners? *Journal of Personality and Social Psychology, 73,* 747–757.

Swann, W.B., Jr., & Read, S.J. (1981a). Acquiring self-knowledge: The search for feedback that fits. *Journal of Personality and Social Psychology, 41,* 1119–1128.

Swann, W.B., Jr., & Read, S.J. (1981b). Self-verification processes: How we sustain our self-conceptions. *Journal of Experimental Social Psychology, 17,* 351–372.

Swann, W.B., Jr., Rentfrow, P.J., & Guinn, J. (2002). Self-verification: The search for coherence. In M.Leary and J.Tagney (Eds.), *Handbook of self and identity.* Guilford, New York.

Swann, W.B., Jr., Stein-Seroussi, A., & Giesler, B. (1992). Why people self-verify. *Journal of Personality and Social Psychology, 62,* 392–401.

Swann, W.B., Jr., Stein-Seroussi, A., & McNulty, S.E. (1992). Outcasts in a white-lie society: The enigmatic worlds of people with negative self-conceptions. *Journal of Personality and Social Psychology, 62,* 618–624.

Swann, W.B., Jr., Wenzlaff, R.M., Krull, D.S., & Pelham, W.B. (1992). Allure of negative feedback: Self-verification strivings among depressed persons. *Journal of Abnormal Psychology, 101,* 293–306.

Swim, J.K., & Hyers, L.L. (1999). Excuse me—what did you just say?!: Women's public and private responses to sexist remarks. *Journal of Experimental Social Psychology, 35,* 68–88.

Taris, T.W. (1999). Describing behaviors of self and others: Self-enhancing beliefs and language abstraction level. *European Journal of Social Psychology, 29,* 391–396.

Taylor, S.E., & Brown, J.D. (1988) Illusion and well-being: A social psychological perspective on mental health. *Psychological Bulletin, 103,* 193–210.

Taylor, S.E., & Brown, J.D. (1994). Positive illusions and well-being revisited: Separating fact from fiction. *Psychological Bulletin, 116,* 21–27.

Taylor, S.E., Kemeny, M.E., Aspinwall, L.G., Schneider, S.G., Rodriquez, R., & Herbert, M. (1992). Optimism, coping, psychological distress, and high-risk sexual behavior among men at risk for acquired immunodeficiency syndrome (AIDS). *Journal of Personality and Social Psychology, 63,* 460–473.

Taylor, S.E., Lerner, J.S., Sherman, D.K., Sage, R.M., & McDowell, N.K. (2003a). Are self-enhancing cognitions associated with healthy or unhealthy biological profiles? *Journal of Personality and Social Psychology, 85,* 605–615.

Taylor, S.E., Lerner, J.S., Sherman, D.K., Sage, R.M., & McDowell, N.K. (2003b). Portrait of the self-enhancer: Well-adjusted and well-liked or maladjusted and friendless? *Journal of Personality and Social Psychology, 84,* 165–176.

Taylor, S.E., Lichtman, R.R., & Wood, J.V. (1984). Attributions, beliefs about control, and adjustment to breast cancer. *Journal of Personality and Social Psychology, 46,* 489–502.

Tesser, A., & Rosen, S. (1975) The reluctance to transmit bad news. In L.Berkowitz (Ed.) *Advances in Experimental Social Psychology* (vol. 8 pp. 193–232). New York: Academic Press.

Tesser, A., Rosen, S., & Conlee, M.C. (1972). News valence and available recipient as determinants of news transmission. *Sociometry, 35,* 619–628.

Tesser, A., Rosen, S., & Tesser, M. (1971). On the reluctance to communicate undesirable messages (the MUM effect): A field study. *Psychology Reports, 29,* 651–654.

Time.com. (2001). The numbers: The remains of the day. Retrieved February 19, 2004 at http://www.time.com/time/covers/1101020909/anumbers.html

Tittle, C.K. (1986). Gender research and education. *American Psychologist, 41,* 1161–1168.

Toneatto, T. (1999). Cognitive psychopathology of problem gambling. *Substance Use and Misuse, 34,* 1593–1604.

Toppino, T.C., & Luipersbeck, S.M. (1993). Generality of the negative suggestion effect in objective tests. *Journal of Educational Research, 86,* 357–362.

Tracey, J.M., Arroll, B., Richmond, D.E., & Barham, P.M. (1997). The validity of general practitioners' self-assessment of knowledge: Cross sectional study. *British Journal of Medicine, 315,* 1426–1428.

Trope, Y., & Liberman, N. (2000). Temporal construal and time-dependent changes in preference. *Journal of Personality and Social Psychology, 79,* 876–889.

Trope, Y., & Liberman, N. (2003). Temporal construal. *Psychological Review, 110,* 403–422.

Trope, Y., & Pomerantz, E.M. (1998). Resolving conflicts among self-evaluative motives: Positive experiences as a resource for overcoming defensiveness. *Motivation & Emotion, 22,* 53–72.

Trotman, K.T., Yetton, P.W., & Zimmer, I.R. (1983). Individual and group judgments of internal control systems. *Journal of Accounting Research, 21,* 286–292.

Tversky, A., & Shafir, E. (1992). The disjunction effect in choice under uncertainty, *Psychological Science, 3,* 305–309.

Tyler, T.R., & Cook, F.L. (1984). The mass media and judgments of risk: Distinguishing impact on personal and societal level judgments. *Journal of Personality and Social Psychology, 47,* 693–708.

Tyson, E., & Brown, R. (1996). Home buying for dummies. Foster City, CA: IDG Books. Valins, S. (1966). Cognitive effects of false heart-rate feedback. *Journal of Personality and Social Psychology, 4,* 400–408.

Vallone, R.P., Griffin, D.W., Lin, S., & Ross, L. (1990). Overconfident prediction of future actions and outcomes by self and others. *Journal of Personality and Social Psychology, 58,* 582–592.

Van Boven, L. (2000). Political correctness and pluralistic ignorance: The case of affirmative action. *Political Psychology, 21,* 267–276.

Van Boven, L., Dunning, D., & Loewenstein, G. (2000). Egocentric empathy gaps between owners and buyers: Misperceptions of the endowment effect. *Journal of Personality and Social Psychology, 79,* 66–76.

Van Boven, L., & Loewenstein, G. (2003). Projection of transient visceral states. *Personality and Social Psychology Bulletin, 29,* 1159–1168.

Van Boven, L., Loewenstein, G., & Dunning, D. (2003a). Biased predictions of others' tastes: Underestimation of owners' selling prices by "buyer's agents." *Journal of Economic Behavior and Organization, 51,* 351–365.

Van Boven, L., Loewenstein, G., & Dunning, D. (2003b). *The illusion of courage in social predictions: Underestimating the impact of fear of embarrassment on other people.* Unpublished manuscript, University of Colorado.

Van Boven, L., Loewenstein, G., Welch, E., & Dunning, D. (2003). *The illusion of courage: Underestimating fear of embarrassment in public performance decisions.* Unpublished manuscript, University of Colorado.

Vancouver, J.B., Thompson, C.M., Tischner, E.C., & Putka, D.J. (2002). Two studies examining the negative effect of self-efficacy on performance. *Journal of Applied Psychology, 87,* 506–516.

Vancouver, J.B., Thompson, C.M., & Williams, A.A. (2001). The changing signs in the relationships between self-efficacy, personal goals and performance. *Journal of Applied Psychology, 86,* 605–620.

Van der Velde, F.W., Hooykaas, C., & van der Pligt, J. (1992). Risk perception and behavior: pessimism, realism, and optimism about AIDS-related health behavior. *Psychology and Health, 6,* 23–38.

Van Lange, P.A. (1991). Being better but not smarter than others: The Muhammad Ali effect at work in interpersonal situations. *Personality and Social Psychology Bulletin, 17 (6),* 689–693.

Van Lange, P.A.M. (1999). Why authors believe that reviewers stress limiting aspects of manuscripts: The SLAM effect in peer review. *Journal of Applied Social Psychology, 29,* 2550–2566.

Van Lange, P.A., & Sedikides, C. (1998). Being more honest but not necessarily more intelligent than others: Generality and explanations for the Muhammad Ali effect. *European Journal of Social Psychology, 28,* 675–680.

VanLehn, K.(1986). Arithmetic procedures are induced from examples. In J.Jiebert (Ed.), *Conceptual and procedural knowledge: The case of mathematics* (pp. 133–179). Hillsdale, NJ: Erlbaum.

VanLehn, K. (1990). *Mind bugs: The origins of procedural misconceptions.* Cambridge, MA: MIT Press.

Van Putten, T., Crumpton, E., & Yale, C. (1976). Drug refusal in schizophrenia and the wish to be crazy. *Archives of General Psychiatry, 33,* 1443–1446.

Vorauer, J.D., & Ratner, R.K. (1996). Who's going to make the first move? Pluralistic ignorance as an impediment to relationship formation. *Journal of Social and Personal Relationships, 13,* 483–506.

Viega, J.F. (1988). Face your problem subordinates now! *Academy of Management Executive, 2,* 145–152.

Wagenaar, W.A., & Keren, G.B. (1985). Calibration of probability assessments by professional blackjack dealers, statistical experts, and lay people. *Organizational Behavior and Human Decision Processes, 36,* 406–416.

Ward, C.H., & Eisler, R.M. (1987). Type A behavior, achievement striving, and a dysfunctional self-evaluation system. *Journal of Personality and Social Psychology, 53,* 318–326.

Ward, M., Gruppen, L., & Regehr, G. (2002). Measuring self-assessment: Current state of the art. *Advances in Health Sciences Education, 7,* 63–80.

Ward, W.C., & Jenkins, H.M. (1965). The display of information and the judgment of contingency. *Canadian Journal of Psychology, 19,* 231–241.

Wason, P.C. (1960). On the failure to eliminate hypotheses in a conceptual task. *Quarterly Journal of Experimental Psychology, 12,* 129–140.

Wason, P.C. (1966). Reasoning. In B.M.Foss (Ed.), *New horizons in psychology* (pp. 135–151). Baltimore: Penguin Press.

Wechsler, H., Nelson, T., Lee, J.E., Seibring, M., Lewis, C., & Keeling, R. (2003). Perception and reality: A national evaluation of social norms marketing interventions to reduce college student's heavy alcohol use. *Journal of Studies on Alcohol, 64,* 484–494.

Weinberg, R.S., Gould, D., Yudelson, D., & Jackson, A. (1981). The effect of preexisting and manipulated self-efficacy on a competitive muscular endurance task. *Journal of Sport Psychology, 4,* 345–354.

Weinstein, N.D. (1980). Unrealistic optimism about future life events. *Journal of Personality and Social Psychology, 58,* 806–820.

Weinstein, N.D. (1987). Unrealistic optimism about susceptibility to health problems: Conclusions from a community-wide sample. *Journal of Behavioral Medicine, 10,* 481–500.

Weinstein, N.D. (1989). Optimistic biases about personal risks. Science, 246, 1232. Weinstein, N.D., & Klein, W.M. (1996). Unrealistic optimism: Present and future. *Journal of Social and Clinical Psychology, 15,* 1–8.

Weinstein, N.D., & Lachendro, E. (1982). Egocentrism as a source of unrealistic optimism. *Personality and Social Psychology Bulletin, 8,* 195–200.

Weinstein, N.D., & Lydon, J.E. (1999). Mindset, optimistic bias about personal risk and health-protective behavior. *British Journal of Health Psychology, 4,* 289–300.

Weiss, H., & Sherman, J. (1973). Internal-external control as a predictor of task effort and satisfaction subsequent to failure. *Journal of Applied Psychology, 57,* 132–136.

Wells, G.L., Ferguson, T.J., & Lindsay, R.C.L. (1981). The tractability of eyewitness confidence and its implications for triers of fact. *Journal of Applied Psychology 66,* 688–696.

Wicker, A.W. (1969). Attitudes versus actions: The relationship of verbal and overt behavioral responses to attitude objects. *Journal of Social Issues, 25,* 41–78.

Wilde, G.J.S. (1994). *Target risk: Dealing with the danger of death, disease and damage in everyday decisions.* Toronto, Canada: PDE Publications.

Wilde, G.J.S. (1998). Targeting risk. *Recovery, 9,* 18–19.

Williams, S.S., Kimble, D.L., Covell, N.H., Weiss, L.H., Newton, K.J., Fisher, J.D., & Fisher, W.A. College students use implicit personality theory instead of safer sex. *Journal of Applied Social Psychology, 22,* 921–933.

Wilson, T.D., Dunn, D.S., Bybee, J.A., Hyman, D.B., & Rotondo, J.A. (1984). Effects of analyzing reasons on attitude-behavior consistency. *Journal of Personality and Social Psychology, 47,* 5–16.

Wilson, T.D., & LaFleur, S.J. (1995). Knowing what you'll do: Effects of analyzing reasons on self-prediction. *Journal of Personality and Social Psychology, 68,* 21–35.

Wilson, T.D., Lisle, D., Schooler, J., Hodges, S.D., Klaaren, K.J., & LaFleur, S.J. (1993). Introspecting about reasons can reduce post-choice satisfaction. *Personality and Social Psychology Bulletin, 19,* 331–339.

Wilson, T.D., & Schooler, J.W. (1991). Thinking too much: Introspection can reduce the quality of preferences and decisions. *Journal of Personality and Social Psychology, 60,* 181–192.

Wilson, T.D., Wheatley, T., Meyers, J.M., Gilbert, D.T., & Axsom, D. (2000). Focalism: A source of durability bias in affective forecasting. *Journal of Personality and Social Psychology, 78,* 821–836.

Windshitl, P.D., Kruger, J., & Simms, E. (2003). The influence of egocentism and focalism on people's optimism in competitions. *Journal of Personality and Social Psychology, 85,* 389–408.

WNBC.com. (2001). Who looted ground zero? Retrieved February 19, 2004 at http:// www.wnbc.com/News/1406989/detail.html

Wojciszke, B., Bazinska, R., & Jaworski, M. (1998). On the dominance of moral categories in impression formation. *Personality and Social Psychology Bulletin, 24,* 1251–1263.

Wojciszke, B., & Klusek, B. (1996). Moral and competence-related traits in political perception. *Polish Psychological Bulletin, 27,* 319–324.

Wood, R.E., Bandura, A., & Bailey, T. (1990). Mechanisms governing organizational performance in complex decision-making environments. *Organizational Behavior and Human Decision Processes, 46,* 181–201.

Wood, G. (1978). The I-knew-it-all-along effect. *Journal of Experimental Psychology: Human Perception and Performance, 4,* 345–343.

Woodzicka, J.A., & LaFrance, M. (2001). Real versus imagined gender harassment. *Journal of Social Issues, 57,* 15–30.

Wortman, C., & Silver, R. (1987). Coping with irrevocable loss. In G.R.Vanden Bos & B.K. Bryant (Eds.), *Cataclysms, crises and catastrophes: Psychology in action* (pp. 189–235). Washington, DC: American Psychological Association.

Wright, S.S. (2000). Looking at the self in a rose-colored mirror: Unrealistically positive self-views and academic performance. *Journal of Social and Clinical Psychology, 19,* 451–462.

Yetton, P.W., & Bottger, P.C. (1982). Individual versus group problem solving: An empirical test of a best member strategy. *Organizational Behavior and Human Performance, 29,* 307–321.

Zacks, R.T., Hasher, L., & Sanft, H. (1982). Automatic encoding of event frequency: Further findings. *Journal of Experimental Psychology: Learning, Memory, and Cognition, 8,* 106–110.

Zaragoza, M.S., & Mitchell, K.J. (1996). Repeated exposure to suggestion and the creation of false memories. *Psychological Science, 7,* 294–300.

Zimmerman, B.J., Bandura, A., & Martinez-Pons, M. (1992). Self-motivation for academic attainment: The role of self-efficacy beliefs and personal goal-setting. *American Educational Research Journal, 29,* 663–676.

Zukier, H. (1986). The paradigmatic and narrative modes in goal-guided inference. In R.M. Sorrentino & E.T.Higgins (Eds.), *Handbook of motivation and cognition: foundations of social behavior* (pp. 465–502). New York: Guilford Press.